革命分子耶穌

ZEALOT

The Life and Times of Jesus of Nazareth

重返拿撒勒人耶穌的生平與時代

雷薩．阿斯蘭 Reza Aslan 著
黃煜文 譯

目次

導讀

重新探查歷史的耶穌

——革命分子？激進宗教運動領袖？

鄭仰恩／臺灣神學院教會歷史學教授
臺灣大學兼任教授

這是一本非常值得一讀的耶穌研究，不管你同不同意作者的觀點。

本書作者雷薩．阿斯蘭（Reza Aslan）在〈作者的話〉中自稱擁有波斯人血統且出生在伊朗的伊斯蘭教家庭。因為伊朗革命，他們全家移居美國，也因此和過去的根切斷關係。十五歲時，他在北加州參加福音派的青年營會而接受了耶穌，並覺得耶穌的故事是他所聽過「最精采的故事」。然而，他愈研讀《聖經》，就愈發覺福音書的耶穌和歷史的耶穌之間存在著極大的落差，後來研讀宗教學更讓他無法接受福音派所宣稱「《聖經》無誤」的說法，因此，他拋棄了基督教信仰，也在「祖先的信仰與文化」裡找到深刻而親密的熟悉感。

儘管如此，阿斯蘭繼續潛心鑽研《聖經》，並且成為一個追根究柢的研究者。更有趣的是，他被耶穌的歷史生平深深吸引，因為他發覺：「耶穌以猶太農民與革命分子之姿，挑戰世界有史以來最強大的帝國而失敗的形貌，在我心中反而比教會塑造的超然絕塵形象更為真實。」就這樣，歷經二十年的嚴謹考察，他寫出了本書。

到底耶穌是誰？這是作者的基本問題意識。這好比回到耶穌自己在該撒利亞腓立比對學生所發出的問題：「你們說我是誰？」（作者在第十一章探討此問題）確實，歷世歷代的人們似乎對耶穌有著不同的理解，已故耶魯大學歷史教授帕利坎（Jaroslav Jan Pelikan）在《歷代耶穌形象及其在文化史上的地位》一書中列舉了耶穌在人類歷史上被理解或呈現的十八個形象，包括拉比、歷史的轉捩點、外邦人（萬國）的光、萬王之王、宇宙的基督、人子、真實的形象、被釘十字架的基督、管理世界的僧侶、心靈的伴侶（新郎）、神聖及人性的典範、無所不在的人（普遍人性）、永恆的明鏡、和平的君王、常識教師、靈魂詩人、解放者、屬於整個世界的人等，可以說既豐富又多元。

在這篇「導讀」裡，為了幫助讀者對本書的論述有更深刻的理解，我將提供三方面的資訊做為參考。首先簡介近代基督教學術界裡的三波歷史耶穌運動，接著介紹本書的主要觀點和特色，最後再補充當代從社會學及心理學觀點對歷史耶穌的研究，以期讓歷史耶穌的精神面貌能夠更加完整。

前後三波的歷史耶穌運動

阿斯蘭的這本耶穌研究並非全新的嘗試，而是近兩世紀以來一系列關於「歷史耶穌研究」的延續。德國學者史特勞斯（David Friedrich Strauss）於一八三五年出版兩大冊的《耶穌傳》，以歷史批判學方法挑戰傳統基督教的觀點，是第一波歷史耶穌運動的代表作。其後，德國學者凱勒（Martin Kähler）於一八九六年出版了《所謂的歷史耶穌》一書，主張要撰寫耶穌的傳記是不可能的，不只因為資料缺乏（主要是依賴福音書），也因為門徒一開始寫作時，那些作品原本就不是以「傳記」為用途。因此，他區分了「歷史的耶穌」（historical Jesus）和「信仰的基督」（Christ of faith），並且認為被人宣揚的基督（而非歷史學家從福音故事裡探索而得的歷史耶穌）才是真實的基督。

著名的德國宣教師及人道主義者史懷哲（Albert Schweitzer）於一九〇六年出版了《歷史耶穌的探討》（*The Quest of the Historical Jesus*）一書，剖析自十八至二十世紀初數十位學者探索「歷史耶穌」的學術進展。他發現，大多數關於耶穌的探索和觀點往往形成自學者自身的哲學或神學立場，而非直接探索史料而得。他以「行進中不斷變化的地平線」為隱喻，主張不同時代的人在其主觀的體認中會對耶穌產生不同的理解和認知。然而，史懷哲的有趣結論是：「作為一位具體的歷史人物，耶穌對我們的時代而言，仍然是一個陌生人，但是他的精神，也就是隱藏在他話語底下的精神，卻可以在單純中被認知，且它的影響力是直接的。他所說的每一段話語，在它們特有的形式裡，都顯示了完整的耶穌。他展現在我們面前的這種奇特且毫無限制的方式，讓每一個人都可以很容易地以自己獨特的立場來和他發生關連。」史懷哲的著作可以說替第一波的「歷史耶穌探討」劃下一個明確的句點。

在第一波崇尚歷史主義的探討潮流逐漸消退後，由布特曼（Rudolf Bultmann）和他的門生所主張的「去神話化（de-mythologizing）解釋學」形成新的風潮，全面挑戰傳統基督論，特別是近代聖經研究中有關「歷史的耶穌」和「信仰的基督」的爭論。布特曼問道：到底《聖經》見證所呈現的耶穌是有血有肉的歷史人物？或是初代教會的宣揚（kerygma）和信仰告白的對象？自一九三〇年代起，此一學派強調耶穌是一個純粹由使徒們所宣講、初代教會所信仰的基督，而非和使徒一同生活過的歷史人物。布特曼明確主張，基督教訊息的正當性並不需要依賴「歷史的耶穌」。

不過，在布特曼之後，他的門生開啟了對歷史耶穌的「新探討」。其中，凱斯曼（Ernst Käsemann）認為布特曼過度忽略「歷史的耶穌」，有視耶穌為僅具有靈的存在而無肉體的「幻影論」（Docetism）的潛在危險。因此，他們要以歷史方法所能確認的耶穌史實為基礎來建立宣講的基督，這開啟了第二波的「歷史耶穌」運動。

自一九九三年起，一群以「耶穌研討會」（Jesus Seminar）為自我定位的聖經學者一起出版了《五本福音書》（*The Five Gospels*）一書，副題是「到底耶穌真的說了什麼？」（What Did Jesus Really Say?）。這本書收錄了四福音書和多馬福音書，並且將耶穌的所有言行加以分類，依據他們所認定的「可信度」按照顏色標示出來，目的是要確認哪些屬於歷史的耶穌，哪些是後來初代教會的增添與杜撰。此舉當然引發相當大的爭議。這也就是所謂第三波的「歷史耶穌」運動。

「耶穌研討會」的代表人物克羅森（John Dominic Crossan）在他多年位居暢銷書排行榜的《歷史的耶穌》（*The Historical Jesus*）一書裡主張，耶穌是一位地中海世界裡的猶太農民運動革命領袖，他以醫治的工作宣揚上帝國的臨在，並通過醫治和共餐（healing and commensality）的方式來主張宗教和經濟的平等主義，企圖打破羅馬社會的階級、主從（patronage）制度，以及猶太宗教的專賣、經紀人制度（brokerage）。他的論點引發歷史學界及宗教界極大的迴響和討論。

本書主要觀點及特色

阿斯蘭撰寫《革命分子耶穌》這本書的目的，用他自己的話來說：「本書試圖盡可能挖掘出歷史上的耶穌，也就是基督教『之前』的耶穌：一個具有政治意識的猶太革命分子。兩千年前，他在加利利的鄉野巡遊，召集追隨者發起彌賽亞運動，企圖建立上帝的王國。然而，他在耶路撒冷進行挑釁，又在聖殿大肆抨擊，因此遭羅馬當局以煽動叛亂的罪名加以逮捕處死。」

在本書第一部，誠如本書副標題「重返拿撒勒人耶穌的生平與時代」所顯示，阿斯蘭從耶路撒冷聖殿的獻祭儀式談起，佐以暗殺情節，逐步帶出公元前兩世紀中猶太人的歷史、宗教及社會發展，特別是自馬加比反抗運動讓猶太人從塞琉古王國獲得短暫獨立、卻又在一百年後落入羅馬外來統治的困窘情境。儘管羅馬人有著寬容的宗教政策，但在「忌邪的上帝觀」的形塑下，猶太人的一神信仰卻不能讓他們容忍羅馬異教文明的入侵和羞辱。在這樣的動亂中，就算是讓擁有猶太血統的「傀儡王」希律和他的家族來統治也無法改變情勢。於是，帶著重建大衛王國理想和「彌賽亞想像」的騷動和暴亂接二連三發生。就在此時，耶穌出生在卑微的拿撒勒小城。

值得注意的是，就在此一階段，一個有別於傳統法利賽人、撒都該人與艾賽尼派的「第四哲學」出現了，他們的基本信念是要藉助狂熱的一神信仰讓以色列從外邦的統治中解放，這也是本書原名「狂熱派」（Zealot）的緣由。面對殘酷無情的總督彼拉多以及其他類似的羅馬統治者，狂熱派分子的憤怒和反抗一步步將猶太族群帶向集體反叛，也就是所謂的第一次猶太戰爭以及悲壯的馬薩達集體自殺行動。

在第二部，作者的焦點轉到在猶太群眾的政治期待和想像中以「公開入城」的方式進入耶路撒冷的耶穌。他以憤怒的姿態潔淨聖殿的行動反映出他潛在的狂熱派特質，更特別的是，當宗教當局以「是否應納稅給該撒」這個問題來測試他時，他的回答「上帝的物當歸給上帝」（暗示羅馬人占領的土地應當「歸給」上帝），更明白顯示他的狂熱派信念。儘管耶穌不屬於後來和羅馬政權對抗的狂熱黨，但因他的彌賽亞理想對羅馬占領巴勒斯坦構成威脅，且他的狂熱派論點也讓聖殿當局芒刺在背，他最終被羅馬人釘上十字架。

這位帶著狂熱派信仰的耶穌，先前曾追隨老師施洗約翰的方式，呼籲眾人藉助洗禮歸向上帝。約翰死後，耶穌回到加利利這個「革命活動的溫床」，開始邀請一小群志同道合的不滿青年加入他的運動。藉著治病與驅魔，他成為「上帝的手指」，指向上帝在世上即將建立的新國度以及一個新的世界秩序。然而，他的「彌賽亞身分」終究無法被隱藏，在猶太宗教當局和羅馬總督的合謀下，耶穌步上羞辱的十字架道路。

在本書最後一部分，阿斯蘭試圖說明：耶穌想在人世間建立上帝國的運動失敗後，他的追隨者如何重新詮釋耶穌的任務與身分，以及猶太彌賽亞的性質與定義。在此，他特別指出，門徒們對於耶穌「死後復活」的信念對他們所帶來的巨大轉化力量、「使徒」保羅的重大貢獻、耶穌的兄弟雅各和學生彼得兩人對後世影響力的逐漸轉換和消長，以及最終在公元三二五年尼該亞大公會議中耶穌神聖身分的確立。這就是現今人們所熟知的基督教的誕生，但作者仍堅信：拿撒勒人耶穌是個更值得信仰的人。

從社會學及心理學的觀點看耶穌

如果說阿斯蘭的《革命分子耶穌》帶來了對歷史耶穌的新詮釋，同樣值得注意的是近年來從社會學和心理學角度出發的新觀點。其中，社會學的研究以美國耶魯大學和德國海德堡大學最為顯著，代表人物就是德國學者泰森（Gerd Theissen）。在《那個加利利人的影子》一書中，泰森以第一人稱（一位同情猶太人革命運動的加利利人安德烈）的敘述方式，交織戲劇性的對話與故事情節，生動地描繪了在巴勒斯坦處境裡逐漸浮現的耶穌運動。藉著本書，泰森將耶穌的歷史意義突顯出來：在巴勒斯坦錯綜複雜的社會衝突處境中，對橫跨多元族群的社會邊緣人深具憐憫胸懷的耶穌，堅持以非暴力的方式來改變社會，並帶來新的契機和盼望。

在心理學方面，除了史懷哲於一九一三年出版的《耶穌的心理分析》外，近年來最具代表性的著作應該就是美國學者甘東農（Donald Capps）的《耶穌：心理分析學的傳記》（*Jesus: A Psychological Biography*）。他主張耶穌既非「天啟主義者」（apocalypticist）也非「社會改革家」，而是一位具有「烏托邦—憂鬱性人格特質」（utopian-melancholy personality）的宗教人。簡單來說，懷抱著對上帝及上帝國的理想和熱情，耶穌是一位典型的「烏托邦主義者」，且會在令人憂心鬱卒的情境中發出宗教的訴求和吶喊。因此，甘東農認為，心繫上帝國的耶穌從出生到成長過程中總是帶著「神聖的不滿」（divine discontent，或謂「義憤填膺」），且深以上帝國為念。這樣的性格和信念在他人生最後一週中所發生的「潔淨聖殿行動」中達到最高峰。甘東農的研究確實讓我們深深感受到，心理學的觀點有時雖讓人感到不安，卻充滿著「真實人性」的印記。

歡迎各位讀者進入歷史耶穌的真實世界！

延伸閱讀

帕利坎（Jaroslav Jan Pelikan），《歷代耶穌形象及其在文化史上的地位》（*Jesus Through the Centuries: His Place in the History of Culture*），楊德友譯，香港：漢語基督教研究所，一九九四。

葛德・泰森（Gerd Theißen），《那個加利利人的影子》（*Der Schatten des Galiläers*），陳惠雅譯，臺北：南與北，二〇一一。

史懷哲（Albert Schweitzer），《耶穌的心理分析》（*The Psychiatric Study of Jesus*），邱英世譯，臺北：史懷哲之友，一九七五初版，一九九五再版。

Albert Schweitzer, *The Quest of the Historical Jesus*, German edition 1906, English translation 1954, London: SCM Press, 1981.

John Dominic Crossan, *Jesus: A Revolutionary Biography*, HarperSanFrancisco, 1994.

Donald Capps, *Jesus: A Psychological Biography*, St. Louis: Chalice Press, 2000.

獻給我的妻子潔西卡・賈克利以及賈克利全體家族成員，
你們的愛與包容，使我更深刻地瞭解耶穌，
這是多年來埋首書堆的我未能體會的。

你們不要想我來，
是叫地上太平。
我來並不是叫地上太平，
乃是叫地上動刀兵。*

《馬太福音》10:34

*翻譯說明：本書引文出自《聖經和合本》譯本

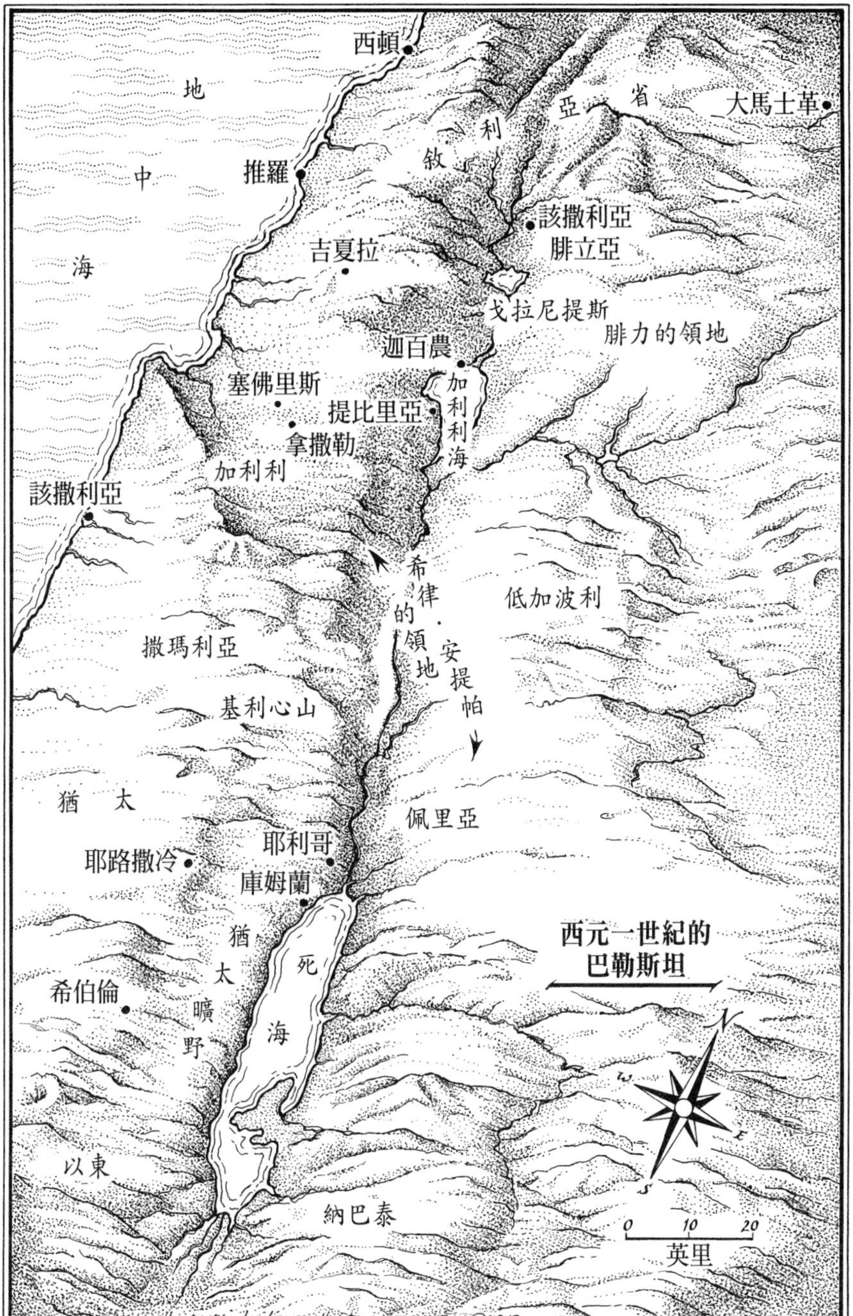
西頓
大馬士革
地
中
海
敘
利
亞
省
推羅
該撒利亞
腓立亞
吉夏拉
戈拉尼提斯
腓力的領地
迦百農
加利利海
塞佛里斯
提比里亞
拿撒勒
加利利
該撒利亞
希律．安提帕的領地
低加波利
撒瑪利亞
基利心山
猶太
佩里亞
耶利哥
耶路撒冷
庫姆蘭
猶太曠野
死海
希伯倫
以東
納巴泰
西元一世紀的
巴勒斯坦
N
W
E
S
0 10 20
英里
Illustration by Laura Hartman maestro ©2013

耶路撒冷聖殿

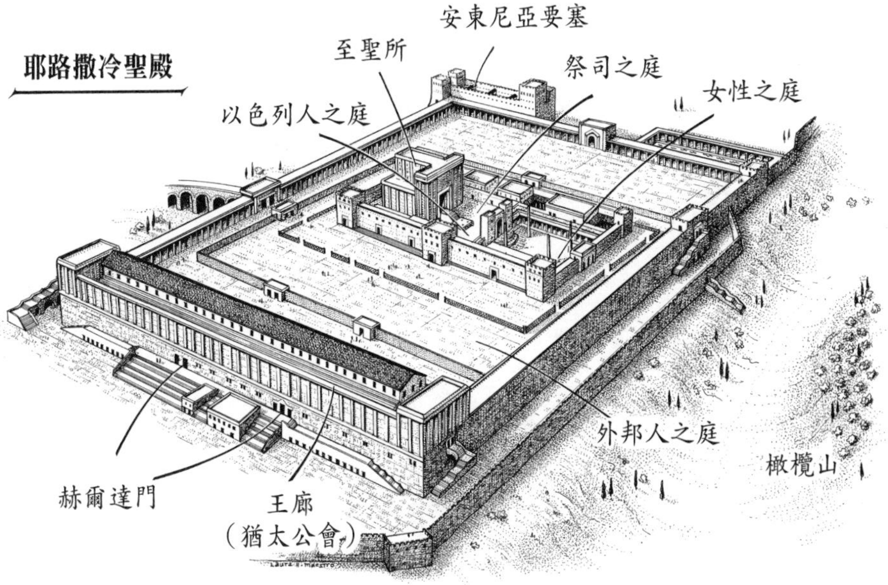
安東尼亞要塞
至聖所
祭司之庭
女性之庭
以色列人之庭
外邦人之庭
橄欖山
赫爾達門
王廊
（猶太公會）

作者的話

十五歲那年，我發現了耶穌。

高一夏天，我參加了北加州的福音青年營。那裡有茂密的森林，一望無際的藍天，如果時間充裕，加上平靜的生活與溫暖的鼓勵，很難不感受到上帝的呼喚。依傍著人工開鑿的湖泊與高聳挺拔的松林，我與朋友歌唱、遊戲、交換祕密。我們擺脫家庭與學校的羈絆，無拘無束地玩耍。傍晚，我們聚集在營地中心，圍著營火坐成一圈。就在這裡，我聽到一則非凡的故事，從此改變我的一生。

故事是這麼說的，兩千年前，在某個稱為加利利的古老土地上，創造天地的上帝化身成無助的嬰兒降臨人世。孩子長大後，成為一個無懈可擊之人。這個人就是基督，也就是人類的救主。他傳的道以及他所行的奇蹟，觸怒了認為只有自己才是上帝所揀選的猶太人，於是他被猶太人釘死在十字架上。雖然他大可讓自己免於可怕的刑罰，但他還是選擇一死。他的死至關重要，因為他的犧牲使人類得以免除原罪的重擔。但故事並未結束，三天後，他死裡復活，顯現出崇高而神聖的樣子。現在，所有相信他，衷心接受他的人，也將不死且獲得永生。

我成長於宗教信仰混雜的家庭——有不太虔誠的穆斯林，也有活力充沛的無神論者——這的確是我聽過最精采的故事。在此之前，上帝從未如此吸引我。我在伊朗出生，我是穆斯林就跟我是波斯人一樣理所當然。我的宗教與我的族群身分密不可分。與絕大多數誕生在宗教傳統中的人一樣，信仰對我來說親如自己的肌膚，不可能視若無睹。伊朗革命使我家不得不逃離故鄉，此後，宗教，尤其是伊斯蘭教，就成了我家絕口不提的禁忌。簡單地說，伊斯蘭教會讓我們想起在伊朗失去的一切，我們所有的家當全落入當前統治伊朗的穆拉（mullah）*手裡。儘管如此，我的母親仍會趁沒人看見時偷偷禱告，而我們仍可在壁櫥或某個抽屜找到一兩本被藏起來的《古蘭經》。不過大體而言，上帝幾乎已從我們的生活中抹去。

對我來說，這其實是件好事。畢竟在一九八〇年代的美國，身為穆斯林簡直跟火星人沒什麼兩樣。我的信仰就像青紫的瘀傷，很容易讓人看出我跟一般人有什麼不同；我需要把它遮掩起來。

另一方面，耶穌「就是」美國。耶穌是美國建國戲劇的中心人物。愈能接納耶穌，愈能

* 譯注：穆拉指精通伊斯蘭教法律與教義之人。它也是聖職人員與清真寺領袖的頭銜。

讓我覺得自己是真正的美國人。我的意思不是我在權宜之下改變信仰。正好相反，我對這個自己新發現的信仰十分虔誠。在我心中，與其說耶穌是「救世主」，倒不如說是我的知心好友。青少年的我面對未知的世界，內心充滿徬徨，就在此時，耶穌向我提出了難以拒絕的邀請。

一從青年營回來，我便急著向朋友與家人、鄰居與同學分享耶穌基督的福音，就連剛認識的人，還有街上的陌生人，也成了我分享的對象：有些人樂意聽我說話，但也有人當面拒絕我。然而，就在我急於拯救世人靈魂時，發生了出人意料的事。為了化解不信者的疑問，我透過研讀《聖經》來武裝自己，但我愈是鑽研，愈感受到福音書的耶穌與歷史的耶穌存在落差——亦即耶穌基督與拿撒勒人耶穌存在著不少差異。上大學之後，我開始正式研習宗教史，然而起初的困惑不僅未解，反而迅速擴大為對自我的全面懷疑。

福音派基督教的基礎，至少以我受的教導來看，是無條件地相信《聖經》每個字句都來自上帝的啟示，因此《聖經》的文字是真實、忠於原義、正確無誤的。然而，我很快就發現這個信念明顯有問題，且毫無疑問是錯的，而《聖經》也充滿了極為明確的謬誤與矛盾——一份文件經過數千年與數百人的傳抄，出現錯誤是可預料的——我因此陷入混亂，精神上完全失去了依靠。跟許多遭遇類似狀況的人一樣，我在氣憤之下拋棄了基督教信仰，彷彿我受騙購買了一個昂貴的贗品。我開始重新思考祖先的信仰與文化，並且從中找到年幼時未曾感受到的深刻而親密的熟悉感，那種感覺就像與老朋友久別重逢。

在此同時，我持續進行我的宗教研究，潛心研讀《聖經》，但我不再是過去那個盲從的信徒，而是追根究柢的學者。我不再拘泥於《聖經》所有故事都是真實的信條，我從文本中看到更耐人尋味的真實——一種刻意與歷史脫鉤的真實。諷刺的是，我愈瞭解耶穌的真實生平，愈瞭解他身處的動盪世界，以及他對羅馬暴政的反抗，我愈被他吸引。事實上，耶穌以猶太農民與革命分子之姿，挑戰世界有史以來最強大帝國而失敗的形貌，在我心中反而比教會所塑造的超然絕塵之形象更為真實。

經過這二十年對基督教起源的嚴謹研究，今日我有信心說，我對耶穌的信從要比過去更為忠實，只不過我現在信從的是拿撒勒人的耶穌，而非耶穌基督。我希望本書能以我當初傳布基督故事的熱忱，來傳布歷史上的耶穌的福音。

在開始考察之前，必須先說明幾件事。每個針對歷史的耶穌提出的論點，儘管證據充足、研究精詳而且有極高的權威性，依然有反對的看法，而反方論點的證據、研究與權威相較正方亦不遑多讓。數百年來關於拿撒勒人耶穌的生平與使命，相關論戰已汗牛充棟，我不想讓讀者花費心神看這些東西，因此我的敘事將只根據我所認定最精確與合理的論點，這些都是我二十年來研究《新約》與基督教早期史的心血結晶。對論戰感興趣的讀者，我在書末的長篇注釋裡詳盡提出了自己的研究，可能的話，我也會提供反對我的詮釋的論點。

《新約》所有的希臘文翻譯都是我做的（我的朋友里德爾〔Liddell〕與史考特〔Scott〕也幫了點忙）。少數幾個地方我並未直譯《新約》，而是仰賴新標準修訂譯本（New Revised Standard Version）的譯文。所有的希伯來文與亞拉姆文譯文都由聖馬丁大學宗教系教授魏瑞特博士（Dr. Ian C. Werrett）提供。

書裡提到Q資料（假設性的資料，根據推測，《馬太福音》與《路加福音》很可能共同參考過某一份資料，這份資料稱為Q資料）時會如此表示：（馬太｜路加），福音書名稱是依照我最直接引用的是哪一部福音書來排序。讀者會發現，我主要仰賴《路加福音》與Q資料來構成耶穌故事的大綱，因為這兩份資料是有關拿撒勒人耶穌最早與最可靠的資料。一般來說，我不會花太多心思在諾斯底福音書（Gnostic Gospels）上，諾斯底福音書雖然非常重要，它反映了早期基督教社群對於耶穌是誰與耶穌教誨的廣泛看法，但卻無法讓我們瞭解歷史上的耶穌是什麼樣的人。

雖然幾乎所有人都同意，除了《路加福音》與《使徒行傳》，福音書上冠的人名並不是福音書的真實作者。但為了方便與不易混淆，我還是會使用福音書上原有的作者名。

最後，為了與學界習慣一致，書中以C.E.（Common Era）取代A. D.（西元後），以B.C.E.取代B.C.（西元前）。另外，《舊約》比較適合的名稱應該是《希伯來聖經》。

導論

我們能得知拿撒勒人耶穌的生平，這本身就是一件奇蹟。這名巡遊各地的傳道者，從這一村走到那一村，高聲宣揚末日將近，後頭還跟著衣衫襤褸的追隨者，這樣的景象在耶穌的時代極為常見——事實上，由於太過常見，因此在羅馬菁英眼中，這樣的景象宛如一種諷刺畫。在一段描繪這類人物的滑稽文字中，希臘哲學家凱爾蘇斯（Celsus）想像一名猶太聖人，他在加利利的鄉野漫遊，並未對特定人士講道，只是大聲喊著：「我是上帝，或上帝的僕人，或聖靈。我降臨了，因為世界已陷入毀滅的苦難之中。不久，你們將看到我手持天國權柄來到人世。」

西元一世紀是巴勒斯坦猶太人渴求天啟的時代。羅馬人當時所稱的巴勒斯坦，是一片廣大的地區，涵蓋今日的以色列／巴勒斯坦，以及大部分的約旦、敘利亞與黎巴嫩。無數先知、傳道者與彌賽亞走遍聖地，傳遞上帝即將審判的消息。這些所謂的假彌賽亞，許多人的姓名為當時所知，有些甚至記載於《新約》之中。《使徒行傳》提到，先知丟大（Theudas）曾擁有四百名徒眾，但之後羅馬人抓住他，將他斬首。有位具有神奇魅力的人物，只知道大家都稱他「埃及人」，他在沙漠裡聚集了大批追隨者，但這些人幾乎全遭羅馬軍隊屠滅。西元前四年，大多數學者認為拿撒勒人耶穌在這年誕生；也就是在這年，一個名叫阿斯隆吉斯（Athronges）的窮困牧羊人自行加冕為「猶太人的王」，他與追隨者遭羅馬軍團無情鎮壓。另外還有一名自認是彌賽亞的人，我們就姑且稱他是「撒瑪利亞人」。這個人並未糾集軍隊，也未挑戰羅馬的權威，但彼拉多依然將他釘十字架——這顯示當局已經感受到民間瀰漫著一股追求天啟的狂熱氣息，因此對於任何煽動性的言詞都極度敏感。強盜頭子希西家（Hezekiah）、佩里亞（Peraea）的西門、加利利的猶大及其孫子米拿現（Menahem）、吉歐拉（Giora）之子西門，與科克巴（Kochba）之子西門——這些野心家全自稱是彌賽亞，他們全因此遭羅馬人處死。此外還有艾賽尼派（Essene），這個教派的一些成員住在死海西北岸庫姆蘭（Qumran）的乾燥高原上，與世隔絕；西元一世紀的猶太革命黨，又稱狂熱派（Zealots），他們協助發動對抗羅馬的血腥戰爭；最後是令人畏懼的盜匪刺客，羅馬人稱他們是希卡里派（持短劍者）（Sicarii, the Daggermen）。西元一世紀在巴勒斯坦興起的這些派別，充分反映了當時的彌賽亞熱潮。

要將拿撒勒人耶穌明確歸類於當時已知的宗教政治派別並不容易。耶穌充滿深刻的矛盾，他也許今天傳布只讓某個種族聆聽的訊息（「我奉差遣，不過是到以色列家迷失的羊那裡去」；馬太福音15:24），第二天卻可能傳布雨露均霑的意旨（「所以你們要去，使萬民作我的門徒」；馬太福音28:19）；有時他呼籲無條件的和平（「使人和睦的人有福了，因為他們必稱為神的兒子」；馬太福音5:9）；有時他卻又挑起暴力與衝突（「沒有刀的要賣衣服買刀」；路加福音22:36）。

想詳細介紹歷史上的耶穌，我們遭遇的問題是，這位改變人類歷史的人物，除了《新約》之外，並未留下任何蛛絲馬跡。在提及耶穌的非聖經文獻中，年代最早也最可靠的是西元一世紀猶太史家約瑟夫斯（Flavius Josephus，死於西元一〇〇年）的作品。約瑟夫斯的《猶太古史》（*Antiquities*）有一段簡單的文字提到，殘忍的猶太大祭司阿納努斯（Ananus）在羅馬總督菲斯圖斯（Festus）死後，違法宣判「人稱彌賽亞的那個人耶穌，他的兄弟雅各」犯了法，判處雅各亂石砸死之刑。約瑟夫斯也提到新總督阿爾比努斯（Albinus）抵達耶路撒冷之後，阿納努斯發生了哪些事。

雖然這段文字只是點到為止，而且帶有輕視之意（「人稱彌賽亞的那個人」顯然帶有嘲弄的意思），但對於尋找歷史上耶穌的證據來說，卻非常重要。在一個沒有姓氏的社會裡，像雅各這麼普通的名字，往往必須加上稱號——出生地或父親的名字——以便與其他在巴勒斯坦流浪且同樣名叫雅各的人區別（拿撒勒人耶穌也是同樣的道理）。在這個例子裡，雅各的稱呼與他的兄弟連結在一起，約瑟夫斯顯然認為雅各的兄弟是眾人熟悉的人物。這段文字不僅顯示「耶穌，人稱彌賽亞的那個人」或許存在，也顯示在西元九十四年，也就是《猶太古史》寫作之時，耶穌應該已被公認是一個嶄新而持續很長一段時間的宗教運動的創立者。

真正吸引西元二世紀史家如塔西佗（Tacitus，死於西元一一八年）與小普林尼（Pliny the Younger，死於西元一一三年）注意的，其實是這場宗教運動，而不是運動的創立者。塔西佗與小普林尼曾提到拿撒勒人耶穌，但對他著墨不多，只描述他遭到逮捕與處決——這場歷史事件相當重要，我們之後將會討論，這些敘述無法讓我們瞭解耶穌的生平細節。因此，我們只能仰賴《新約》提供的點滴訊息。

關於拿撒勒人耶穌，我們擁有的最初文字資料來自於保羅的書信，保羅是耶穌早期的追隨者，大約西元六十六年去世（保羅最初的書信，《帖撒羅尼迦前書》完成的時間大約在西元四十八年到五〇年，也就是耶穌死後的二十年。）然而，保羅的問題在於，他對於歷史的耶穌興趣缺缺。他的書信只有三個地方提到耶穌的生平：最後的晚餐（哥林多前書11:23-26），釘十字架（哥林多前書2:2），以及對保羅來說最關鍵的復活。保羅說，「若基督沒有復活，我們所傳的便是枉然，你們所信的也是枉然。」（哥林多前書15:14）對基督教早期歷史有興趣的人，也許認為保羅的書信是絕佳的史料來源，但我們無法從他的書信挖掘出歷史上的耶穌形貌。

於是我們只剩下福音書，但這些福音書亦非全無問題。首先，除了《路加福音》之外，其他福音皆非出自福音本身所冠人名之手。其實《新約》絕大多數的篇章都是如此。這類作品即是所謂的「偽典」（pseudepigraphical works），也就是偽托他人之名寫成的作品。這種做法在古代極為常見，而這些偽典也不應視為偽造之物。以某人的名字為某書命名，這麼做通常表示該書反映了某人的信仰，或反映了他的學派思想。無論如何，福音書並非（其原意亦非如此）耶穌生平的歷史文獻。福音書並非親炙耶穌教誨之人對耶穌言行的紀錄，而是信仰者社群對信仰的見證，其寫作的時間往往與事件發生的實際時間隔了好幾年。簡言之，福音書描述的是身為基督的耶穌，而不是身為凡人的耶穌。

關於福音書的形成過程，目前最有力的理論是「雙源理論」（Two-Source Theory）。該理論主張《馬可福音》成書最早，大約在西元七〇年之後，也就是耶穌去世四十年後。馬可收集了口傳的資料，或許還包括一些文字寫成的傳說，其中包含耶穌最初的門徒在數年間寫下的作品。馬可依照年代先後排比這些資料，創造出全新的文類，稱為gospel，即希臘文「福音」的意思。然而，馬可的福音書太簡略，無法滿足許多基督徒的需求。馬可未提到耶穌的幼年；只提到耶穌某一天出現在約旦河畔，受了施洗約翰的洗。馬可未提到耶穌復活，他只提到耶穌被釘十字架，遺體放在墳墓裡，幾天後，墳墓空無一物。即使是最早期的基督徒，看到馬可這麼簡單描述耶穌的生平與傳道，恐怕也會感到意猶未盡。這方面的工作只能留待接續《馬可福音》的《馬太福音》與《路加福音》，由它們來補充原初文本的不足。

馬可之後又過了二十年，大約西元九〇年到一〇〇年左右，《馬太福音》與《路加福音》的作者開始各自獨立撰寫。他們以馬可的手稿為範本，添入自身的獨特傳統，包括兩種相異且彼此衝突的耶穌幼年敘事，以及一連串經過增補修飾的耶穌復活故事，來滿足各自的基督教讀者。《馬太福音》與《路加福音》也引用早期相當流行的耶穌語錄，學者稱這些語錄為Q資料（Q指德文的Quelle，也就是資料來源的意思）。雖然我們沒有有形的文獻資料，但我們可以把《馬太福音》與《路加福音》中並非來自《馬可福音》的文字找出來，然後比對這些文字，找出《馬太福音》與《路加福音》的共通點，由此就能推論出Q資料的內容。

《馬可福音》、《馬太福音》與《路加福音》合稱對觀福音書（Synoptics，希臘文，「對觀」的意思），因為這三部作品對於耶穌的生平與傳道事蹟，或多或少呈現出共同的敘事與年代順序。而這三本福音書的內容也與第四本福音書《約翰福音》有很大的差異。《約翰福音》可能成書於西元一世紀結束後不久，也就是西元一〇〇年到一二〇年之間。

以上四本是被列為正典的福音書，但福音書不只這四本。我們現在擁有的非正典聖經，絕大多數成書於西元二到三世紀，這些作品對於拿撒勒人耶穌的生平有著截然不同的視角。這些福音書包括一九四五年於上埃及，也就是在拿戈瑪第（Nag Hammadi）附近挖掘到的作品，如《多馬福音》（Gospel of Thomas）、《腓力福音》（Gospel of Philip）、《約翰祕傳》（Secret

Book of John）、《抹大拉的馬利亞福音》（Gospel of Mary Magdalene）與一些諾斯底福音書。雖然這些作品最終未能列為《新約》，但它們仍極為重要，因為這些作品顯示當時的人對於耶穌是誰與耶穌的意義為何，看法極為分歧，就連宣稱曾與耶穌同行，曾與耶穌同吃一塊麵包，與耶穌一起飲食，曾親耳聽他傳道以及與他一起禱告的人，他們對耶穌的想法也言人人殊。

最後，關於拿撒勒人耶穌，我們只握有兩件確然不移的歷史事實：首先，耶穌是猶太人，西元一世紀初，他在巴勒斯坦領導廣受支持的猶太運動；其次，羅馬因為他領導猶太運動而處死他。光憑這兩件事實，自然無法完整描繪兩千多年前這名男子的生活全貌。然而，如果能夠對照耶穌身處的那個充滿騷亂的時代——感謝羅馬人，我們因此知道不少當時的事——那麼這兩件事實就能協助我們描繪出比福音書更貼近歷史的拿撒勒人耶穌肖像。事實上，從這場歷史活動中浮現的耶穌——一名投身於西元一世紀巴勒斯坦宗教與政治騷動的狂熱革命分子——與早期基督教社群描繪的溫和牧羊人形象，兩者幾乎沒有類似之處。

思考一下：釘十字架幾乎是羅馬人專門用來懲罰煽動叛亂者的刑罰。當耶穌痛苦地扭動身體時，羅馬人在他頭上放了個牌子——上面寫著「猶太人的王」——這是耶穌的「罪狀」（titulus），儘管一般認為這是為了諷刺耶穌，但實際上並非如此。每個被釘十字架的罪犯都有這樣的牌子，上面寫著他是犯了什麼罪才遭到處死。在羅馬人眼裡，耶穌的罪名是企圖建立王國（也就是叛國），與當時每個自稱是彌賽亞的人罪名一樣，而這些人也全遭到處死。耶穌不是獨自一人受死，福音書提到在耶穌兩旁各釘了一個人，他們被稱為是lestai，這是希臘文，翻譯成英文就是「竊賊」，但真正的意思其實是「強盜」，而羅馬人多半以此來稱呼叛亂分子或造反者。

這三名造反者所在的山丘滿布十字架，每座十字架上都掛著痛苦流血的身體，這些人都因為違逆了羅馬的意志而受此刑罰。光是這樣的景象就足以使人質疑福音書對耶穌的描繪：他只是一名追求無條件和平的人，與當時的政治動亂毫無關係。廣受民眾支持的彌賽亞運動領袖，呼籲建立「上帝的國度」——對猶太人與異教徒來說，這個詞其實與反抗羅馬大同小異——如果說這種行為與猶太行省的猶太人之間普遍瀰漫的革命情緒無關，未免太不可思議。

福音書作者為什麼極力淡化耶穌的訊息中帶有的革命性質，為什麼刻意抹去耶穌的運動中帶有的革命色彩？要回答這個問題，首先我們要瞭解，幾乎所有關於拿撒勒人耶穌的生平與使命的福音故事，都是在西元六十六年猶太暴亂「之後」寫成的。那年，有一群猶太叛亂者在信仰上帝的熱情驅使下，鼓動同胞發動叛亂。令人意外的是，叛軍居然成功收復聖地，驅逐了羅馬人。有四年的時間，上帝之城再度回到猶太人手裡。西元七〇年，羅馬人捲土重來。羅馬軍隊在包圍耶路撒冷不久之後，就攻破城牆，搶掠居民。他們逢人便殺，屍體全堆置在聖殿山，血水沿石板街道流下。屠殺結束之後，羅馬士兵縱火焚燒聖殿。大火從聖殿山往外蔓延，將耶路撒冷的牧地、農田與橄欖樹盡皆燒毀，舉目所及全成了焦土。由於聖城毀壞得太過徹底，約瑟夫斯因此寫道，我們找不到任何痕跡可以證明耶路撒冷曾住過人。數萬名猶太人遭到屠殺，僥倖存活的則被上了鎖鏈驅趕出城。

猶太人在遭遇這場災難之後，精神上的創傷難以想像。猶太人被逐出上帝應許之地，卑躬屈膝地與羅馬帝國異教徒雜居，西元二世紀的拉比因此刻意將猶太教與激進彌賽亞民族主義逐漸區分開來，因為後者引發與羅馬的戰爭使猶太人遭此劫難。此後，《摩西五經》取代聖殿成為猶太人生活的重心，而拉比猶太教也開始興起。

基督徒也覺得有必要與這些使耶路撒冷遭剷平的革命狂熱分子保持距離，這麼做不僅能讓早期教會免遭羅馬報復，也因為此時的猶太宗教已被歸類為低賤的社會階層，基督教傳福音的對象因此轉移到羅馬人身上。於是基督徒開始重新塑造耶穌，希望將耶穌從革命的猶太民族主義者，轉變成宣揚和平不關心世俗的精神領袖。這樣的耶穌才能被羅馬人接受，而事實上羅馬人確實接受了。三個世紀之後，羅馬皇帝狄奧多西（Flavius Theodosius，死於西元三九五年）讓耶穌基督巡迴傳教的運動成為官方宗教，我們今日所知的正統基督教於焉誕生。

本書試圖盡可能挖掘出歷史上的耶穌，也就是基督教「之前」的耶穌：一個具有政治意識的猶太革命分子。兩千年前，他在加利利的鄉野巡遊，召集追隨者發起彌賽亞運動，企圖建立上帝的王國。然而，他在耶路撒冷公然挑釁，又在聖殿大肆抨擊，因此遭羅馬當局以煽動叛亂的罪名加以逮捕處死。本書也要討論，耶穌想在人世建立上帝的王國失敗後，他的追隨者如何重新詮釋耶穌的使命與身分，以及猶太彌賽亞的性質與定義。

有些人認為這麼做只是浪費時間，他們相信歷史上的耶穌已經亡佚，不可能恢復。「追求歷史耶穌」的熱潮早已消褪，學者不再自信滿滿地認為現代科學工具與歷史研究可以讓我們揭露耶穌的真實身分。這些人認為「真正」的耶穌已不重要。我們應該把心力放在可理解的耶穌身上，也就是耶穌基督。

我同意，撰寫拿撒勒人耶穌的傳記，跟撰寫拿破崙的傳記相比完全是兩碼事。前者猶如拼湊一幅巨大的拼圖，但偏偏手中只有少數的拼圖零片；我們無計可施，只能盡可能就我們所知，猜測完整圖像的模樣，填滿空缺的拼圖。偉大的基督教神學家布爾特曼（Rudolf Bultmann）常說，追求歷史的耶穌，說穿了其實是一種內在的追求。學者總是看到他們想看到的耶穌。他們太常從自己建構的耶穌形象中看到「自己」——也就是他們自身的倒影。

然而，光是盡可能利用現有知識進行推測，就足以——即使極其微小——讓我們質疑對拿撒勒人耶穌的最基本假定。如果我們以歷史的角度分析福音書的主張，我們可以去除《聖經》中的文學矯飾與神學色彩，拼湊出更為精確的歷史耶穌形象。事實上，如果我們努力將耶穌放回他原本生活的社會、宗教與政治脈絡——反羅馬的民怨正逐漸加溫，而後爆發的叛亂將從此改變猶太教的信仰與儀式——那麼，就某方面來說，他的傳記將會自然成形。

這個過程所揭露的耶穌，也許與我們預期的不同；他當然不是絕大多數現代基督徒認識的耶穌。但無論如何，他是唯一我們可以透過歷史來理解的耶穌。

至於其他，則是信仰的事。

年表

西元前一六四年	馬加比家族叛亂
一四〇年	哈斯蒙王朝建立
六十三年	龐培征服耶路撒冷
三十七年	大希律王成為猶太人的王
四年	大希律王去世
四年	加利利人猶大叛亂
西元前四年到西元六年	拿撒勒人耶穌誕生
西元六年	猶太地區成為羅馬行省
一〇年	塞佛里斯成為希律·安提帕第一座都城
十八年	該亞法被任命為大祭司
二〇年	提比里亞成為希律·安提帕第二座都城
二十六年	彼拉多成為耶路撒冷總督
二十六～二十八年	施洗約翰開始傳道

二十八～三〇年　拿撒勒人耶穌開始傳道
三〇～三十三年　拿撒勒人耶穌去世
三十六年　撒瑪利亞人叛亂
三十七年　大數人掃羅（保羅）改信
四十四年　丟大叛亂
四十六年　加利利人猶大之子雅各與西門叛亂
四十八年　保羅寫下最初的書信：《帖撒羅尼迦前書》
五十六年　大祭司約拿單遭謀殺
五十六年　保羅寫下最後的書信：《羅馬書》
五十七年　埃及人叛亂
六十二年　耶穌的兄弟雅各去世
六十六年　保羅與使徒彼得在羅馬去世
六十六年　猶太叛亂
七〇年　耶路撒冷被毀
七〇～七十一年　《馬可福音》寫成
七十三年　羅馬人攻陷馬薩達

八〇～九〇年　《雅各書》寫成
九〇～一〇〇年　《馬太福音》與《路加福音》寫成
九十四年　約瑟夫斯撰寫《猶太古史》
一〇〇～一二〇年　《約翰福音》寫成
一三二年　科克巴之子西門叛亂
三〇〇年　《偽克雷芒文獻》編纂完成
三一三年　君士坦丁皇帝發布米蘭敕令
三二五年　尼該亞公會議
三九八年　希波公會議

第一部

錫安哪，興起！興起！
披上你的能力！
聖城耶路撒冷阿，穿上你華美的衣服；
因為從今以後，未受割禮不潔淨的，
必不再進入你中間。
耶路撒冷阿，要抖下塵土，起來坐在位上，
錫安被擄的居民哪，要解開你頸項的鎖鍊。

《以賽亞書》52:1-2

序言
不同於以往的獻祭

與羅馬的戰爭不是始於刀劍相向，而是來自刺客斗篷裡亮出的嗜血短劍。

耶路撒冷的節慶時節：地中海各地的猶太人，齊聚聖城，向上帝獻上芬芳的供品。古老的猶太教信仰規定每年要進行一連串的儀式與慶典，這些儀式與慶典只能在聖城，在耶路撒冷的聖殿，在大祭司的主持下進行。大祭司在最神聖的筵席日——逾越節、七七節、歡慶豐收的住棚節——為自己積聚錢財，同時也從信徒的什一奉獻中抽稅，做為他勞苦工作的代價。大祭司的工作有多繁重啊！每逢猶太教三大節，耶路撒冷就會暴增到一百多萬人。挑夫與下級祭司必須在川流不息的朝聖人群中，奮力穿過聖殿南牆的赫爾達門（Hulda Gates），沿著聖殿廣場下方陰暗狀似洞穴的柱廊前進，然後爬上兩段長階梯，最後來到人稱外邦人之庭（Court of Gentiles）的公共廣場與市集。

耶路撒冷聖殿是一座偏矩形的建築物，長約五百公尺，寬約三百公尺，位於聖城東緣，四平八穩地座落在摩利亞山（Mount Moriah）山頂。加蓋的柱廊環繞著聖殿外牆，一排排耀眼的白色石柱支撐起厚重的石板屋頂，使朝聖的群眾免於日光的無情烤灼。聖殿南面，矗立著最雄偉華麗的柱廊，這排柱廊稱為王廊（Royal Portico），它是一座高聳的兩層樓巴西利卡式聚會所，依照當時常見的羅馬式建築風格建造。王廊是猶太公會（Sanhedrin）辦公的地方，而猶太公會是猶太人最高的宗教與司法機構。王廊也是喧鬧的商人與邋遢的兌幣者駐足之處，當你從地下的階梯拾級而上，就會看到這處廣闊而光線充足的廣場。

兌幣者在聖殿扮演著重要角色。你可以用外幣向他們兌換希伯來舍克勒幣（shekel），而他們則從中收取一點費用。聖殿當局規定，在此地交易只能使用舍克勒幣。兌幣者也收取半舍克勒的聖殿稅，凡是成年男子都必須繳納這筆稅金。環顧四周所見的雄偉與華麗景象，其維護的經費均源自於此：堆積如山的焚香與一望無盡的祭品，奠祭的醇酒與初收的果實，吟唱聖歌的利未唱詩班與彈琴擊鈸的伴奏樂隊。人們必須支付這些必要支出的費用，而為了取悅上帝而進行的燔祭，其花費也必須有人負擔。

兌換貨幣之後，你可以拿舍克勒到牆邊的畜欄尋找與購買祭品：一隻鴿子，或一隻羊——端賴你的錢包有多深，或你想洗淨的罪過有多大。如果你的罪過遠超過你的錢包，你毋須絕望，兌幣者很樂意借錢給你，讓你增加祭品的分量。法律嚴格規定獻祭動物的條件。這些牲畜身上不能有任何瑕疵傷痕；牠們必須是馴養的，而非野生的；不能是馱獸；無論是閹牛、公牛、公羊或綿羊，除非是為了祭神而飼養，否則不能用來獻祭。這些祭品並不便宜。怎麼會便宜呢？獻祭是聖殿的主要目的，是聖殿存在的理由。聖歌、禱文、誦經——在聖殿舉行的每一種儀式，都是為了支持這項最重要的崇拜。血祭不僅能抹除你的罪惡，也能潔淨大地。它能滋養土地，恢復與維持地力，保護我們免於旱災、饑荒或其他更可怕的災難。創生萬物的天主所制定的生死循環，完全仰賴獻祭而運作。因此什麼都可以省，唯有獻祭不能省。

所以，採買供品，周全地辦好儀式吧。把供品交給在聖殿廣場上四處走動的白袍祭司。他們是亞倫的後裔，而亞倫是摩西的哥哥。這些祭司負責維持聖殿的日常儀式：焚香、點燈、吹號角，當然，還包括獻上祭品。祭司是世襲的，但他們的人數不會太少，足以應付節慶的需求。每到三大節，就會有許多祭司從外地湧入耶路撒冷幫忙。他們二十四小時在聖殿輪班工作，確保燔祭火燄日夜不熄。

聖殿由層層庭院構成，每登上一層，庭院就變得更小，但更崇高，要守的禁令更多。最外圍的庭院是外邦人之庭，這是個寬廣的廣場，不分種族宗教，任何人都能進來，人們可以在這裡購買祭品。如果你是猶太人——必須身無殘疾（沒有痲瘋病或身體沒有殘廢），而且要行潔淨身體的儀式——你可以帶著供品隨祭司穿過石格柵欄，進到下一個庭院，也就是女性之庭（Court of Women）（柵欄牌子上寫著，外邦人勿闖此地，違者處死）。燔祭時所使用的木柴與油全存放在這兒。猶太女性進入聖殿，最遠只能到此；猶太男性還可以繼續往前，登上半圓形小臺階，穿過尼迦挪門（Nicanor Gate），進入以色列人之庭（Court of Israelites）。

這是你能最靠近上帝的地方。殺牲的臭味撲鼻而來。這股惡臭附著在你的皮膚與毛髮上，難以去除。祭司焚香去除惡臭與疾病，然而無論混合了多少沒藥與肉桂、番紅花與乳香，也無法掩蓋屠宰留下的難忍臭味。但是，留在此處見證你獻上的牲禮如何在下一個庭院，也就是祭司之庭（Court of Priests）進行燔祭，是很重要的。只有祭司與聖殿官員才能進入祭司之庭，聖殿的祭壇就位於此地：一個有四個拐角的木壇——長五肘，寬五肘——外面以銅包覆，濃濃的黑煙從壇裡竄出，升向天際。

祭司把你的牲禮放在角落，然後到鄰近水池淨身。先誦念一段簡單的禱文，接著割開牲畜的喉嚨。一名助手用碗收集血液，然後將鮮血灑在祭壇的四個拐角，在此同時，祭司仔細清除內臟，肢解屍體。祭司可以保留牲畜的毛皮，這在市場上可以賣個好價錢。內臟與肥肉從屍體掏出來後，會沿著一道斜坡送上祭壇，然後直接丟入永恆之火。割下來的肉則放在一旁，讓祭司在典禮後享用。

整個儀式是在聖殿最裡面一層的庭院舉行，這個庭院又稱為至聖所。至聖所是一座貼滿金箔的神聖柱立式建築，位於聖殿中心，是全耶路撒冷的最高點。至聖所的大門垂吊著紫色與緋紅色的掛毯，上面繡著黃道帶輪與天國全景。這裡是上帝光輝顯現的地方，也是塵世與天國的交會處，它是一切創造的中心。存放上帝十誡的約櫃，原本放置在至聖所，但很久之前就已消失無蹤。如今至聖所空無一物，裡頭寬敞而空曠，透過這個空間，上帝得以顯現，聖靈得以從天國來到塵世。神的大能也如同心圓般從至聖所往外擴散，穿過祭司之庭、以色列人之庭、女性之庭與外邦人之庭，越過聖殿的柱廊與城牆，然後往下進入耶路撒冷市區，越過猶太行省的鄉野，來到撒瑪利亞（Samaria）與以東（Idumea）、佩里亞與加利利，穿過強大羅馬帝國的廣袤疆土，最後抵達世界各地，及於所有民族與國家。所有人——無論是猶太人還是外邦人——都在造物主聖靈的看護下成長茁壯，這個聖靈只有一個根源：最裡面的神聖殿堂，也就是至聖所，它位於聖殿最深處、聖城耶路撒冷的中心。

只有大祭司才能進入至聖所。西元五十六年，擔任大祭司的是一名年輕人，名叫阿納努斯之子約拿單。與前幾任大祭司一樣，約拿單的職位是直接向羅馬買來的，他一定花了不少錢。大祭司是個有利可圖的職位，只在少數幾個貴族家族之間傳遞，性質如同遺產（下級祭司一般是由家世普通的人出任）。

聖殿對猶太人生活的重要性，再怎麼強調也不為過。對猶太人來說，聖殿可以充當曆書與時鐘；聖殿舉行的儀式標誌著一年周而復始，也形塑了耶路撒冷所有居民的日常生活。聖殿也是整個猶太地方的商業中心，是當地首要的金融機構與最大的銀行。聖殿不僅是以色列上帝的居所，也是匯聚以色列民族主義的據點；聖殿不僅存放了神聖經典與記載猶太教儀式的法典，也收藏了猶太民族的法律文獻、歷史筆記與族譜。

與鄰近的異教徒不同，猶太人並未在各地廣設廟宇。他們只有一個崇拜中心，一個獨一無二的神明臨在之所，猶太人只有在此才能跟他們的上帝溝通。猶太地方從各種意義來看，都是個聖殿國家。「神權政治」一詞的出現，主要就是為了形容耶路撒冷。「有些人民把最高政治權力託付給君主，」一世紀猶太史家約瑟夫斯寫道，「有些人民託付給寡頭，還有些人民託付給群眾（民主政治）。然而，我們的立法者（上帝）卻對這些政體不感興趣，而獨鍾於——如果一定要給個名稱的話——『神權政治』（theokratia），由上帝主宰最高權力與權威。」

我們可以把聖殿想成某種封建國家，這個國家雇用了數千名祭司、歌手、挑夫、僕役與辦事人員，它轄下的廣大肥沃土地交由聖殿奴隸耕種，利益則由大祭司獨享。除了上述收益，還有聖殿稅以及遊客與朝聖者不斷帶來的禮品與供品，更甭說還有商人與兌幣者經手的巨額金錢，聖殿也會從中抽取一點稅金。由此我們不難看出，為什麼有這麼多猶太人認為整個祭司貴族，尤其是大祭司，其實只不過是一群貪得無饜的「錦衣玉食者」（用約瑟夫斯的話說）。

想像大祭司約拿單站在祭壇前，手裡拿著燃燒的線香，民眾的憤懣何以產生已昭然若揭。他身上的祭袍，雖然是歷任富有的大祭司傳承下來的，卻印證了大祭司的奢華。無袖的紫色（國王的服色）長袍，緣飾著輕巧的流蘇，摺邊縫上了小金鈴；沉重的胸牌鑲了十二種珍貴的寶石，象徵以色列十二支派；他頭上纏的潔淨頭巾，看起來像是三重冕，正面裝飾了金牌，上面刻著不可明言的上帝之名；烏陵（urim）與土明（thummim），一種木頭與骨頭製成的神聖骰子，大祭司將它們裝在胸牌旁邊的小袋子隨身攜帶，透過擲骰，可以顯示上帝的意旨——這些浮華的排場，全是用來表示唯有大祭司才能與上帝接觸溝通。這身裝束使大祭司與眾不同，使他自別於世上所有猶太人。

基於這個理由，只有大祭司才能進入至聖所，而且一年只有一天，也就是贖罪日，以色列所有的罪惡在這天都能獲得滌淨。在這一天，大祭司面對上帝的臨在，為所有猶太人贖罪。如果大祭司夠格得到上帝的祝福，那麼以色列的罪就能得到原諒。如果他不夠格，那麼他腰上繫的繩子將可確保上帝擊死他之後，其他人可以在不玷汙至聖所的狀況下，將他拉出至聖所。

當然，在這一天，大祭司確實死了，只不過不是死在上帝手裡。

祭司的祝福結束，詠唱禱文（「以色列阿，你要聽，耶和華我們神是獨一的主！」），大祭司約拿單離開祭壇，走下斜坡，來到聖殿外庭。他一走到外邦人之庭，馬上就被一群瘋狂的民眾包圍。聖殿衛士圍起一道人牆保衛大祭司的潔淨，以免他被群眾髒汙的手觸摸。然而，刺客還是很容易察覺大祭司的行蹤，他毋須留意大祭司那身珠光寶氣的炫目服飾，只需聆聽祭袍摺邊上小金鈴晃動的聲響。那獨特的旋律正是大祭司到來的明證。大祭司就在附近。

刺客在人群中擠出一條路，慢慢靠近約拿單。等到距離夠近了，他便在混亂的人群中伸出手來，此時根本沒有人注意到他。他一把抓住祭袍，將大祭司拖離聖殿衛士的保護。他牢牢抓住大祭司，就在這一瞬間，他抽出短劍，朝他的喉嚨一抹。一場不同於以往的獻祭。

就在大祭司的血還沒噴灑到聖殿地板，衛士們還來不及對踉蹌的大祭司做出反應，庭院的群眾還不知道發生什麼事，那名刺客早已隱沒到人群裡，消失無蹤。

你不用驚訝，搞不好第一個大喊「殺人了」的人，就是那名刺客。

第一章
角落的一個小洞

西元五十六年，當阿納努斯之子約拿單在聖殿山上行走時，是誰手刃了他？顯然，在耶路撒冷有許多人想宰了這名貪婪的大祭司，而想將傲慢的聖殿祭司階級剷除的人更是大有人在。然而，有件事我們必須牢記，西元一世紀的巴勒斯坦——上帝的靈從這塊聖地流往世界各地——是一塊被占領的土地。整個猶太地區到處駐紮了羅馬軍團。大約有六百名羅馬士兵屯駐於聖殿山上，他們住在安東尼亞要塞（Antonia Fortress）的高聳石牆後頭。這座要塞位於聖殿圍牆旁，拱衛著聖殿的西北角。汙穢的百夫長，披著紅色披肩，穿著打磨光亮的胸甲，雄糾糾地走在外邦人之庭，他的手停留在劍柄上，準備一有需要就提醒大家，誰才是這塊聖地的統治者。

羅馬對耶路撒冷的統治始於西元前六十三年，羅馬名將龐培率領戰無不勝的軍團進入耶路撒冷，而後圍攻聖殿。當時耶路撒冷早已過了它經濟與文化的黃金時期。過去這塊迦南人聚落，在大衛王的經營下，一躍成為王國的首都，而後這座城市又交給了大衛王性格反覆無常的兒子所羅門，他在此地建立了第一座聖殿以崇拜上帝——這座聖殿於西元前五八六年遭巴比倫人劫掠與摧毀——耶路撒冷作為猶太民族的宗教、經濟與政治首都，已有千年的歷史，可是等到龐培走過聖殿大門時，已難窺見昔日風華，只見充滿宗教熱忱的民眾四處推擠爭吵。

耶路撒冷位於草木叢生的猶太山地的南部高原地帶，處於斯科普斯山（Mount Scopus）與橄欖山（Mount of Olives）兩座山之間，東側是汲淪谷（Kidron Valley），南邊是險峻的格亨納谷（Valley of Gehenna）。耶路撒冷在羅馬入侵時，約有十萬人口。對羅馬人來說，耶路撒冷只是帝國版圖上一個無關緊要的小點，善辯的政治家西塞羅曾說，耶路撒冷不過是地圖「角落的一個小洞」。但對猶太人來說，耶路撒冷卻是世界的肚臍，宇宙的軸心。在這個世界上，沒有任何城市比耶路撒冷更獨特、更神聖、更值得尊崇。在紫色的葡萄園裡，藤蔓在平坦的原野上扭曲蔓生，田埂縱橫，綠色的果園種滿了杏樹與無花果樹，還有橄欖樹，紙莎草慵懶地漂浮在約旦河邊——猶太人熟悉這塊被祝聖土地的每一分每一寸，也深愛這片土地，並且主張這是他們的領土。從加利利的農地，到撒瑪利亞的低矮丘陵，乃至於以東的外圍地區（《聖經》描述的那兩座被詛咒的城市，所多瑪與蛾摩拉，就位於此處），上帝把這塊土地賜給猶太人。但事實上，猶太人從未真正統治過這片土地任何一個地方，就連崇拜上帝的聖城耶路撒冷，猶太人也未曾真正領有。上帝為耶路撒冷披上光彩與榮耀，如先知以西結（Ezekiel）所言，上帝將耶路撒冷安置於「列邦之中」——上帝在地上的王國永遠座落於此——然而在西元一世紀初，耶路撒冷仍是座偏遠小城，是強大羅馬帝國邊陲的一個惱人地帶。

入侵與占領對耶路撒冷來說是司空見慣。儘管在猶太人心目中，耶路撒冷擁有崇高的地位，但對歷朝各代的帝王來說，耶路撒冷只不過是他們追求更大野心之餘，順道掠奪與破壞的蕞爾小地。西元前五八六年，巴比倫人——美索不達米亞的霸主——在猶太地區大肆燒殺，他們將耶路撒冷連同聖殿一併夷為平地。巴比倫人後來被波斯人征服，波斯人允許猶太人返回耶路撒冷，並且同意他們重建聖殿。但這不是因為波斯人欣賞猶太人或重視猶太人的宗教，而是他們認為耶路撒冷對於橫跨中亞的帝國來說，只是個窮鄉僻壤（但先知以賽亞因此感謝波斯王居魯士，認為他是彌賽亞）。波斯帝國，連同其中的耶路撒冷，之後都被亞歷山大的大軍征服。這支大軍的後裔則為耶路撒冷及其居民注入希臘文化與思想。西元前三二三年，亞歷山大英年早逝，耶路撒冷因此成了埃及托勒密王朝的戰利品，不過這段統治很短暫。西元前一九八年，塞琉古國王安條克大帝從托勒密手中奪取耶路撒冷，其子神顯者安條克幻想自己具有神性，他想完全根除耶路撒冷猶太人的上帝崇拜。猶太人為了反抗這種瀆神行為，發動了殘酷的游擊戰，領導者是哈斯蒙的瑪他提亞（Mattathias the Hasmonaean）的幾個勇敢的兒子——馬加比家族（Maccabees）。西元前一六四年，他們從塞琉古手中奪取了聖城，這是四百年來，猶太人第一次收復他們在猶太地區的霸權。

往後一百年，哈斯蒙王朝以鐵腕統治上帝的土地。哈斯蒙的統治者是祭司王，他們不只是猶太人的國王，也是聖殿的大祭司。然而，當希爾卡諾斯（Hyrcanus）與阿里斯托布洛斯（Aristobulus）為爭奪王位而兄弟鬩牆引發內戰時，雙方都不智地向羅馬尋求援助。龐培利用兩者的求援，將耶路撒冷據為己有，結束猶太人對上帝之城的短暫統治。西元前六十三年，猶太地區成了羅馬的保護領地，猶太人再度成為臣服的子民。

羅馬的統治在猶太人獨立建國後的一世紀到來，但猶太人並不願意接受這樣的安排。哈斯蒙王朝被廢，龐培允許希爾卡諾斯繼續擔任大祭司。此舉令阿里斯托布洛斯的支持者氣憤難平，他們因此發動一連串的叛亂，羅馬人則回以典型的殘酷鎮壓——燒毀城鎮、屠殺叛軍、奴役居民。在此同時，三餐不繼而債務纏身的鄉野農民辛苦地在田間工作，富有的地方統治階級則在耶路撒冷過著舒適的生活，兩者的落差日益懸殊。羅馬對於征服的城市一向奉行與土地貴族結盟的政策，使這些貴族必須仰賴羅馬統治者才能獲得權力與財富。只要地方統治階級的利益與羅馬一致，就能確保地方統治者會全力擁護羅馬帝國的體制。當然，在耶路撒冷，「土地貴族」或多或少指的就是祭司階級，特別是那些負責聖殿儀式的富有祭司家族。

羅馬將徵稅與進貢的工作交給他們，並且要求他們維持秩序，擺平逐日增加的躁動群眾，而他們也會得到豐厚的報酬。

在耶路撒冷，宗教與政治權力之間的互通，使羅馬不得不仔細監視猶太教徒，特別是大祭司。身為猶太公會的領袖與「猶太人的領導人」，大祭司在宗教上與政治上都德高望重，他有權決定一切宗教事務，執行上帝的律法，甚至進行逮捕，不過僅限於聖殿附近區域。如果羅馬人想控制猶太人，那麼他們必須控制聖殿；如果羅馬人想控制聖殿，他們必須控制大祭司，這就是為什麼羅馬一取得猶太地區之後，就主動承擔任命與罷黜（直接或間接）大祭司的責任。實際上，羅馬人是把大祭司變成羅馬帝國的僱員。羅馬人甚至保管大祭司的祭袍，只有在神聖節慶與筵席日才交出祭袍，等典禮結束就立即收回。

猶太人獲得的待遇其實比其他羅馬臣民來得好。大部分的狀況下，羅馬人雖然嘲笑猶太教儀式，還是允許猶太人進行崇拜與獻祭，而未加以干涉。猶太人甚至可以不用向羅馬皇帝行直接崇拜的儀式，反觀在羅馬統治下的其他宗教團體，幾乎都要行這樣的儀式。羅馬人只要求耶路撒冷每天兩次，獻祭一頭公牛與兩隻羔羊，為皇帝祈福。只要持續不斷地獻祭，按時繳稅進貢，遵守地方法律，羅馬就不會干涉你、你的上帝與你的聖殿。

羅馬畢竟對各地臣民的宗教信仰與儀式並不陌生。他們征服的土地，都能繼續保留原有的廟宇。敵對的神祇，非但未被消滅或摧毀，反而融入羅馬人的宗教崇拜中（舉例來說，迦南神祇巴力因此與羅馬的農神連結起來）。有時候，透過evocatio（召喚）這種儀式，羅馬人還可以擁有敵人的廟宇——因此也擁有敵人的神祇，在古代，廟宇與神祇是不可分割的——並且將其移轉到羅馬，讓敵人的神明獲得豐厚的牲禮。這種做法是為了明確表示，交戰的只有戰士，而不及於神祇；如果信眾願意放下武器，成為帝國的一部分，那麼他們信仰的神明，當然也會在羅馬受到尊崇與崇拜。

羅馬人對外邦的宗教普遍抱持寬容的態度，對猶太人以及他們的一神信仰更是寬大——西塞羅曾批評猶太人的一神教是「野蠻的迷信」。羅馬人也許不瞭解猶太教的宗教禮儀，包括奇怪的戒律以及對儀式純淨的執著——「猶太人認為瀆神的，我們卻認為神聖，」塔西佗寫道，「而他們允許的，我們卻感到厭惡」——但羅馬人還是予以寬容。

猶太人最令羅馬人不解的，不是他們的奇異儀式或對律法的嚴格遵守，而是猶太人帶有一種深不可測的優越感。位於帝國邊陲的弱小閃族，居然向皇帝要求特別待遇，而他們也如願以償，這令許多羅馬人百思不解。猶太人為什麼敢說他們的神是宇宙唯一的神？猶太人憑什麼認為，跟其他民族比起來，自己與眾不同？這個落後而迷信的部族以為自己是誰？不只是斯多噶哲學家塞內卡（Seneca）這麼想，許多羅馬菁英都搞不懂這種事怎麼會在耶路撒冷發生，「被征服者居然要為勝利者立法」。

然而，對猶太人來說，這種例外主義不是傲慢，也不是自豪。這是善妒的上帝直接下達的誡命，上帝不容許祂為選民選擇的土地出現外邦的神祇。這是為什麼一千年前猶太人首次來到這片土地時，上帝命令他們殺掉所有遇見的男人、女人與小孩，殺掉他們看見的每一頭牛、山羊與綿羊，燒掉所有農園、田地、農作物與生物。不能有例外，如此才能確保這片土地只屬於崇拜祂的子民所有。

「但這些國民的城，耶和華你神既賜你為業，」上帝對以色列人說，「其中凡有氣息的，一個不可存留。只要照耶和華你神所吩咐的，將這赫人、亞摩利人、迦南人、比利洗人、希未人、耶布斯人，都滅絕淨盡」（申命記 20:16-17）。

《聖經》說，只有在猶太軍隊將立拿、拉吉、伊磯倫、希伯崙與底璧諸城，連同山地、南地、高原、山坡上「凡有氣息的盡行殺滅」之後——也就是「如耶和華以色列的神所吩咐的」，將原本定居此地的每個民族全部殺光之後——猶太人才能定居此地。

然而，一千年後，當初為了將應許之地的每個外族清除而流滿鮮血，而後才能以上帝之名統治此地的這個部族，現在卻發現自己被異教帝國霸權踩在腳下辛苦地工作，被迫與高盧人、西班牙人、羅馬人、希臘人與敘利亞人——這些人全是外族，全是異教徒——分享聖城，而且必須遵守法律，在上帝的聖殿裡為遠在千里的羅馬偶像崇拜者獻祭。

古代的英雄面對這樣的羞辱與墮落會做何回應？約書亞、亞倫、非尼哈與撒母耳會如何對待這些玷汙了上帝為選民選擇的土地的異教徒呢？

他們會讓這片土地沾滿鮮血。他們會打破這些異教徒與外邦人的頭，焚燒他們的偶像，殺死他們的妻兒子女。他們會手刃偶像崇拜者，讓自己的腳踩在敵人的鮮血上，正如耶和華所吩咐的。他們會祈求以色列的上帝乘著戰車從天而降，踐踏有罪的邦國，讓祂的憤怒撼動山嶺。

至於大祭司——這個無恥小人為了幾個臭錢，為了讓自己身著華服趾高氣昂，不惜將上帝的選民出賣給羅馬，該如何處置他呢？大祭司的存在就是對上帝的侮辱。他是聖地的禍害。必須將他除之而後快。

第二章

猶太人的王

羅馬占領猶太地區之後，騷亂不停。羅馬因寵培與昔日盟友凱撒的鬥爭，而陷入自我殘殺的內戰。哈斯蒙王朝的遺民仍不死心，繼續爭取寵培與凱撒的支持。辛苦耕耘上帝土地的猶太農民，生活日漸惡化。好幾個世紀以來，小農一直是猶太地區農村經濟的基石，現在卻遭土地貴族蠶食鯨吞，尤其當羅馬貨幣大量湧入之後，兼併之風更是愈演愈烈。羅馬統治時期的快速都市化，促使鄉村人口大量遷入城市。過去勉強讓鄉村糊口的農業，現在幾乎將所有糧食送進城市人肚裡，鄉村的農民因此陷入貧窮與饑餓。農民不僅一如過往必須繳稅給聖殿祭司、負擔聖殿的什一稅，現在還被迫向羅馬進獻龐大的貢金。對農民來說，總共的稅額竟高達農作年產量的一半。

在此同時，連年的乾旱使大片農地被迫休耕與荒廢，許多猶太農民因此淪為奴隸。努力想守住荒地的農民，別無選擇，只能向土地貴族借高利貸。雖然猶太律法禁止收取高利，但窮人未按時還款就要遭受鉅額罰款，因此基本上跟高利貸無異。甚且，土地貴族預料農民一定會拖欠借款，他們算準了這點。如果欠款未能按時付清，那麼農民的土地就會被貴族沒收，農民因此淪為佃戶，以佃農的身分為新主人耕種。

羅馬征服耶路撒冷不到幾年，農民的土地完全被侵奪，喪失田產的農民無法養活自己與家人。許多農民到城裡尋找工作。但在加利利，一些流離失所的農民與地主放下鋤頭，拿起刀劍反抗那些造成他們苦難的人。這些農民戰士隱身在加利利鄉野的洞穴裡，對猶太貴族與羅馬共和國的代理人發動一波波的攻擊。他們漫遊於鄉間，糾集一批境況悲慘、流離失所、債臺高築之人。他們劫富濟貧，彷如猶太人的羅賓漢。對支持他們的人來說，這群四處打劫的農民反映了窮人的憤怒與痛苦。他們是英雄：是反抗羅馬侵略的正義象徵，替天行道懲罰不仁不義的猶太人。但羅馬人卻對他們有不同說法。羅馬人叫他們 lestai：強盜。

「強盜」通常指稱叛軍或造反者，這些人發起武裝抗爭，反抗羅馬或通敵的猶太人。對羅馬人來說，「強盜」與「竊賊」或「暴民煽動者」是同義詞。但這些人並不是普通的罪犯，這些強盜代表最早反對羅馬占領的民族抵抗運動者。或許也可以說他們發動的是一場農民暴動：這些強盜受到許多貧困村落的歡迎，如以馬忤斯（Emmaus）、伯和崙（Beth-horn）與伯利恆。但這些強盜不只是暴動者，他們也宣稱自己是代表上帝施行懲罰的人。他們讓首領戴上代表《聖經》諸王與英雄的象徵物，並且宣示他們的行動是為上帝國度的重返鋪路。這些強盜利用了巴勒斯坦猶太人在羅馬入侵之後普遍懷抱的末日期待，最令人敬畏而充滿魅力的強盜頭子希西家，就公然宣稱自己是彌賽亞，是被應許帶領猶太人恢復光榮之人。

彌賽亞的意思是「受膏者」。這個頭銜是指在獲得聖職的人身上傾倒或塗抹油：聖職可以指國王，如掃羅、大衛或所羅門；可以指祭司，如亞倫與他的兒子，這些人受到祝聖，而能從事上帝的工作；可以指先知，如以賽亞或以利沙，他們天生就與上帝有著特殊關係，由於他們與上帝極為親密，因此人們視他們為上帝在塵世的代表。彌賽亞——一般相信彌賽亞是大衛王的子孫——的主要任務是重建大衛的王國與以色列國度。因此，在羅馬占領時期自稱是彌賽亞，等同於向羅馬宣戰。事實上，這一天真的到來了，憤怒的農民日後成為狂熱革命分子末日大軍的骨幹，他們終將讓羅馬人丟盡顏面地逃離耶路撒冷。話雖如此，在羅馬占領初期，這些強盜其實不過是一群令人討厭的烏合之眾。必須有人出面遏止這群人，恢復鄉村的秩序。

日後出現的這個人，是來自以東聰明而年輕的猶太貴族，名叫希律。希律的父親安提帕特（Antipater）幸運地在龐培與凱撒的內戰中選對了邊。凱撒為了獎勵安提帕特的忠誠，於西元前四十八年給予他羅馬公民身分，而且讓他代表羅馬統治全猶太地區。幾年後，安提帕特去世，他在死前為了鞏固家族在猶太人當中的地位，特別任命他的兒子法薩埃爾（Phasael）

與希律分別出任耶路撒冷與加利利的總督。希律當時可能只有十五歲，但他馬上顯露領導才能，以及他對羅馬的忠心。他曾對強盜集團發動血腥的鎮壓行動，甚至抓到了強盜頭子希西家並且砍下他的頭，（暫時）消滅了四處橫行的盜匪。

正當希律平定加利利的盜匪時，安提哥諾斯（Antigonus）在耶路撒冷發動叛亂。安提哥諾斯是阿里斯托布洛斯的兒子，阿里斯托布洛斯在羅馬入侵之後，不僅失去了王位，連大祭司一職也拱手讓給了他的兄弟希爾卡諾斯。在羅馬的宿敵安息人的協助下，安提哥諾斯於西元前四〇年圍困耶路撒冷，並且俘虜了大祭司希爾卡諾斯與希律的兄長法薩埃爾。希爾卡諾斯被弄到殘廢，根據猶太律法，他從此沒有資格擔任大祭司；希律的兄長法薩埃爾則在獄中自盡。

羅馬元老院認為，要從安息人手中收復耶路撒冷，最有效的方式是任命希律擔任屬國國王，讓他為羅馬攻下耶路撒冷。在羅馬帝國初期，任命屬國國王是相當普遍的做法，這樣能讓羅馬在擴張疆土的同時，不需要耗費太多寶貴資源去直接統治征服的省分。

西元前三十七年，希律率領羅馬大軍直逼耶路撒冷。他將安息人逐出聖城，並將哈斯蒙王朝餘孽徹底掃除。為了表彰他的貢獻，羅馬稱希律為「猶太人的王」，讓他統治王國，而這個王國擴展的疆土最終將超越所羅門王時代。

希律揮霍無度又暴虐無道，他的統治完全是一場鬧劇，充滿殘酷屠殺。在他任內，他無情地對待敵人，對於反叛的猶太人毫不寬容。他登基當天，幾乎殺光所有猶太公會的成員，並且撤掉聖殿所有祭司，換上一批逢迎拍馬的新人。這些人之所以能擔任祭司，完全是用錢直接跟希律買來的。希律的做法有效減除聖殿的政治影響力，並且將權力重新分配給新一批的猶太人。這些新人完全仰賴國王的恩寵，而他們也崛起成為新貴族。希律嗜好暴力，而且毫無顧忌地將家中爭端揭露在大眾面前。希律家族的醜聞宛如一齣齣滑稽鬧劇，逼得他處決許多家族成員。奧古斯都風聞此事後曾說了一句名言，「我寧可當希律養的豬，也不願當他的兒子。」

事實上，在希律時代擔任猶太人的王並不值得羨慕。根據約瑟夫斯的記載，當時耶路撒冷內外約有二十四個猶太宗派，雖然這些宗派彼此實力相當，但還是可以約略分出三個較大的宗派，或者應該說是「學派」。這三個宗派對於當時猶太人思想的形塑特別具影響力：法利賽人（Pharisees），主要是中下階級的拉比與學者，專門為群眾詮釋律法；撒都該人（Sadducees），較為保守，但面對羅馬的統治，他們屬於適應力較強的祭司，主要來自較富有的地主家庭；艾賽尼派，主要由祭司組成的運動團體，不與聖殿當局合流，以死海谷地（一個叫庫姆蘭的地方）的貧瘠丘頂為據點。

希律統治下的猶太地區，住著難以管理且組成多元的居民，包括猶太人、希臘人、撒瑪利亞人、敘利亞人與阿拉伯人，這些人憎恨希律遠勝於憎恨彼此。希律身為羅馬的代理人，肩負著維持治安與治理當地的責任，而他表現得相當稱職。希律的統治為猶太人開啟了一段政治穩定的時期，猶太人已有數百年未曾嘗過安定的滋味。希律雇用數萬名農民與按日計酬的工人，興建紀念性建築與公共工程，徹底改變耶路撒冷的地貌；同時他也全面以古典希臘風格為範本，興建市場與劇院、宮殿與港口。

為了支持龐大的建設計畫與滿足他個人的奢華，希律對臣民課徵重稅，並且持續向羅馬進獻巨額貢金，他很樂意藉此表現出對羅馬主子的敬意。希律不只是羅馬皇帝的屬國國王，也是羅馬共和國的親密好友與忠誠公民。他不只模仿羅馬，還希望在猶太砂磧上建立另一個羅馬。希律強行對猶太人進行希臘化，而且把體育場、希臘式圓形競技場與羅馬浴場引進耶路撒冷。他讓希臘語成為宮廷語言，並且鑄造印有希臘文與異教紋章的錢幣。

不過，希律也是猶太人，他深知迎合臣民的宗教情感有多重要。因此他著手推動他最具野心的計畫：重建與擴充耶路撒冷聖殿。希律讓聖殿在摩利亞山頂平臺——耶路撒冷的最高點——聳立起來，並且裝飾了寬闊的羅馬式柱廊與高聳的大理石柱。陽光下，聖殿閃爍著光輝。希律興建聖殿不只是為了讓羅馬主子對他印象深刻，也為了討好他的猶太子民；因為希律畢竟是個改信者，他的母親是阿拉伯人，他的同胞以東人改信猶太教不過是這一兩代的事，所以許多猶太人並不把身為國王的他當作猶太人。對希律來說，重建聖殿不只是為了鞏固他的政治權力，也為了讓猶太臣民接受他。

但這麼做沒有用。

儘管重建聖殿，但希律肆無忌憚地推動希臘化，以及積極在耶路撒冷進行「羅馬化」，這些做法都讓虔誠的猶太人感到憤怒，他們一直把希律看成是外國主子的奴隸與外邦神祇的信仰者。即使是聖殿——猶太認同的最高象徵——也無法遮蓋希律對羅馬的熱愛。就在聖殿完工前不久，希律把一座金鷹——羅馬統治的象徵——安放在正門上，強迫他挑選的大祭司每日為「神子」奧古斯都獻祭兩次。儘管如此，希律仍牢牢掌握了自己的王國，即使有許多猶太人憎恨他的統治，卻從未發生任何叛亂，至少他在世的時候沒有。

大希律王於西元前四年去世，奧古斯都將希律的王國分配給希律的三個兒子：亞基老（**Archelaus**）獲得猶太、撒瑪利亞與以東；有「狐狸」之稱的希律．安提帕（**Herod Antipas**）統治加利利與佩里亞（位於死海東北方的外約旦地區）；腓力（**Philip**）獲得戈拉尼提斯（**Gaulanitis**，今日的戈蘭〔**Golan**〕）與加利利海東北方之地。希律的三個兒子並未封王：安提帕與腓力被任命為**tetrarch**，意思是「四分之一領地的統治者」；亞基老被任命為**ethnarch**，意思是「民族的統治者」；羅馬人故意授予他們這兩種頭銜，說明羅馬人要讓統一的猶太王國就此結束。

希律王國一分為三，反而成為羅馬的災難。希律長年的高壓統治，使民眾的憤怒與怨恨不斷積累，在他死後，這些不滿爆發成一連串的暴亂與暴力抗爭，希律養尊處優的兒子們根本無力控制局面。暴亂者焚毀約旦河畔一座希律宮殿。聖殿兩度遭到入侵：第一次發生在逾越節期間，第二次發生在七七節期間。鄉野地帶，被希律平定的強盜再度蜂起劫掠加利利，並且殺害希律時代的官員。在以東，也就是希律的家鄉，兩千名士兵發生譁變。就連希律的盟友，包括他的遠親阿奇亞布（Achiab）也加入叛軍。

猶太人對彌賽亞的期待，無疑為暴亂火上添油。在佩里亞，一名曾是希律奴隸的男子——名叫西門的巨人——自封為彌賽亞，他聚集一群強盜，擄掠耶利哥一座宮殿。直到西門被捕與梟首示眾，暴亂才告止息。之後不久，又出現一名自稱彌賽亞的野心家，名叫阿斯羅吉斯（Athronges）的貧窮牧童，他有勇無謀地攻擊羅馬軍隊，後來也遭到捕殺。

混亂的局面與流血事件接二連三，直到奧古斯都下令在猶太駐軍，才終止暴亂。皇帝讓腓力與安提帕留任原職，但流放了亞基老。奧古斯都把耶路撒冷交給羅馬總督管轄，西元六年，更進一步將整個猶太地區改制為行省，由羅馬直接統治。猶太地區失去半獨立的地位，不再有屬國國王，不再有猶太人的王，耶路撒冷現在完全屬於羅馬。

根據傳說，大希律王於西元前四年逾越節前夕去世，享年七十歲，統治猶太人三十七年。約瑟夫斯寫道，希律去世那天出現了月蝕，這個凶兆預示日後將出現大難。當然，另外還有一個傳說提到：西元前四年希律去世之後，到西元六年羅馬接管耶路撒冷為止，中間這段時間，加利利偏遠的山村誕生了一名嬰兒。這個孩子日後將承襲希律的衣缽，成為猶太人的王。

第三章

你們知道我從哪裡來

古拿撒勒位於下加利利多風的丘頂峭壁上。不到一百戶的猶太人家定居在這個小村落。這裡沒有道路，沒有公共建築，沒有猶太會堂。全村共用一口水井，這是全村唯一的淡水來源。只有一間浴場，水源是收集來的雨水，雨水儲存在地下水槽，供應全村使用。這個村子多半是目不識丁的農民、種地人與按日計酬的工人；地圖上不會標示這個地方。

拿撒勒的民家很簡陋：單間無窗的房間隔成兩半——一半住人，另一半養家畜——房間用泥土與石頭砌成，外面塗上白色。屋頂是平的，住戶會聚在上面祈禱，在上面曬衣服；在溫和的傍晚，他們會在上面吃飯；在炎熱的夏夜，他們會將滿是塵土的草蓆鋪在屋頂，直接睡在上面。比較幸運的居民，可能擁有一座院子，與一小塊可以用來種菜的田地，無論拿撒勒人從事什麼職業或擁有什麼技術，他們的本業依然是農民。把這個與世隔絕的村落當成家鄉的農民，清一色靠種田維生。農業餵養與支撐著這個窮鄉僻壤。每戶人家都自己養牲畜，自己種田，以供自己所需：一點大麥，少許小麥，一些小米與燕麥。從牲畜收集來的糞肥，可以滋養土地，而土地可以餵養村民，而村民又飼養牲畜。自給自足是這個村子的基調。

拿撒勒這個小山村，地處偏遠，人煙稀少，西元三世紀前，拿撒勒這個地名從未出現在任何猶太古代史料上——《希伯來聖經》沒有，《塔木德》沒有，《米德拉什》沒有，約瑟夫斯也未曾提過。簡單地說，拿撒勒是個無關緊要，容易被人遺忘的地方。但拿撒勒可能是耶穌出生與成長的村落。耶穌來自這個住著幾百名猶太貧民的偏鄉，這可能是有關耶穌童年的事實當中，我們唯一比較確信的。耶穌與拿撒勒的關連非常緊密，終其一生「拿撒勒人」幾乎等同於對他的稱呼。由於耶穌這個名字在當時非常普遍，因此人們就以他出生的地方做為他的主要稱號，而「拿撒勒人」也成了每個認識他的人——無論朋友還是敵人——同意的叫法。

那麼，為什麼馬太與路加——而且「只有」《馬太福音》（2:1-9）與《路加福音》（2:1-21）——認為耶穌不在拿撒勒而在伯利恆出生？事實上，伯利恆這個地名並未出現在新約其他地方，唯一有的也只是《約翰福音》（7:42）的一句話。況且，就連《馬太福音》與《路加福音》也不只一次提到耶穌是「拿撒勒人」。

答案可能要從《約翰福音》的那句話找起。

那句話應該是傳福音者寫下來的，時間在耶穌傳教早期。那時，耶穌還在加利利向貧窮的農民與漁民傳福音，他傳教的對象仍局限在朋友與鄰人之間。當住棚節來臨，耶穌的家人希望他與全家一起到猶太歡度豐收的節慶，同時也可以順便向民眾宣揚他的信仰。

「來吧，」他們說。「就當將自己顯明給世人看。」

耶穌拒絕。「你們去吧，」他對家人說。「我現在不上去過這節。我的時候還沒有到。」

耶穌的家人於是留下他，一夥人朝猶太去了。然而，他們不知道耶穌偷偷跟在他們身後，也動身到猶太去了。他這麼做的理由恐怕只有一個，那就是混入人群，私下偷偷巡遊，並且聆聽別人是怎麼說他的。

「他是好人，」有人低聲說道。

「不然。他是迷惑眾人的，」另一個人說。

後來，耶穌在眾人面前表露自己的身分，有些人開始猜測他是何方神聖。「這真是那先知。」

然後，有人終於說了。每個人顯然都想著這件事；怎麼可能不想呢？只見耶穌從群眾中起身，高聲說道，「人若渴了，可以到我這裡來喝。」眾人會怎麼理解這種異端言論？還有誰敢毫無顧忌地說這種話，完全不怕被書記與律法教師聽見？我們知道，許多書記與律法教師面對這類令他們氣惱的傳道者，他們的做法不外乎想辦法讓他閉嘴，或者乾脆把他抓起來。

「這人是彌賽亞！」

這項宣稱非同小可。事實上，說這種話形同叛國。在西元一世紀的巴勒斯坦，光是在公共場合大聲說「這人是彌賽亞」就有罪，最重可能被釘十字架。不可否認，耶穌時代的猶太人對彌賽亞的看法莫衷一是，在聖地流傳的彌賽亞傳說與民間故事竟多達數十種。有些人相信彌賽亞可以扭轉猶太人的命運，讓猶太人恢復昔日的強大與榮耀。有些人從末日與烏托邦的角度看待彌賽亞，認為彌賽亞將消滅現在的世界，在廢墟上建立公義的新世界。有人認為彌賽亞是國王，還有人認為是祭司。艾賽尼派顯然等待的是兩位彌賽亞——一位是國王，另一位是祭司——但絕大多數猶太人卻認為彌賽亞兼具國王與祭司兩種身分。然而儘管意見分歧，因住棚節而齊聚耶路撒冷的猶太群眾對於彌賽亞應該是誰，與彌賽亞該做什麼，大致有共識。他必須是大衛王的子孫，他的出現是為了復興以色列，讓猶太人掙脫被占領的枷鎖，並且在耶路撒冷重建上帝的統治。因此，說耶穌是彌賽亞，等於無情地將他推上一條與當權者衝突、革命與戰爭的道路。而在他之前，已有許多彌賽亞在這條路上失敗。這條路最終通往何處，參與節慶的人無從知曉。但大家隱約知道這條路該從哪兒開始。

「經上豈不是說，彌賽亞是大衛的後裔？」群眾中有人問道。「從大衛本鄉伯利恆出來的麼？」

「但是我們知道這人從哪裡來，」另一個人說道。事實上，群眾似乎很清楚耶穌的底細。

他們認識耶穌的兄弟，他的兄弟跟他在一起。他的家人全到齊了。他們從家鄉加利利來參加住棚節，從拿撒勒前來。

一名畢生鑽研經文的法利賽人自信滿滿地說道，「你且去查考，就可知道加利利沒有出過先知。」

耶穌不與他們爭論。「是的，你們都知道我，」他承認。「你們知道我從哪裡來。」但耶穌話鋒一轉，不談塵世的家鄉，反而強調他是天上降下來的。「我來並不是由於自己，但那差我來的是真的。你們不認識他。我卻認識他。因為我是從他來的。他也是差了我來」（約翰福音 7:1-29）。

這類陳述在《約翰福音》中比比皆是。《約翰福音》是四福音書的最後一部，大約在西元一〇〇年到一二〇年間編纂完成。約翰對於耶穌實際出生的地點並無興趣，儘管他承認耶穌是「拿撒勒人」（約翰福音 18:5-7）。約翰認為，耶穌是永恆的存在，耶穌是道，從太初便與神同在。萬物是藉著他造的，凡被造的，沒有一樣不是藉著他造的（約翰福音 1:3）。

在西元七〇年之後寫成的《馬可福音》是第一部福音書，這部福音書同樣對耶穌的塵世起源興趣缺缺。馬可的焦點完全放在耶穌的傳道上；馬可不僅對耶穌的出身沒興趣，讓人感到驚訝的是，他對耶穌的復活也不怎麼關注，因為馬可對於這兩件事隻字未提。

早期基督教社群似乎不特別關注耶穌傳道之前的生活。耶穌出生與童年的故事，最早的文字資料完全沒有記載。在西元五〇年左右編纂完成的Q資料，未提到施洗約翰為耶穌施洗之前的事。保羅的書信構成《新約》的絕大部分，但對耶穌生平的描述僅止於釘十字架與復活（雖然保羅確實提過最後的晚餐）。

但是，耶穌死後，由於人們對他的生平愈來愈感興趣，早期一些基督教社群因此亟需填補耶穌早年的空白。尤其耶穌在拿撒勒出生這件事，一直被猶太誹謗者用來指控耶穌不可能是彌賽亞，至少不是預言中的彌賽亞。要反駁這項批評，必須提出創新的解釋才行。有人因此認為耶穌的父母到了伯利恆，所以耶穌誕生的地方正是大衛的家鄉。

路加認為答案就在人口普查裡。「當那些日子，」他寫道，「該撒亞古士督（Caesar Augustus）有旨意下來，叫天下人民都報名上冊。這是居里扭（Quirinius）作敘利亞巡撫的時候，頭一次行報名上冊的事。眾人各歸各城，報名上冊。約瑟也從加利利的拿撒勒城上猶太去，到了大衛的城，名叫伯利恆。」然後，為了怕讀者沒注意到他的重點，路加又說，「因他本是大衛一族一家的人」（路加福音2:1-4）。

路加說對了一件事，但也只有這件事。大希律王死後十年，也就是西元六年，猶太此時已經成為羅馬行省，敘利亞總督居里扭的確在這個時候進行普查，調查猶太、撒瑪利亞與以東的人口、財產與奴隸數量——但並非如路加所說的「天下人民」，而且肯定不包括加利利，也就是耶穌一家住的地方。（路加也誤以為居里扭進行普查的時間與耶穌出生一樣，都在西元六年。絕大多數學者認為耶穌出生的時間接近西元前四年，《馬太福音》也指出是這一年。）然而，由於普查的目的是為了徵稅，因此羅馬法應該是以居住地評估個人財產，而非出生地。當時的羅馬文書記錄的內容也是如此（羅馬人擅長製作文書，尤其是與稅賦有關的文書）。路加的說法暗示整個羅馬的經濟每隔一段時間就會停頓下來，因為每個羅馬臣民及他全家人都被迫離開家園，長途跋涉到自己父親出生的地方，然後耐心等候，或許要等上幾個月，等待官員登記他與家人的財產，不管怎樣，他都得拋下他的居住地，這種狀況顯然不合理。

我們必須瞭解路加這段幼年敘事背後隱藏的意義，這點相當重要。我們要知道，路加的讀者生活在羅馬統治時代，他們其實知道路加描述的居里扭普查與事實有出入。路加寫作的時間，離他描述的事件大約一個多世代。路加自己也曉得他寫的內容在技術上會有一些錯誤。現代的福音書讀者可能難以理解這是怎麼一回事，但路加描寫耶穌在伯利恆出生時，他並沒有把這段故事當成歷史事實。路加不具備我們現在所說的「歷史」觀念。歷史是指對於過去可見與可證明的事件進行考證與分析，這種觀念是現代的產物；福音書作者對這種觀念是完全陌生的，他們不認為歷史是挖掘「事實」，他們認為歷史是顯示「真理」。

《路加福音》的讀者就跟古代世界大多數人一樣，對於神話與現實並不會做清楚的區分；在他們的精神經驗裡，神話與現實是緊密結合在一起的。也就是說，古代讀者對於事實的興趣遠不及意義。古代世界的作家講述諸神與英雄的故事，縱然內容不合乎事實，但傳達的弦外之音卻不容置疑，這種觀念在古代是再正常不過，也符合預期。

因此，馬太的描述同樣是出於想像。他說，耶穌逃往埃及，躲過希律為了尋找耶穌而屠殺伯利恆所有男嬰的大禍。但我們查遍所有歷史與年代紀，無論猶太人、基督徒還是羅馬人的作品，都沒有任何證據佐證馬太的說法。而鑑於許多年代紀與敘事提到大希律王，我們能確認的事實反而是，就整個羅馬帝國來說，真正最有名的猶太人其實是大希律王，而非耶穌（大希律王毫無疑問是猶太人的王！）。

與路加描述居里扭普查一樣，馬太在描述希律屠殺時，並不認為自己在撰寫我們今日所謂的「歷史」。當然，馬太自己的社群也不會把他的描述當成真正的歷史，因為他們的兒子有沒有遭到屠殺，想必他們心裡有數。馬太之所以必須描寫耶穌曾經從埃及返鄉這段過程，只是為了鋪陳耶穌在伯利恆出生這件事：使祖先流傳下來的各種散亂的預言，在他與其他猶太人解讀下得以實現，使耶穌成為歷代國王與先知的承繼者。最重要的是，這麼做可以駁斥反耶穌者的質疑，證明這個卑微的鄉下人雖然死時未能實現最重要的彌賽亞預言——恢復以色列——但他確實是「受膏者」。

馬太與路加面臨的問題是，在《希伯來聖經》確實找不到單一而一貫的彌賽亞預言敘事。前面引用的《約翰福音》就是個顯例，在提到彌賽亞預言時，猶太人自己也存在歧見。當書記與律法教師認為耶穌並非如預言所說來自伯利恆而自信滿滿地宣稱耶穌不是彌賽亞時，群眾卻認為拿撒勒人之所以不是彌賽亞是因為預言說，「彌賽亞來的時候，沒有人知道他從哪裡來」（約翰福音7:27）。

事實上，這「兩個」理由，預言裡都曾提到。如果人們接受那位心存懷疑的法利賽人給節慶群眾的建議「且去查考」，會發現歷經數百年與數十人之手的彌賽亞預言充滿矛盾。許多預言甚至不是預言。像彌迦（Micah）、阿摩司（Amos）與耶利米（Jeremiah）這些先知，表面上預言日後大衛王的子孫將出現一名救世主，他將恢復以色列的光榮，然而實際上他們是假預言之名對「當時」的國王與「當時」的秩序提出批評，暗示當權者已偏離大衛王的理想。（然而，這些預言似乎都同意一件事：彌賽亞是人，不是神。相信彌賽亞是神，違背了猶太教的教義，因此《希伯來聖經》提到彌賽亞時，毫無例外地認為彌賽亞是在塵世行他的大能，而非來自於天上。）因此，如果你想讓你屬意的彌賽亞融入這個眾說紛紜的預言傳統，你必須先決定你想接受哪一種文本、口述傳統、民間故事與傳說。你回答問題的方式，泰半取決於你心目中的彌賽亞是什麼樣子。

馬太描述耶穌逃往埃及以躲避希律的屠殺，他這麼寫不是因為希律真的下令屠殺，而是為了呼應先知何西阿（Hosea）的話：「從埃及召出我的兒子來」（何西阿書11:1）。這個故事不是為了呈現耶穌真實發生的事；而是為了顯示這個真理：耶穌是新摩西，他從法老屠殺以色列人的兒子中倖免於難，並且帶著上帝賜予的新律法離開埃及（出埃及記1:22）。

路加描述耶穌出生於伯利恆，他這麼寫不是因為耶穌真的在伯利恆出生，而是為了呼應先知彌迦的話：「伯利恆……將來必有一位從你那裡出來，在以色列中為我作掌權的」（彌迦書5:2）。路加認為耶穌是新大衛，是猶太人的王，他將坐在上帝的寶座統治應許之地。簡言之，福音書中有關耶穌誕生的敘事，不是歷史陳述，作者也沒打算讓人當成歷史來閱讀。這些敘事是一種神學上的肯定，承認耶穌是受膏者，是大衛王的子孫，是應許的彌賽亞。

這樣的耶穌——永恆的「道」，萬物因他而創造，他將坐在上帝的右邊——你會發現他誕生在伯利恆汙穢的馬槽裡，身旁圍繞著純樸的牧羊人與帶著禮物前來的東方智者。

但真實的耶穌——這個貧窮的猶太農夫在西元前四年到西元六年間誕生於動盪不安的加利利鄉野——你必須在颳著風沙的拿撒勒偏僻村落裡，在爛泥破瓦的陋屋內，才能找到他。

第四章 哲學

據我們所知，耶穌時代的拿撒勒，木工在這裡找不到事情可做。儘管如此，傳統上還是認為耶穌的職業是：tekton，指木工或建築工，在整部《新約》中，只有一句話提到耶穌是木工（馬可福音6:3）。如果這項記載屬實，那麼身為工匠與按日計酬的勞工，耶穌在西元一世紀的巴勒斯坦應該屬於最低階層的農民，地位只比貧民、乞丐與奴隸高一點。tekton是羅馬人的俚語，指沒讀過書或不識字的農民，而耶穌很可能就是這兩者。

西元一世紀的巴勒斯坦，文盲率高得嚇人，貧民尤其如此。據估計，百分之九十七的猶太農民不會讀寫，然而，這個數字並不令人驚訝，因為耶穌身處的社會長久以來一直以口述為主。不可否認，《希伯來聖經》在猶太人的生活當中扮演很重要的角色。但耶穌時期，絕大多數的猶太人對於希伯來文只有最粗淺的認識，他們所知的希伯來文僅能讓他們在猶太會堂勉強聽懂祭司宣讀的經文。希伯來文是書記與律法學者使用的語言——知識性的語言。像耶穌這樣的農民要用希伯來文溝通，恐怕相當困難，即使是交談也很難。因此，許多經文必須翻譯成亞拉姆語（Aramaic），這是猶太農民使用的主要語言：也是耶穌使用的語言。耶穌也有可能懂一點基本的希臘語，這是羅馬帝國的通用語（諷刺的是，拉丁文在羅馬占領的土地上反而最少人使用）。他懂的希臘語或許勉強能讓他與人協商契約或與顧客交易，但他顯然無法用希臘語傳教。唯一能用希臘語溝通無礙的猶太人，是已經希臘化的希律朝菁英、猶太的祭司貴族與離散各地受過較多教育的猶太人，加利利的農民與按日計酬的勞工是不可能精通希臘語的。

無論耶穌說的是哪一種語言，我們都沒有理由認為他可以閱讀或書寫這些語言，就算是亞拉姆語也一樣。路加提到耶穌十二歲時在耶路撒冷聖殿與拉比和書記針對《希伯來聖經》的細微處交相辯論（路加福音2:42-52），又提到耶穌到拿撒勒的猶太會堂（實際上這座會堂根本不存在）朗讀以賽亞的書卷，使法利賽人感到吃驚（路加福音4:16-22）。這兩段敘述全屬虛構，它們全來自傳福音者的想像。路加的敘述如果是真的，那麼耶穌非得受過正式教育不可，然而這種事更不可能發生。拿撒勒根本沒有學校供農民的子女讀書。耶穌受的教育完全來自他的家人，從他日後成為木工與按日計酬的工人來判斷，耶穌很可能跟他的父親與弟弟們一樣，學習的全是木工技藝。

儘管天主教的教義認為耶穌的母親馬利亞一直保有處女之身，但耶穌「有」兄弟是不爭的事實。無論是福音書還是保羅的書信都不只一次提到耶穌有兄弟。就連約瑟夫斯也提到耶穌的兄弟雅各，他在耶穌死後成為早期基督教會最重要的領袖。我們也沒有理由否認耶穌來自一個大家庭，他至少有四個兄弟，他們的名字福音書都曾提及——雅各、約瑟、西門與猶大——此外還有數目不詳的姊妹，遺憾的是，福音書並未提及她們的名字。

耶穌的父親約瑟，他的生平罕有人知，福音書描述完耶穌誕生之後，就未再提起約瑟。一般認為約瑟在耶穌年幼時去世，但也有人認為根本沒有約瑟這個人，他是馬太與路加虛構出來——也只有這兩位傳福音者提到約瑟這個人——用來描述極具爭議的一起事件：童女生子。

一方面，馬太與路加並不知道對方的作品，但兩人都寫下了童女生子的故事，這說明童女生子是既有的傳統說法，其形成時間或許還早於第一部福音書《馬可福音》。另一方面，除了馬太與路加的耶穌幼年描述，《新約》其他篇章均未提到童女生子：傳福音的約翰未提，因為他把耶穌當成彼世的靈，而非塵世之人；保羅也未提，因為他認為耶穌是神的化身。童女生子只見於《馬太福音》與《路加福音》，這令學者懷疑，童女生子是否是為了掩蓋耶穌親生父母一些令人不快的事實而虛構的故事——亦即，耶穌是私生子。

這個論點並不新穎，最初一批反對耶穌的人已經提出這樣的說法。西元二世紀，作家凱爾蘇斯曾講了一則粗鄙的故事，他表示是從一名巴勒斯坦猶太人聽來的，他說耶穌的母親是跟一個名叫潘特拉（Panthera）的士兵有染而懷孕的。這則故事爭議性太大，因此難以盡信。然而，這則故事卻顯示耶穌死後不到百年，關於他是私生子的傳聞已傳遍了巴勒斯坦。這些傳言甚至可能在耶穌還活著的時候就已經到處散布。當耶穌開始在家鄉拿撒勒傳教時，他聽到鄰居低聲談論他，有人甚至直接問道，「這不是馬利亞的兒子麼？」（馬可福音6:3）這是一句令人吃驚的話，不可等閒視之。在巴勒斯坦，用母親的名字來稱呼首生的兒子——亦即稱呼耶穌是馬利亞的兒子耶穌，而非約瑟的兒子耶穌——不只不尋常，而且令人震驚。至少這句話帶有詆毀的意思，因此馬太日後不得不重新改寫，在原本的句子裡插入幾個字，「這不是那木匠與馬利亞的兒子麼？」

關於耶穌的生平，更具爭議的謎團是他的婚姻狀況。雖然新約沒有證據顯示耶穌是否已婚，但在耶穌那個時代，一名三十歲的猶太男子尚未結婚是難以想像的事。在西元一世紀的巴勒斯坦，獨身非常罕見。有些宗派，例如之前提過的艾賽尼派，以及另一個叫特拉普提（Therapeutae）的派別，這兩派的成員都信守獨身，但他們畢竟是近似修院的宗派；他們不只不婚，還完全脫離社會。耶穌與他們不同。而且，雖然我們想推論耶穌已婚，但有一項事實不容否認，那就是幾乎所有關於拿撒勒人耶穌的文字紀錄，無論是四福音書還是諾斯底福音書，無論是保羅書信還是反對他的猶太教與異教論戰者，都未提到耶穌有妻兒子女。

最後，要詳述耶穌早年在拿撒勒的生活幾乎不可能。這是因為耶穌在被宣稱為彌賽亞之前，他只不過是個加利利偏鄉的猶太農民，沒有人會關注他的童年生活。在耶穌被宣稱為彌賽亞之後，他的嬰孩與童年時期值得關注的，就只有那些可以供人想像創造來支持各種神學主張的部分，而人們也因此試圖將耶穌塑造成基督。無論如何，貼近真實耶穌的唯一途徑不是他死後流傳的各種故事，而是從耶穌的人生中零散地蒐尋各種事實——他出生在猶太人的家庭，家中人丁眾多，多半從事木工或建築工，他們在加利利的小村落拿撒勒過著勉強可糊口的生活。

拿撒勒的問題在於它是一座用泥土與磚頭構成的城市。即使是最講究的建築物（勉強算得上的話），也是用石頭建造的。只有屋頂用木頭橫梁支撐，當然門板也是木頭做的。有些拿撒勒人買得起木頭家具——桌子，一些凳子——有些人或許能擁有木軛與木犁來耕作貧瘠的農地。然而，即使tekton是指與建築有關的工匠，那麼以拿撒勒這麼偏僻而無人知曉的村子來說，一百多戶貧苦人家勉強僅能糊口而已，哪有可能照顧耶穌一家人的生意。因此，與絕大多數工匠及按日計酬的工人一樣，耶穌與他的兄弟必須到人口較多的城鎮找工作才行。幸運的是，拿撒勒離加利利最大最富有的城市，也就是首府塞佛里斯，只有一天的路程。

塞佛里斯是一座熱鬧的大城市，它的富有與拿撒勒的貧窮形成強烈對比。拿撒勒連一條鋪平的道路也沒有，塞佛里斯則是寬闊的大道，上面鋪著磨亮的石板，大道兩旁蓋著兩層樓住家，每個住戶都有自己的露天庭院與鑿切岩石而成的水槽。拿撒勒人全村共用一個公共浴池；在塞佛里斯，則有兩條各自獨立的輸水道通到市中心，供應充足水量給龐大豪華的浴場與公共廁所，以滿足全市近四萬名居民的需要。塞佛里斯還有羅馬別墅與宮殿宅邸，這些豪宅鑲著彩色的馬賽克，呈現出各種人物圖像，充滿活力的裸體者正在獵捕禽鳥，戴著花冠的女子提著水果籃，少年一邊跳舞一邊彈奏樂器。塞佛里斯是文化與貿易的輻輳，市中心有一座羅馬劇場可以容納四千五百人，還有四通八達的道路與貿易通道連往猶太與加利利其他城鎮。

雖然塞佛里斯是一座以猶太人為主的城市——從這裡挖出的猶太會堂與浸禮屋可以為證——但他們的階級與加利利大部分地區的猶太人完全不同。富裕、抱持四海一家的精神、深受希臘文化影響，身邊圍繞著各種種族與宗教，塞佛里斯的猶太人是希律時代社會革命的產物——這個新富階級是在希律屠殺舊祭司貴族之後興起的。多年來，塞佛里斯一直是重要的地標；它是拉比文學最常提起的城市，僅次於耶路撒冷。在哈斯蒙王朝時期，塞佛里斯是加利利的行政中心；到了大希律王時代，塞佛里斯成為軍事重鎮，武器與作戰物資全囤積在此。直到希律的兒子安提帕（「狐狸」）選擇它做為領地都城，時間大概是西元前到西元一世紀之交，塞佛里斯才從堡壘城市變成巴勒斯坦人眼中的「加利利的飾品」。

與大希律王一樣，安提帕對於大型建築計畫充滿熱情，他發現塞佛里斯就像一塊空白的石板，可以讓他在上面設計理想中的城市。這是因為當安提帕在羅馬士兵護送下抵達塞佛里斯時，這座城市已不再是他父親統治時那座加利利的中心城市，現在到處都是悶燒中的灰燼與石塊。西元前四年，大希律王死後，巴勒斯坦各地爆發叛亂，塞佛里斯就成了羅馬報復叛亂的受害者。

希律去世時，留下了一群憤怒難平的百姓，他們恨不得對希律的朋友與盟友進行報復。希律也留下一群失業的貧民，這些人從農村湧入耶路撒冷，為希律修築宮殿與劇場。希律對於紀念性建築的狂熱，特別是他的聖殿擴展計畫，使他雇用了數萬名農民與按日計酬的工人。這些人許多都是被旱災、饑荒或債主惡意催討所逼而離開自己的土地。然而，隨著耶路撒冷建築潮結束，以及聖殿在希律去世前不久完成，這些農民與工人突然間失去工作，並且被趕出聖城自尋生計。大量人力返回鄉村，導致鄉野再度成為革命活動的溫床，情況就跟希律稱王前夕一樣。

就在此時，加利利出現一批更令人畏懼的新強盜，他們的領袖是一名頗能擄獲人心的老師與革命分子，名叫加利利人猶大。據說猶大是著名的強盜首領希西家的兒子，四十年前，希律在肅清鄉野盜匪時捕獲了希西家，並且將這名沒成事的彌賽亞斬首示眾。希律死後，加利利人猶大加入神祕的法利賽人撒督（Zaddok），兩人發起全新的獨立運動，約瑟夫斯稱之為「第四哲學」，用來與其他三個「哲學」區別：法利賽人、撒都該人與艾賽尼派。第四哲學的成員與其他三派不同的地方在於他們存有不可動搖的信念，要讓以色列從外邦的統治中解放；此外，他們也狂熱地堅持（至死方休）侍奉一神，絕不敬拜其他神明。有一個定義明確的詞彙可以用來形容這種類型的信仰，所有虔信的猶太人，無論他們的政治立場為何，都會承認而且自豪地宣稱自己擁有這個特質：熱誠（zeal）。

熱誠意謂著嚴格遵守《摩西五經》與律法，拒絕侍奉外邦的國王——不侍奉任何人類的國王——以及毫不妥協地敬拜至高無上的上帝。對天主懷抱熱誠，追踵先知與昔日英雄的熾烈步伐，要像那些男男女女一樣，不容有人與上帝平起平坐，除了世界的王，不向任何國王鞠躬低頭，要無情地對待偶像崇拜與違反上帝律法之人。藉由熱誠，你才能主張自己擁有以色列的土地，因為這是對上帝獻上熱誠的戰士依照上帝的吩咐，努力清除所有外邦人與偶像崇拜者之後得到的土地。「祭祀別神，不單單祭祀耶和華的，那人必要滅絕」（出埃及記22:20）。

西元一世紀的巴勒斯坦有許多猶太人以自己的方式努力過著充滿熱誠的生活。但還有一些人，他們為了保有熱誠的理想，在必要的時候不惜訴諸極端的暴力行為。他們不僅對抗羅馬人與未受割禮的大眾，也對抗向羅馬人順服的猶太人，這些人被稱為「狂熱派」（zealots）。

這些狂熱派分子與六十年後，也就是西元六十六年猶太叛亂（Jewish Revolt）後興起的狂熱黨（Zealot Party）不同。耶穌在世的時候，狂熱派還不是一個界線分明的宗派或政治黨派。狂熱派是一種理念、渴望與虔信的模式，它與羅馬占領巴勒斯坦後猶太人普遍存有的末日期望息息相關。當時猶太人有一種感受，特別是在農民與虔誠的窮人之間，他們相信現在的秩序會走向終結，嶄新而受神啟發的秩序將會到來。上帝的國度隨手可及。每個人都在談論它，但上帝的國度只能由懷有「熱誠」為上帝國度而戰的人來引導實現。

這種想法早在加利利人猶大出現之前就已經廣泛流傳。但猶大或許是第一位將強盜與狂熱派融合成革命力量的革命領袖，他讓反抗羅馬成為所有猶太人應負的宗教責任。猶大不惜一切代價都要讓猶太人從外邦統治下解放，而且以以色列上帝之名將這片土地的所有外邦人清除出去。他的強烈決心使第四哲學成為許多末日革命分子熱誠抵抗的範本，而這些革命分子在數十年後匯集力量將羅馬人趕出了聖地。

西元前四年，大希律王去世並且舉行了葬禮，猶大與一小股狂熱派分子大膽攻擊塞佛里斯。他們攻破城市的王室軍械庫，取得庫房的各項武器輜重。現在這些人已全副武裝，塞佛里斯的一些支持者也加入他們。第四哲學的成員於是在加利利各地發動游擊戰，掠奪權貴的家，放火焚燒村落，並且以上帝的正義為名，懲罰境內的猶太貴族與效忠羅馬的人。

暴力四起與不穩定的狀態持續了十年，運動規模日益擴大，手段也變得更殘暴。西元六年，猶太正式成為羅馬帝國的一省。敘利亞總督居里扭開始普查，記錄清點這個新獲得地區的人口與財產，並且適當地加以徵稅。第四哲學成員抓住這個機會，他們利用普查向猶太人提出最後的呼籲，希望大家站出來反抗羅馬人的統治，為自己的自由而戰。他們對普查深惡痛絕，認為那是奴役猶太人的象徵。猶大認為，像綿羊一樣乖乖地被清點登記，等於宣布效忠羅馬，也等於承認猶太人不是上帝的選民，而是皇帝個人的財產。

其實，讓猶大與追隨者如此憤怒的並不是普查，而是向羅馬繳稅與進獻貢金這件事的含意。還有什麼比這件事更能彰顯猶太人的卑躬屈膝？貢金尤其令人感到冒犯，因為它意謂著這塊土地屬於羅馬所有，而非上帝所有。事實上，對狂熱派來說，支付貢金等於在測試猶太人對上帝是否虔信與效忠。簡單地說，如果你認為繳貢金給羅馬皇帝是合法的，那麼你就該死，因為你是叛徒與背教者。

當時的大祭司約亞撒（Joazar）百般奉承羅馬，笨拙的他樂於配合居里扭的普查工作，而且鼓勵猶太人接受普查。然而約亞撒的做法無形中卻為猶大的起事添柴加火。大祭司與羅馬人勾結，正好成了猶大及追隨者需要的明證，顯示聖殿已經遭到玷汙，猶太人必須將聖殿從祭司貴族充滿罪孽的手中奪過來。對猶大的狂熱派來說，約亞撒接受普查，無異宣判自己死刑。猶太人的命運，取決在殺死大祭司一事上。熱誠要求他們非幹不可。正如瑪他提亞的兒子們「顯示對律法的熱誠」，殺死向上帝以外的神明獻祭的猶太人（馬加比記2:19-28）。又如猶大國王約西亞基於他對「唯一上帝的熱誠」而將國內所有未受割禮的男子屠戮殆盡（巴魯克書二66:5）。因此這些狂熱派現在必須殲滅所有背叛的猶太人（像大祭司這類的人），才能避免上帝對以色列降下怒火。

約亞撒鼓勵猶太人接受普查後不久，羅馬人就將他拉下大祭司的職位，從這點來看，顯然猶大是贏了。約瑟夫斯對加利利人猶大幾乎沒有任何正面評價（他稱猶大是「詭辯者」，對約瑟夫斯來說，這是個貶詞，而他用這個詞來形容猶大是麻煩製造者、和平破壞者與蠱惑青年之人），他用模稜兩可的話表示，狂熱者的說法「擊敗／過度擡高」了約亞撒。

約瑟夫斯不僅質疑猶大的「詭辯」與暴力，而且嘲弄猶大有「稱王的念頭」。約瑟夫斯認為，猶大雖然想讓猶太人免於奴役，想為上帝的塵世國度鋪路，但猶大也跟他的父親希西家一樣，都自稱是彌賽亞，想坐上大衛王的寶座。因此，他跟他的父親一樣，兩人都為自己的野心付出代價。

加利利人猶大反抗普查後不久就遭到羅馬捕殺。為了報復塞佛里斯面對猶大黨羽時不戰而降，羅馬人進軍該城，放火將其夷為平地。城內的男子全遭屠殺，婦女與孩子則被販為奴。超過兩千名叛軍與支持者被釘十字架。不久，希律．安提帕抵達此地，他立即重建已被夷平的塞佛里斯廢墟，將其改造成華麗的國王都城。

拿撒勒人耶穌可能在加利利人猶大——失敗的彌賽亞猶大，失敗的彌賽亞希西家之子——懷抱熱誠劫掠鄉野的那一年出生。耶穌十歲左右，羅馬人抓到猶大，將他的追隨者釘十字架，並且摧毀了塞佛里斯。當安提帕努力重建塞佛里斯之時，耶穌已經是個年輕人，準備從事他父親的行業。當時，猶太行省的工匠與工人紛紛湧入塞佛里斯，參與當時規模最大的重建工程。耶穌與他的兄弟就住在不遠處的拿撒勒，他們一定也前往塞佛里斯工作。事實上，從耶穌開始擔任木匠學徒，到他開始四處巡迴傳教，這段期間他應該不是待在拿撒勒的小村子裡，而是住在塞佛里斯這個吸引各地人物前來的都城：他是大城市裡的農家少年。

一星期有六天，從日出到日落，耶穌在都城裡辛苦工作。白日，他為猶太貴族建造宮殿，晚上，他回到自家破落的泥磚房子。耶穌應該親眼目睹了巨富與赤貧的差距急速擴大。他應該也看到城裡接受希臘與羅馬文化薰陶的居民：那些富有而難以捉摸的猶太人成天讚美羅馬皇帝，就像讚美天主一樣。他當然也熟知加利利人猶大的英勇事蹟。在猶大叛亂之後，塞佛里斯居民似乎遭到馴服，並且轉變成與羅馬合作的典範——其馴服之徹底，當西元六十六年加利利絕大部分地區都加入反叛羅馬的行列時，塞佛里斯居然立即宣布效忠皇帝，並且成為羅馬駐軍攻打耶路撒冷的大本營。加利利人猶大以及他的事蹟，塞佛里斯人並沒有忘記：那些做苦工以及貧困潦倒的人沒有忘記，而像耶穌這種每日辛苦扛磚修建一棟又一棟猶太貴族宅邸的人也沒忘記。耶穌一定知道希律．安提帕種種越軌的行徑——「那個狐狸」，耶穌這麼叫他（路加福音13:31）。西元二〇年前，安提帕一直住在塞佛里斯，之後他搬到加利利海岸邊的提比里亞（Tiberias）。事實上，耶穌可能一直注意安提帕的一舉一動，日後安提帕將砍掉耶穌的朋友與導師施洗約翰的頭，甚至打算連耶穌的頭也砍了。

第五章

你們哪來的艦隊在海上掃滅羅馬人？

西元二十六年，總督龐提烏斯・彼拉多（Pontius Pilate）抵達耶路撒冷。他是羅馬派來監視猶太占領區的第五任總督。大希律王死後，他的兒子亞基老以民族統治者的身分治理耶路撒冷。之後，羅馬革去亞基老的頭銜，認為最好的做法是由羅馬直接統治猶太行省，而非透過另一名猶太屬國君主來治理。

龐提家族（Potii）是薩莫內人（Sammites），祖先源自於羅馬南部的薩姆尼烏姆（Sammium）山區。這個貧瘠多石的鄉野地帶，住著一群生性剽悍經常發生流血衝突的山民。西元前三世紀，這群山民被羅馬帝國擊潰，併入帝國版圖之中。彼拉圖斯（Pilatus）這個姓氏意思是「擅長擲標槍」，這或許是彼拉多的父親獲得的稱號。彼拉多的父親曾追隨凱撒出征，立下許多戰功，由於他的緣故，卑微的龐提家族一躍成為羅馬的騎士階級。彼拉多跟所有羅馬騎士一樣，必須向帝國服兵役。但彼拉多跟他的父親不同，他不是軍人，而是行政官員，比起舞刀弄槍，他更適合文書工作。但彼拉多的冷酷不下於他的父親。史書說他是殘忍、無情且嚴酷之人：這名驕傲跋扈的羅馬人，對於臣民的感受不屑一顧。

彼拉多對猶太人的輕視，從他抵達耶路撒冷的第一天就表露無遺。這位新任總督穿著白色丘尼卡與金色胸甲，披著紅色披肩，率領著羅馬軍團，手持皇帝肖像的軍旗，穿過耶路撒冷的城門，向聖城民眾昭示他的存在——這種做法完全不顧猶太人的感受，充分顯示對猶太人的蔑視。之後，他把獻給提庇留（Tiberius）——「神聖奧古斯都之子」——的鍍金羅馬盾牌放進耶路撒冷的聖殿中。這些盾牌象徵著羅馬諸神，因此作為供物將它們放在猶太人的聖殿裡，等於是有意的褻瀆。工程師告訴彼拉多，耶路撒冷的輸水道年久失修必須重建，彼拉多竟直接從聖殿寶庫取用金錢來支付建設計畫。當猶太人群起抗議時，彼拉多直接派軍隊在街上屠殺他們。

福音書形容彼拉多是個有正義感但意志軟弱的人，他雖然極力想挽救拿撒勒人耶穌的性命，卻還是在半信半疑中將耶穌處死。最後，當猶太人要求讓耶穌流血時，彼拉多洗濯自己的雙手，表示整件事跟他無關。這段說法完全是虛構的。彼拉多最為人知的是他的極度墮落，完全無視猶太律法與傳統，以及幾乎不加掩飾地表現出對整個猶太民族的厭惡。彼拉多在耶路撒冷擔任總督期間，曾未經審判恣意將數千名猶太人釘十字架，逼得耶路撒冷民眾不得不向羅馬皇帝提出正式的請願。

儘管（或許正因如此）彼拉多對猶太人極為殘酷無情，他卻是統治猶太行省最久的羅馬總督之一。治理猶太地區是一件危險而難以預料的工作。總督最重要的任務是確保稅收源源不絕上繳羅馬。要做到這點，他必須與大祭司維持職務上（可能相當脆弱）的關係；總督負責處理猶太地區的民政與經濟事務，而大祭司負責管理猶太人的祭祀。這兩個官職之間微弱的紐帶關係意謂著沒有人能長時間擔任羅馬總督或猶太大祭司，特別是希律死後數十年。彼拉多之前的五任總督，每一任都只擔任兩年，唯一例外的是彼拉多的前一任總督格拉圖斯（Valerius Gratus）。不過，格拉圖斯任職期間一共任命與免職了五名大祭司，反觀彼拉多，在他擔任總督的十年期間一直與一名大祭司維持合作關係：該亞法（Joseph Caiaphas）。

與絕大多數大祭司一樣，該亞法極為富有，不過他的財富主要來自他的妻子，也就是前任大祭司阿納努斯的女兒。該亞法被任命為大祭司，可能不是因為自身的才能，而是透過岳父的影響力。他的岳父是權傾一時的人物，曾設法將大祭司的職位傳給自己的五個兒子。即使在該亞法擔任大祭司期間，他依然擁有很大的影響力。《約翰福音》提到，耶穌在客西馬尼園被捕之後，先被帶到阿納努斯那裡接受質問，再帶到該亞法面前接受審判（約翰福音18:13）。

西元十八年，格拉圖斯任命該亞法為大祭司，這表示當彼拉多抵達耶路撒冷時，該亞法已當了八年大祭司。該亞法能史無前例地擔任大祭司長達十八年，部分原因在於他與彼拉多建立了緊密的關係。他們兩人合作無間。彼拉多與該亞法統治的時期是西元十八年到三十六年，剛好是西元一世紀最穩定的時候。他們相互合作遏止猶太人的革命氣燄，只要風聞任何可能的政治動亂，就算事出細微，他們也會無情地加以鎮壓。

然而，儘管彼拉多與該亞法極盡所能防堵，卻還是無法平息西元一世紀初彌賽亞暴亂在猶太人心中燃起的熱情。這一連串的暴亂包括強盜頭子希西家、佩里亞的西門、牧童阿斯羅吉斯與加利利人猶大。彼拉多剛來耶路撒冷不久，聖地又出現新一批四處遊蕩的傳道者、先知、強盜與彌賽亞，他們招募弟子，鼓吹從羅馬解放，承諾上帝的國度將要來臨。西元二十八年，一個名叫約翰的苦行傳道者開始在約旦河為人施洗，並且宣揚真正的以色列國度。當施洗約翰的勢力大到無法控制時，彼拉多在佩里亞的領主希律·安提帕將施洗約翰囚禁起來，並且在西元三〇年左右將他處死。兩年後，一個名叫耶穌的拿撒勒木匠率領一批弟子，以勝利之姿踏進耶路撒冷，他攻擊聖殿，打翻兌幣者的桌子，並且放走籠子裡用來獻祭的牲畜。他也遭到彼拉多逮捕與處死。三年後，西元三十六年，一個人稱「撒瑪利亞人」的彌賽亞，在基利心山（Mount Gerizim）山頂聚集徒眾，他宣稱他將在該地顯示摩西埋藏的「聖杯」。彼拉多於是派遣羅馬士兵上山，將撒瑪利亞人的徒眾砍成碎片。

基利心山這場毫無節制的暴力行動，結束了彼拉多在耶路撒冷的統治。他被召回羅馬向提庇留解釋他的行動，從此未再回到猶太行省。西元三十六年，彼拉多被流放到高盧。就兩人緊密的合作關係來看，同年該亞法被免除大祭司的職務也就不讓人意外了。

隨著彼拉多與該亞法去職，要熄滅猶太人的革命熱情就更不可能了。到了一世紀中葉，整個巴勒斯坦充滿著彌賽亞的活力。西元四十四年，一個名叫丟大的行奇蹟的先知自命為彌賽亞，他率領數百名追隨者來到約旦河畔，承諾自己要像一千年前摩西分開蘆葦海（Sea of Reeds）一樣分開約旦河。他宣稱這將是從羅馬手中奪回應許之地的第一步。羅馬人的回應就是派遣軍隊把丟大的頭砍下，把他的追隨者送進沙漠。西元四十六年，加利利人猶大的兒子雅各與西門，追隨父親與祖父的腳步發起革命運動；兩人都因此被釘十字架。

想平定彌賽亞動亂，羅馬必須派遣有耐性且行事合理的官員前來，他必須回應猶太人的抱怨，並且維持猶太與加利利鄉野的和平與秩序。但羅馬派到耶路撒冷的偏偏都是一些無能之輩——而且一個比一個邪惡貪婪——這些總督的腐敗與笨拙，反而讓巴勒斯坦與日俱增的憤怒、憎恨與對末日的癡迷，轉變成全面性的革命。

第一個前來的官員是庫馬努斯（Ventidius Cumanus），他在猶大兩個兒子被平定的兩年後，也就是西元四十八年，來耶路撒冷上任。雖然是總督，但庫馬努斯跟盜賊與笨蛋沒什麼兩樣。他上任第一件事就是將羅馬士兵部署在聖殿柱廊的屋頂上，看起來是為了防止逾越節發生混亂與失序。然而，在舉辦神聖慶祝活動時，一名士兵為了取樂，居然脫掉衣服，對著下面的群眾展示他赤裸裸的屁股。約瑟夫斯在形容這個狀況時仍維持一貫的合宜，他說，「面對這樣的動作，你可以想像大家嘴巴裡吐出什麼樣的話來。」

群眾被激怒了。聖殿廣場爆發暴動，庫馬努斯並未試圖安撫群眾，反而派兵到聖殿山屠殺百姓，造成民眾恐慌。朝聖者為了躲避屠殺，在離開聖殿庭院的狹窄走道上自相踩踏，數百人因此死亡。緊張的情勢更因為庫馬努斯的一名士兵當著猶太民眾的面撕毀《摩西五經》的卷軸而更形升高。庫馬努斯馬上將這名士兵處死，但還是無法平息猶太人的憤怒與不滿。

此時，一群來自加利利的猶太旅人在前往耶路撒冷行經撒瑪利亞時遭到攻擊，於是情勢一觸即發。猶太人希望庫馬努斯主持公道，但他不加理會，聽說是因為撒瑪利亞已經買通他。於是一群強盜在迪納厄斯（Dinaeus）的兒子以利亞撒（Eleazar）率領下，決定自己討回公道，他們肆虐整個撒瑪利亞地區，殺死遇見的每個撒瑪利亞人。這種行為已不只是單純的血債血還；而是一個民族受夠了法律與秩序長久操持在腐敗而反覆無常的羅馬行政官員手中，為尋求自由而發出的怒吼。猶太人與撒瑪利亞人的暴力衝突，已經觸及皇帝的底線。西元五十二年，庫馬努斯遭到流放，由腓力斯（Antonius Felix）前往耶路撒冷接替他的位子。

腓力斯的表現並沒有比前任總督好到哪裡去。與庫馬努斯一樣，他輕視他所統治的猶太人。他在耶路撒冷各派猶太人之間挑撥離間，利用猶太人的內爭謀取己利。起初，他與大祭司約拿單建立了緊密關係，約拿單是阿納努斯五個兒子之一，阿納努斯自己也曾擔任大祭司。腓力斯與約拿單合力鎮壓猶太鄉野的強盜土匪；約拿單甚至幫助腓力斯捕獲迪納厄斯的兒子以利亞撒，之後以利亞撒被送到羅馬釘十字架。但是，一旦腓力斯利用大祭司達成了目的，大祭司就被丟在一旁。有人說，腓力斯參與了接下來發生的事，因為正是在他擔任總督期間，耶路撒冷出現了新形態的強盜：一群行事隱密的猶太叛軍，羅馬人稱他們希卡里派或「使短劍者」，因為這群人慣用小而易藏的短劍，他們利用這種武器刺殺上帝的敵人。

希卡里派是狂熱派分子，他們有著強烈的末日世界觀，而且對於在塵世建立上帝的國度抱有無比的熱情。希卡里派極端反對羅馬統治，但他們報復的對象卻僅限於猶太人，特別是那些順服羅馬統治的富有祭司貴族。希卡里派無所畏懼而且難以防範，他們可以在神不知鬼不覺中殺死敵人：在城市裡，在白晝下，在群眾中，在節慶的日子裡。他們混入人群，將短劍藏在斗篷，直到離對象夠近時，便出手襲擊。然後，當遇襲者倒地不起淌滿鮮血時，希卡里派暗中將短劍收鞘，附和著身旁驚慌失措的人，跟他們一起憤怒狂喊。

當時希卡里派的領袖是一名年輕的猶太革命分子，名叫米拿現，他正是失敗的彌賽亞加利利人猶大的孫子。米拿現繼承祖父對富有祭司階級的仇恨，對油腔滑調的大祭司尤其恨之入骨。對希卡里派來說，阿納努斯之子約拿單是個冒牌貨：他是小偷與騙子，他的財富完全來自剝削民眾。約拿單與信奉異教的羅馬皇帝一樣，是奴役猶太人的元兇。他出現在聖殿，等於玷汙了所有猶太人。他非死不可，因為他的存在受到天主的憎惡。

西元五十六年，希卡里派在米拿現的領導下，終於實現加利利人猶大的夢想。在逾越節期間，一名希卡里派刺客混入朝聖隊伍，一路擠進聖殿山，而且順利來到大祭司身旁。他抽出短劍朝約拿單喉嚨一抹，隨即消失在人群中。

大祭司遭到殺害，整個耶路撒冷陷入恐慌。猶太人的領袖，上帝在塵世的代表，居然光天化日之下在聖殿中庭被殺，而兇手是誰居然沒人知道。許多人拒絕相信刺客是猶太人。有流言蜚語指出是羅馬總督腓力斯下令刺殺約拿單。否則的話，還有誰敢如此褻瀆，讓大祭司的血噴濺在聖殿的地面上？

然而，這只是希卡里派恐怖行動的開端。他們一邊高喊「上帝是唯一的主人」（No lord but God!），一邊攻擊猶太統治階級、掠奪他們的財產、綁架他們的親戚並且焚燒他們的房屋。藉由這些方式，希卡里派在猶太人心中播下恐怖的種子，如約瑟夫斯所寫的，「他們散布的恐懼比他們的罪行更恐怖，每個人時時刻刻都想著死亡，就跟在戰爭一樣。」

約拿單的死，使耶路撒冷的彌賽亞狂熱達到高峰。猶太人普遍瀰漫著一股情緒，覺得大事將要發生，這種感受源自於絕望，此時的猶太人極度渴望擺脫外邦的統治，重獲自由。「熱誠」曾經鼓動強盜、先知與彌賽亞的革命狂熱，此時開始湧向一般民眾，就像病毒傳遍全身一樣。「熱誠」不再局限於鄉野，它的影響力也擴散到城鎮之中，甚至來到耶路撒冷。過去，偉大國王與先知讓以色列重獲自由的故事，只在農民與流離失所的人之中流傳，現在連富人與往上流動的階級也受到這種思想影響，強烈渴望把羅馬人逐出聖地。這種氣氛充斥在各地。經文的內容即將實現，末日就在眼前。

在耶路撒冷，突然出現一個名叫阿納尼亞斯（Ananias）之子耶穌的聖人，他預言耶路撒冷將毀滅而彌賽亞很快就會重返人世。另一名男子，人稱「埃及人」的神祕猶太巫師，他自稱是猶太人的王，在橄欖山上糾集數千名追隨者；他發誓，自己將如攻打耶利哥的約書亞一樣，在他的命令下，耶路撒冷的城牆將會傾頹倒下。然而，群眾卻遭到羅馬軍隊屠殺，而眾所皆知，那個埃及人逃走了。

腓力斯對這些事件處置不當，導致他遭到免職，繼任者是非斯都（Porcius Festus）。但非斯都顯然拿不出更好的方式面對蠢蠢欲動的猶太百姓。在鄉野地區，先知與彌賽亞煽動群眾、鼓吹脫離羅馬，情勢已然失去控制；在耶路撒冷，希卡里派因為成功刺殺大祭司約拿單而大受激勵，開始隨心所欲地殺人與搶劫。非斯都上任之後，因為壓力太大，不久便撒手人寰。接替他的是阿爾比努斯（Lucceius Albinus），一名惡名昭彰的墮落騙子，這個無能的官員在擔任總督兩年期間，靠著掠奪人民的財產而致富。阿爾比努斯之後是弗洛魯斯（Gessius Florus），他任期短暫且暴動頻仍，之所以被人記得，首先是因為與他相比，阿爾比努斯至少還能維持和平狀態，其次是弗洛魯斯成為我們所知的最後一任耶路撒冷總督。

時間來到西元六十四年。再過兩年，在聖地日積月累的憤怒、憎恨與彌賽亞式熱誠，將一口氣爆發成對羅馬的全面反叛。庫馬努斯、腓力斯、非斯都、阿爾比努斯、弗洛魯斯——每一任總督的瀆職行為都是導致猶太暴亂的元兇。羅馬本身也是導致暴亂的原因，管理不當與苛捐雜稅促使反叛發生。當然，猶太貴族忙於內爭與一味奉承羅馬官員以獲取權力及影響力，他們也該對社會秩序的崩壞負起責任。無疑地，聖殿領導階層造成種種不義與赤貧，使許多猶太人無計可施，只好訴諸暴力。土地兼併、失業率高、農民流離失所湧入城市、旱災與饑荒重創猶太與加利利鄉野，凡此種種，暴亂之火延燒猶太全境只是遲早的事。此時只需要一個小小的火種，就能讓全體猶太人起而叛亂——而弗洛魯斯居然笨到成為提供這個火種的人。

西元六十六年五月，弗洛魯斯突然宣布，猶太人積欠羅馬十萬迪納厄斯的稅金。這位羅馬總督帶了侍衛隊，進入聖殿，闖入寶庫，掠奪猶太人供奉上帝的金錢。暴亂隨之爆發，弗洛魯斯調派一千名羅馬士兵進入上城任意屠殺。士兵殺死婦人與小孩。他們闖入民宅，殺死睡夢中的民眾。耶路撒冷陷入混亂，戰爭一觸即發。

為了穩定局勢，羅馬人派了支持羅馬的猶太人到耶路撒冷：亞基帕二世（Agrippa II），他的父親亞基帕一世是受人愛戴的猶太領袖，曾努力維持與羅馬的緊密關係。雖然兒子不像已故的父親那麼受人民歡迎，但卻是羅馬人用來化解耶路撒冷緊張情勢的最佳人選。

年輕的亞基帕趕往聖城，希望進行最後的努力避免戰爭爆發。亞基帕與他的妹妹百尼基

（Bernice）站在王宮屋頂，他懇求猶太人面對現實。「你們要與整個羅馬帝國對抗嗎？」他問道。「陸軍呢？你們的武器呢？你們哪來的艦隊在海上掃滅羅馬人？你們有錢打仗嗎？你們真以為埃及人或阿拉伯人會跟你們聯手？你們難道都閉上了眼，不願看清羅馬帝國的強大？你們不好好看看自己有多麼弱小嗎？你們難道比高盧人更富有，比日耳曼人更強壯，比希臘人更聰明，比世界各民族的人數還多嗎？你們哪來的自信反抗羅馬人？」

當然，革命分子能回答亞基帕的問題。他們受到熱誠激勵。同樣的熱誠曾在兩個世紀前引領馬加比家族擊敗塞琉古王朝——回到最早的時期，同樣的熱誠曾協助以色列人征服應許之地——現在它將協助衣衫襤褸的猶太革命分子擺脫羅馬人的枷鎖。

亞基帕與百尼基受到群眾的嘲弄與忽視，他們別無選擇，只能逃離耶路撒冷。儘管如此，要不是一個名叫以利亞撒的年輕人的作為，與羅馬的戰爭或許仍可避免。以利亞撒身為守殿官，他有權力維持聖殿附近地區的治安。在下級祭司的支持下，以利亞撒控制了聖殿，並且不再每日獻祭給羅馬皇帝。這等於向羅馬明確表示：耶路撒冷已經宣布獨立。短時間內，其餘的猶太與加利利地區、以東與佩里亞、撒瑪利亞與死海谷地的村落，也全都跟進擺脫羅馬的控制。

米拿現與希卡里派到以利亞撒身邊集合。他們依照《聖經》的吩咐，把所有非猶太人趕出耶路撒冷。他們跟蹤大祭司，並且殺死了他，雖然戰爭一開始，大祭司就立刻躲起來，但最後還是免不了一死。然後，他們做了一個深具象徵意義的舉動，縱火燒了公共檔案館；債權債務的帳目、土地契約與公共紀錄全部付之一炬，再也沒有紀錄寫著誰是富人誰是窮人。在這個受神聖啟發的新世界裡，每個人都可以重新開始。

叛軍控制下城之後，隨即興建防禦工事以抵禦必將來犯的羅馬軍隊。然而，羅馬並未派遣大軍前來收復耶路撒冷，反而派了一小支軍隊前來，令人匪夷所思。叛軍輕易擊退他們之後，便把注意力轉到上城，這裡還有少數羅馬駐軍堅守。羅馬士兵同意投降，以交換平安出城。但當他們放下武器，走出防禦據點時，叛軍卻發動攻擊並且殺害他們，上帝之城至此完全脫離羅馬人的掌控。

此後，就再也沒有轉圜的餘地。猶太人這麼做等於向世上最強大的帝國宣戰。

第六章
元年

最後，只剩下一千名男女與孩子，這是在羅馬攻擊下倖存的最後一批反叛者。這一年是西元七十三年。這場戰爭的起因是希卡里派，而戰爭的結束，也是希卡里派。耶路撒冷已經被燒毀殆盡，城牆倒塌，居民慘遭屠殺。整個巴勒斯坦地區再度落入羅馬的控制。這場叛亂最後僅剩少數幾名希卡里派分子，他們帶著妻兒逃離耶路撒冷，躲藏到死海西岸的馬薩達要塞。現在，他們堅守在貧瘠沙漠中一處孤立的岩石山崖頂端，無助地看著羅馬軍團朝他們逼近——羅馬士兵高舉盾牌，抽出刀劍——準備為這場持續七年的亂事劃下句點。

在向羅馬宣戰的頭幾天，希卡里派就來到馬薩達。馬薩達是一處天然防禦據點，位在死海旁約一千多英尺的山上，是座易守難攻的堡壘。長久以來，馬薩達一直是猶太人的避難所。當掃羅王派人追殺可能奪走他王位的牧童時，大衛便逃到此地躲藏。馬加比家族反抗塞琉古王朝，也是以此為軍事基地。一個世紀之後，大希律王把馬薩達改造成真正的要塞城市，他把船形的山頂剷平，然後用白色的耶路撒冷石建造巨大的城牆，圍住整個山頂。希律建造了倉庫與穀倉、雨水槽，甚至游泳池。希律也在馬薩達囤積大量充足的武器，據說總數可以武裝一千人。希律為自己與家人建造了三層宮殿，這座紀念性建築從斷崖北面垂掛下來，剛好位於山頂突起部分的下方，裡面有浴池、金碧輝煌的柱廊、色彩繽紛的馬賽克，以及一百八十度令人目眩的視野，可以俯瞰布滿雪白結晶鹽的死海谷地。

希律死後，馬薩達的堡壘與宮殿以及儲藏在當地的武器，全落入羅馬人手中。西元六十六年，猶太叛亂爆發，希卡里派在米拿現的領導下奪取了馬薩達，並且將武器運回耶路撒冷與守殿官以利亞撒會合。叛軍在控制耶路撒冷並摧毀聖殿檔案庫之後，便開始鑄造錢幣來慶祝得之不易的獨立。他們在錢幣上蝕刻勝利的符號——聖杯與橄欖枝——並且刻上銘言，如「錫安自由」與「耶路撒冷是神聖的」。他們寫下的不是希臘文，而是希伯來文，因為他們認為希臘文是異教徒與偶像崇拜者的文字。每個錢幣都特別刻上了「元年」，彷彿新時代就此展開。先知是對的。當然，這個國度是上帝的國度。

然而，當耶路撒冷成功確保，情勢逐漸穩定，眾人歡天喜地慶祝之時，米拿現做了出人意表的事。他穿上紫袍，以勝利者的姿態走進聖殿庭院，在希卡里派武裝支持者的簇擁下，他公開宣布自己是彌賽亞，是猶太人的王。

某方面來看，米拿現的舉動相當合理。如果上帝的國度已經建立，那麼彌賽亞就應該適時出現，以上帝的名義統治這個國家。除了米拿現——加利利人猶大的孫子，強盜頭子希西家的曾孫——還有誰有資格披上王袍，坐在王位上呢？對追隨者來說，米拿現自稱為彌賽亞剛好符合預言：接下來他們即將迎來末日。

但守殿官以利亞撒可不這麼想。他與下級祭司被希卡里派赤裸裸的權力爭奪所激怒。他們設想了一個計畫，準備殺死這名自封的彌賽亞，並且把他底下那群多管閒事的人趕出耶路撒冷。當米拿現穿著王室服裝在聖殿裡神氣活現地走著時，以利亞撒的人突然衝進聖殿山，擊敗他的衛兵。他們把米拿現拖到露天之處，將他拷打至死。其餘的希卡里派分子僅能保住一命逃出耶路撒冷。他們重新聚集於馬薩達要塞，就這樣堅守到戰爭結束。

希卡里派等了七年。這段期間，羅馬人重整旗鼓，重新奪回巴勒斯坦，猶太與加利利的城鎮與村落接連被夷平，居民順服於刀劍之下，耶路撒冷遭到圍攻，居民一個接一個餓死。希卡里派一直在山區的要塞等候著，直到所有反叛的城市都遭到摧毀，整個巴勒斯坦都已被羅馬控制，羅馬人才注意到馬薩達。

西元七十三年，也就是耶路撒冷淪陷後三年，羅馬軍團抵達馬薩達的山腳下。由於無法從正面攻打要塞，羅馬士兵於是在山腳下蓋起了巨大的圍牆，把整座山包圍起來，不讓叛軍偷偷逃走。整個地區肅清之後，羅馬人在斷崖西面的裂口建築一條陡峭的斜坡道，即便叛軍居高臨下朝他們丟擲石塊，他們還是連續數星期緩慢地將數萬磅土石搬到坡道底端。接著士兵再沿著斜坡道將攻城塔推上去，然後連續數日朝叛軍射箭與投擲巨石。當希律建造的外牆倒塌時，能分隔羅馬人與最後一批猶太叛軍的就只有倉促蓋好的內牆。羅馬人在內牆縱火，然後先行返回營地，耐心等待內牆自己倒塌。

希卡里派蜷縮在希律的宮殿裡，他們知道自己死期將近。他們當初怎麼對待耶路撒冷的居民，如今羅馬人就會以相同方式回報他們與他們的家人。在一片死寂中，一名希卡里派領袖站起來，對剩下的人說話。

「我的朋友，我們很久之前就下定決心不當羅馬人的奴僕，我們唯一侍奉的只有上帝，上帝是人類唯一真正而公義的主人。現在，該是將我們的決心付諸實踐的時候了。」他拔出短劍，最後一次呼籲。「上帝授予我們權柄，讓我們在自由狀態下勇敢地面對死亡，耶路撒冷那些人可不是如此，他們是在猝不及防之下遭到征服。」

這場演說達成預期的效果。當羅馬人準備對馬薩達發動總攻擊時，叛軍開始抽籤決定次序，他們依照抽籤結果執行可怕的計畫。他們抽出短劍——短劍代表他們的身分與認同，短劍在大祭司脖子上一抹，為他們召來與羅馬人的不幸戰禍——先殺死自己的妻兒，再殺害彼此。最後十個人選出一人殺死剩餘的九人。最後僅存的一人放火焚燒宮殿，然後自殺。

隔天早晨，當羅馬人凱旋進入難以攻陷的馬薩達要塞時，他們得到的是一座鬼城：

九百六十名男女小孩全部死亡。這場戰爭終於落幕。

問題是，這場戰爭為什麼持續這麼久？

當猶太叛亂的消息迅速傳到皇帝尼祿耳中時，他立即派了他最信任的維斯帕西亞努斯（Titus Flavius Vespasianus）——又叫維斯帕先（Vespasian）——去收復耶路撒冷。率領六萬多名大軍，維斯帕先即刻開赴敘利亞；另一方面，他的兒子提圖斯（Titus）則前往埃及召集屯駐在亞歷山卓的羅馬軍團。提圖斯將率兵經以東北上，而維斯帕先則率軍南下進入加利利。這對父子計劃從南北兩路夾攻猶太人，一口氣殲滅叛軍勢力。

當提圖斯與維斯帕先在聖地開出一條殲敵之路時，叛亂的城市也逐一遭羅馬大軍攻陷。到了西元六十八年，加利利全境，連同撒瑪利亞、以東、佩里亞與整個黑海地區（除了馬薩達），全部重歸羅馬人的掌握。維斯帕先接下來要做的就是揮師攻打猶太地區，將叛軍的根據地耶路撒冷化為齏粉。

然而，當維斯帕先準備進行最後的攻擊時，卻傳來尼祿自殺身亡的消息。羅馬陷入混亂。內戰撕裂了首都。短短幾個月內，竟有三個人——加爾巴（Galba）、奧托（Otho）與維特里烏斯（Vitellius）——先後稱帝，而他們被推翻的過程則一次比一次血腥暴力。羅馬的法律與秩序已蕩然無存，盜賊與惡棍不懼後果明目張膽地偷竊搶掠。自從一百年前屋大維與馬克．安東尼內戰以後，羅馬人再也不曾經歷如此的內部不安。塔西佗描述這個時代是，「災難交迭而至，戰爭與內亂相尋，即使是和平時期，也充滿恐怖駭人之事。」

維斯帕先在麾下將士的慫恿下，決定停止猶太地區的戰事，班師返回羅馬，爭奪帝位。不過，他似乎毋須如此匆忙。早在他於西元七〇年夏天返抵羅馬之前，他的支持者已經控制首都，殺死政敵，眾人於是擁立維斯帕先為羅馬唯一的皇帝。

維斯帕先登基之後，發現他所統治的羅馬跟過去已經大不相同。大規模的內部不安使民眾驚覺羅馬權勢的衰頹。在遙遠的猶太地區，情勢更是令人擔憂。由於生活條件惡劣，底層的猶太人率先造反；難以想像在經過漫長的三年，暴亂依然無法平定。當然，其他人民也起而叛亂，但這些叛軍不是高盧人，也不是不列顛人；他們只是一群丟擲石塊充滿迷信的農民。猶太人大規模的叛亂，以及這場叛亂正值羅馬社會與政治陷入不安的時期，導致羅馬公民本身也出現了認同危機。

維斯帕先知道，要鞏固自己的權威與解決羅馬的不安，重點在於將民眾的注意力從內部的動盪轉移到外部的征服上。一場小小的勝利是不夠的，皇帝需要的是徹底摧毀敵人的力量。他需要一場凱旋式：大規模地展示羅馬的力量，用戰俘、奴隸與戰利品來討好不滿的民眾，並且讓臣民打從心裡畏懼。於是，維斯帕先即位之後，立即著手完成在猶太地區的未竟任務。他不只要鎮壓猶太叛亂，光是這樣不足以達成他的目的，維斯帕先還要完全消滅猶太人。他要將猶太人從地表上抹除，破壞猶太人的土地，焚燒他們的聖殿，摧毀他們的宗教儀式，殺死他們的神。

維斯帕先從羅馬傳了一道旨意，要他的兒子提圖斯立刻進兵耶路撒冷，不要拖延，要在最短的時間內徹底消滅猶太叛軍。然而皇帝不知道的是，這起亂事即使沒有外力介入，本身也到了崩潰邊緣，而其原因來自於內部。

米拿現被殺，希卡里派被逐出耶路撒冷後不久，叛軍相信羅馬人即將來犯，於是開始進行守城的準備工作。他們對耶路撒冷外圍的城牆進行加固，並且盡可能囤積充足的軍事配備。收集刀槍劍弩，打造鎧甲，在耶路撒冷周邊部署投石機與床弩。少年開始接受近身肉搏的戰技訓練。隨著叛軍增派軍力等待羅馬人率軍前來，耶路撒冷城內也開始出現驚慌的情緒。

但羅馬人並未攻擊耶路撒冷。叛軍當然知道羅馬人襲擊耶路撒冷周邊地區。每天都有大批受傷的難民湧入耶路撒冷；城市已經無法容納如此龐大的人口。但羅馬人的報復依然集中在鄉野地區以及一些重要的叛軍據點，如提比里亞、加瑪拉（Gamala）與吉夏拉（Gischala）。隨著等待羅馬人的時間愈長，耶路撒冷叛軍內部的領導權也開始出現分裂與不穩定的狀況。

一開始，叛軍組成了類似過渡政府的組織，主要由加入叛軍的耶路撒冷祭司貴族組成，但他們當中有許多人並不願意反抗羅馬。這群所謂的「溫和派」，只要還有可能，他們傾向與羅馬妥協。他們希望無條件投降，乞求饒恕，而且再次臣服於羅馬的統治。溫和派在耶路撒冷獲得很多支持，特別是比較富裕的猶太人，他們希望保住自己的地位與財產，更甭說保住自己的性命。

然而，耶路撒冷還有一個規模更大、意見更強烈的派系，這個派系相信，上帝會領導猶太人對抗羅馬並且獲勝。然而，就當時的處境看來，叛軍的未來很不樂觀，因為羅馬的武力非常強大，很難擊敗。但這也是上帝計劃的一部分。先知難道沒有示警，在最後的日子裡，「播種過的田地將寸草不生，而糧倉將空無一物」（厄斯德拉二書6:22）？不過，如果猶太人願意只效忠天主，那麼很快地他們將看見耶路撒冷籠罩在榮耀之中，號角將會響起，凡是聽見號角聲的人都會感到畏懼；山嶺將會變成平地，而大地將會裂開，把上帝的敵人吞入地底。猶太人只需要信仰。信仰以及熱誠。

這個派系的領導階層包含了農民、下級祭司、強盜與最近抵達耶路撒冷的難民，大家集合起來組成了一個革命派系，名為狂熱黨。貧窮、虔誠與反貴族，狂熱黨的成員希望忠於原初反叛的意圖：淨化聖地，在塵世建立上帝的國度。狂熱黨強烈反對過渡政府，也強烈反對交出耶路撒冷向羅馬投降。這是褻瀆，這是叛國，而狂熱黨很清楚該怎麼懲罰這兩種人。

狂熱黨接管了原本只有祭司才能進入的聖殿內庭，並且從這裡掀起一波恐怖行動，對付那些他們認為對叛軍不夠忠誠的人：富有的貴族與猶太上層階級、舊希律時代貴族與聖殿的前領導階層、大祭司與溫和派成員。狂熱黨的領導人建立自己的影子政府，並且抽籤決定由誰擔任下一任大祭司。結果一個名叫撒母耳之子凡尼（Phanni son of Sawuel）的不識字農民中籤，眾人讓他穿上大祭司的祭袍，然後讓他站在至聖所入口處，教導他如何獻祭。其他的祭司貴族只能站在遠處觀看，為他們的神聖世系遭到褻瀆而流淚。

當敵對團體的流血衝突與內爭持續之時，更多的難民湧入了耶路撒冷，派系的鬥爭與不和也變得更劇烈，耶路撒冷隱然出現分裂的態勢。溫和派已經噤不作聲，城內主要分成三大陣營爭搶控制權。狂熱黨約有兩千五百人，他們掌握了聖殿內庭。外庭則由前吉夏拉叛軍領袖，名叫約翰的富裕城市人所控制，他在羅馬人摧毀吉夏拉時倖免於難。

起初，吉夏拉的約翰與狂熱黨合作，他接受了狂熱黨宗教性的革命原則。約翰算不算是狂熱分子，這一點很難確定，但他無疑是一名仇恨羅馬人的強烈民族主義者，而在那個時期，民族情感與彌賽亞的期望，兩者密不可分。約翰甚至熔掉聖殿裡的祭器來打造武器，以對抗羅馬大軍。然而，為了爭奪聖殿的控制權，約翰最後還是與狂熱黨決裂，並且組成自己的聯盟，統率約六千名戰士。

耶路撒冷第三個同時也是勢力最大的叛軍陣營，領導人是吉歐拉之子西門（Simon son of Giora）。他原本是強盜頭子，曾經擊退加魯斯最初對耶路撒冷的攻擊。在猶太叛亂第一年，西門掃蕩猶太鄉野，搶掠富人的土地，釋放奴隸，因此獲得窮人的支持。他在希卡里派掌握的馬薩達短暫待過一段時間之後，便帶著一萬名龐大的個人武力返回耶路撒冷。起初，耶路撒冷居民歡迎他的到來，希望他能約束氣燄囂張的狂熱黨與吉夏拉的約翰，尤其約翰變得愈來愈專權跋扈。雖然西門無法從狂熱黨與約翰手中奪取聖殿，但他確實掌握了耶路撒冷上城與下城絕大部分地區。

西門與耶路撒冷另外兩名叛軍領袖真正不同的地方在於，西門從一開始就毫不害臊地自稱是彌賽亞與國王。與之前的米拿現一樣，西門穿上國王的袍服，並且以救世主的姿態巡視耶路撒冷。他自稱是「耶路撒冷的主人」，並且利用自己的神聖受膏地位，濫捕濫殺猶太上層階級，因為他懷疑這群人可能叛國。結果，吉歐拉之子西門終於被公認為所有叛軍的最高指揮官——但也只有一下子。因為就在西門鞏固自己的領導地位沒多久，提圖斯就率領四個羅馬軍團兵臨城下。他要求耶路撒冷立即投降。

面臨羅馬即將到來的攻擊，猶太人馬上放下了派系鬥爭與血仇，全體投入防禦工作。但提圖斯並不急著攻擊。相反的，他下令士兵建造一道石牆，將耶路撒冷包圍起來，讓城內每個人都逃不出去，同時也切斷城內的水源與糧源。之後，他將營地設在橄欖山，從這裡他可以居高臨下觀看城內居民慢慢餓死。

隨後爆發的饑荒相當恐怖。全家人餓死在自己家裡的例子比比皆是。街道巷弄堆滿了屍體；城內沒有空間，也沒有人有力氣去埋葬這些死屍。耶路撒冷的居民爬到下水道覓食。有人餓到連牛糞與乾草堆也吃。有人索性脫掉衣服，啃食皮帶與皮鞋。吃死人的事時有所聞。試圖逃出城外的人一下子就被抓住，這些人都在橄欖山上被釘十字架，以儆效尤。

對提圖斯來說，坐等耶路撒冷居民餓死其實就已足夠。他可以不費一兵一卒就擊敗耶路撒冷的叛軍。但他的父親要的不只如此。維斯帕先交給提圖斯的任務不光是餓死猶太人，還要將猶太人在這片土地生活的證據完全清除乾淨，使猶太人無法再宣稱這片土地是他們的。因此，西元七〇年四月，當死神潛入城市，讓成千上萬的居民餓死渴死之時，提圖斯下令大軍攻入耶路撒冷。

羅馬人沿著上城城牆築起了堆壘，並且開始用投石機轟炸叛軍。他們建造巨大的攻城槌，輕易擊破耶路撒冷的第一道城牆。當叛軍撤到第二道城牆防守時，也一下子就被攻破，城門被縱火焚燒。當大火慢慢熄滅，整座城市已成了裸城，提圖斯的軍隊已能長驅直入。

士兵見人就殺，不管男人、女人或小孩，不管富人或窮人，不管加入叛軍或忠於羅馬，不管貴族或祭司。這些都沒有差別。羅馬士兵燒毀了一切，整座城市陷入火海之中。火舌的怒吼，夾雜著民眾痛苦的哀嚎，羅馬人蜂擁而入，橫掃上城與下城，屠戮的屍首棄置在街上，地面滿是血水泥汙。羅馬士兵一路在屍堆中尋覓叛軍的下落，直到聖殿出現在他們眼前為止。由於剩餘的叛軍全死守在聖殿內庭，羅馬人決定從聖殿的地基放火，整座聖殿山猶如從基座煮沸的鍋爐，充滿了血腥與烈焰。火舌最後包圍了至聖所，以色列上帝的居所最後化成一堆灰燼。大火熄滅之後，提圖斯下令把城市僅存的部分也完全毀去，讓後代子孫無從記憶耶路撒冷之名。

數千人死亡，但吉歐拉之子西門——失敗的彌賽亞西門——卻遭到活抓，陷入囹圄的他將被帶回羅馬，維斯帕先已經向民眾承諾，要在凱旋式中展示這些戰俘。凱旋式除了展示西門，還包括了聖殿的神聖寶物：金桌子與供奉給天主的麵包、七燈燭臺、焚香的祭器與杯子；號角與神聖器皿。這些全在羅馬街上的凱旋式遊行中展示，維斯帕先與提圖斯頭戴桂冠身穿紫袍在一旁沉默而果決地觀看著。在遊行最末，最後一件戰利品展示在大家面前：《摩西五經》的抄本，這是猶太教最重要的象徵。

維斯帕先舉行凱旋式的用意不難理解：他不只擊敗了猶太人，也擊敗了猶太人的神。失敗的不只是猶太地區，還有猶太教。提圖斯公開表示毀滅耶路撒冷是一項虔誠的行為，是對羅馬諸神的供奉。提圖斯表示，完成這項任務的不是他，他只是羅馬諸神的武器，是羅馬諸神擊敗了猶太人的神。

值得一提的是，維斯帕先並未依照往例舉行「召喚」儀式，亦即，他並未將被征服者信奉的神明列為羅馬諸神，使被征服的臣民也能在羅馬供奉自己的神明。猶太人不僅不能重建聖殿（按理說每個臣服於帝國的臣民都有權重建自己的寺廟），每年還要繳納二德拉克馬（drachmas）來重建羅馬內戰意外焚毀的朱庇特神廟（這筆錢相當於猶太人繳給耶路撒冷聖殿的稅）。所有猶太人，無論他們住在帝國何處，無論他們對羅馬是否忠誠，無論他們是否參與叛軍——每個猶太人，包括女人與孩子，現在都必須繳稅做為維護羅馬異教崇拜的資金。

從今以後，猶太教不再被視為具有意義的教派。猶太人從此成為羅馬永遠的敵人。雖然大規模人口遷徙一向不是羅馬的政策，但現在羅馬卻將猶太人全部趕出耶路撒冷及其鄰近地區，最後還將耶路撒冷改名為阿埃里亞·卡皮托尼那（Aelia Capitolina），並且將整個地區列為帝國直轄地。巴勒斯坦全境成為維斯帕先個人的財產，羅馬人處心積慮要給人一種印象，那就是耶路撒冷從未有猶太人。到了西元一三五年，在羅馬的官方文件上，已經完全找不到耶路撒冷這個名字。

對於在這場血腥亂事中倖存的猶太人來說——他們在傾頹的城牆外赤裸饑餓地蜷縮著，恐懼地看著羅馬士兵在化為灰燼的上帝居所上尿尿——造成這場死亡與災難的元兇是再清楚不過。當然，將這場毀滅帶到聖城的萬軍之神並非元兇。不。最該怪罪的是強盜與叛軍，狂熱派與希卡里派，想脫離羅馬獨立的民族主義革命分子，所謂的先知與假彌賽亞，他們保證自己的忠心與熱誠可以換得上帝的救贖。這些人要為羅馬的大屠殺負責，他們是上帝放棄的人。

往後的歲月，猶太人盡可能疏遠造成與羅馬交戰的革命理想主義，但猶太人並未放棄對末日的期待。相反地，往後一個世紀，末日作品蓬勃出現，這反映出猶太人依然希望上帝能拯救他們，讓他們擺脫羅馬的統治。彌賽亞狂熱的效應持續很久，甚至在西元一三二年還引發了短暫的第二次猶太戰爭，領導的彌賽亞是科克巴之子西門（Simon son of Kochba）。然而，大體來說，二世紀的拉比迫於情勢與懼怕羅馬報復，因此在解釋猶太教時迴避了民族主義的詮釋。他們以超驗的角度看待聖地，發展出沒有政治野心的彌賽亞神學，用這種方式來表現虔信。而研讀律法也取代聖殿獻祭，成為虔誠猶太人生活的重心。

然而這是許多年以後的事。此時，也就是猶太民族遭受打擊與屠殺，並且被迫離開自己的家鄉、聖殿、上帝與應許之地，移往異教徒與偶像崇拜者的土地之時，猶太人似乎確信，他們所知的世界已經到了終點。

在此同時，在上帝的聖殿遭到褻瀆、猶太人隨風四散、猶太教遭到輕賤後不久，在勝利的羅馬，據說一個名叫馬可的猶太人拿起了羽毛筆，寫下第一部福音書的第一句話。他提到一個彌賽亞，名叫拿撒勒人耶穌。他使用的不是上帝的語言希伯來文，也不是耶穌的語言亞拉姆文，而是希臘文，異教徒的語言。不純粹的語言。勝利者的語言。

這是耶穌基督福音的開始。

第二部

主耶和華的靈在我身上
因為耶和華用膏膏我
叫我傳好訊息給謙卑的人；
差遣我醫好傷心的人，
報告被擄的得釋，
被囚的出監牢；
報告耶和華的恩年，
和我們神報仇的日子。

《以賽亞書》61:1-2

序言

我為你的殿，心裡焦急

在所有關於拿撒勒人耶穌的故事中，有一則故事——無數的劇作、電影、繪畫與星期日傳道都以這則故事為藍本——比起任何話或行為，都還要能顯示耶穌是誰與耶穌的意旨。這則故事描繪了耶穌傳道時發生的幾件事，而這些事四福音書（《馬太福音》、《馬可福音》、《路加福音》與《約翰福音》）都曾提及，因此加強了它在歷史上的可信度。然而，四位福音書作者卻都以匆匆一筆隨意帶過的方式來呈現這個重要時刻，彷彿他們忽略了它的意義，或更有可能的是，他們故意輕描淡寫這個故事，因為凡是親眼目睹的人都能立即感受到其中的強烈意義。在耶穌短暫的生命中，這個時刻深具啟示性，光是這件事就足以說明耶穌的使命、神學、政治觀點、他與猶太當局的關係、他與一般猶太教的關係，以及他對羅馬占領的態度。更重要的是，這起單一事件說明了為什麼一個來自加利利低矮山丘的樸實農夫，會被當局視為眼中釘，乃至於必須追緝他、逮捕他，拷問他，乃至於處決他。

那一年大概是西元三〇年，耶穌才剛到耶路撒冷，他騎著驢子，旁邊圍繞著狂熱的群眾，他們喊著，「和散那（Hosanna）！奉主名來的，是應當稱頌的！那將要來的我祖大衛之國，是應當稱頌的！」狂喜的群眾唱著讚美上帝的詩歌。有些人把斗篷鋪在耶穌騎驢會經過的路上，就像耶戶稱王時以色列人所做的事（列王記下9:12-13）。其他人揮舞著棕櫚枝，紀念兩百年前讓以色列擺脫外邦統治的英雄馬加比（馬加比記一13:49-53）。整個盛大的場面被耶穌與他的門徒精心安排成應驗了撒迦利亞的預言：「錫安的民哪，應當大大喜樂！耶路撒冷的民啊，應當大大歡呼！看哪，你的王來到你這裡。他是公義的，並且施行拯救，謙謙和和的騎著驢，就是騎著驢的駒子」（撒迦利亞9:9）。

這個訊息清楚地傳達給城市居民：大家苦候的彌賽亞——真正的猶太人的王——要來解放以色列的奴役。

耶穌進入耶路撒冷的陣仗已然充滿挑釁意味，但與他第二天所做的相形見絀。在門徒與讚美他的群眾簇擁下，耶穌來到聖殿的公共庭院——外邦人之庭——並且著手「潔淨」它。耶穌在憤怒下，打翻兌幣者的桌子，趕走叫賣小吃與紀念品的販子。他放走供人獻祭的待售牛羊，並且打開鴿子籠，放走了鳥兒。「把這些東西拿去！」耶穌叫喊著。

在門徒的協助下，耶穌堵住了聖殿庭院的入口，禁止任何人攜帶物品到聖殿裡販賣。小販、前來崇拜的信眾、祭司與好奇的旁觀者，大家推擠著攀上散落的石堆，就像被驚慌主人追趕的恐慌牲畜一樣急著衝出聖殿大門，進入壅塞的耶路撒冷街道，羅馬衛兵與全副武裝的聖殿警衛連忙趕來庭院，搜捕這場破壞的元兇。福音書說，此時耶穌泰然自若地挺立著，他厲聲說道：「經上記著說：我的殿必稱為禱告的殿，你們倒使它成為賊窩了。」

當局感到憤怒，而他們的理由很充分。法律並未禁止小販到外邦人之庭。聖殿的其他部分才不可侵犯，瘸子、病人、不潔之人以及尤其是外邦人都禁止進入。但外庭則是任何人都能自由出入的地方，這裡是喧囂的市集，也是猶太公會（猶太人最高議會）的行政中心。商人與兌幣者、販賣獻祭牲畜的人、不潔者、異教徒與異端，大家都可以隨心所欲在此進出，在這裡做生意。因此，聖殿祭司會質疑這個暴民煽動者以為自己是誰，也就不令人意外了。他是基於什麼權威認為自己有權潔淨聖殿？他有什麼理由可以正當化自己的犯罪行為？

耶穌一如往常，對這些問題避而不答，相反地，他回答了深奧難解的預言。「你們拆毀這殿，」他說，「我三日內要再建立起來。」

群眾震驚得說不出來話，完全沒注意到耶穌與他的門徒從容不迫地離開聖殿與耶路撒冷，甚至也沒想到耶穌的舉動已經構成了羅馬當局眼中的死罪：叛亂，可以處釘十字架的刑罰。畢竟，攻擊聖殿的運作，就如同攻擊祭司貴族，而有鑑於聖殿與羅馬的密切關係，這麼做也等同於攻擊羅馬當局。

這段耶穌傳道的故事，令許多人困惑不已，數百年來，許多解經者也絞盡腦汁詮釋。我們暫且擱下這些詮釋不提，純就歷史的角度來解讀這個令人不解的事件。耶穌的聖殿預言是否真的實現，並不是我們關心的問題。四福音書全是在西元七〇年聖殿毀滅後寫成的；耶穌對耶路撒冷的警告，「日子將到，你的仇敵必築起土壘，周圍環繞你，四面困住你，並要掃滅你和你裡頭的兒女，連一塊石頭也不留在石頭上」（路加福音19:43-44），這句話是福音書作者在事情發生後偽託耶穌之口說的。這則故事真正的重點在於——無論如何都無法忽視的——耶穌在聖殿的行為何如此露骨而充滿「狂熱」。

門徒顯然察覺到這一點。他們看到耶穌打破籠子，橫衝直撞地掀翻桌子。《約翰福音》說，門徒想起了大衛王的話，他叫嚷著，「我為你的殿，心裡焦急，如同火燒」（約翰福音2:17；詩篇69:9）。

聖殿當局也察覺耶穌的狂熱，因此設下詭計，想讓耶穌做出讓人聯想起狂熱派革命分子的事。他們故意利用耶穌在眾人面前時來找耶穌，他們問道，「夫子，我們知道你是誠實的，什麼人你都不徇情面，因為你不看人的外表，乃是誠誠實實傳神的道。納稅給該撒可以不可以？」

這個問題顯然不單純。這是對狂熱派的核心測試。自從加利利人猶大叛亂之後，摩西律法是否允許猶太人繳納貢金給羅馬，對堅守狂熱派原則的人來說就成了至關重要的問題。其中的論點很簡單，所有人都能瞭解：羅馬要求付貢金，表示羅馬認為自己擁有猶太與猶太的居民。但這塊土地不屬於羅馬，而屬於上帝。羅馬皇帝無權收受貢金，因為他沒有權利擁有這塊土地。宗教當局表面上問耶穌繳貢金給羅馬是否合法，其實骨子裡問的是另一個問題：你是不是狂熱派？

「拿一個銀錢來給我看，」耶穌說，他指的是用來支付貢金的羅馬錢幣。「這像和這號是誰的？」

「是該撒的，」宗教當局回道。

「這樣，該撒的物當歸給該撒。神的物當歸給神。」

令人驚訝的是，數世紀以來，聖經學者一直把這席話誤解成耶穌希望人們放下「此世之物」——稅金與貢金——而將心思專注於唯一該專注的事物上：崇拜與順從上帝。這種詮釋與另一種觀點完全契合，那就是耶穌是超凡絕塵的聖靈，與物質構成的世界無關。這種說法令人費解，它完全忽略了耶穌生活在以色列政治最動盪的時代，而且也忘了耶穌曾宣稱自己是應許的彌賽亞，要讓猶太人脫離羅馬的占領。聖經學者頂多把耶穌的回應解釋成祭司與狂熱派之間——亦即認為支付貢金給羅馬是合法的，與認為支付貢金給羅馬是不合法的——的溫和折衷說法。

事實上，耶穌的回答非常清楚，這一點可以從福音書上看出，耶穌顯然是針對祭司與狂熱派之間的爭論提出回應——但他回應的爭議不是貢金，而是更重要的問題，即上帝擁有聖地。耶穌說得很清楚：「該撒的物當『歸給』（apodidomi）該撒……」apodidomi這個動詞通常翻譯成「歸還」，實際上，這個動詞是個複合字：apo是介系詞，在這裡指的是「歸」；didomi是動詞，意思是「給」。Apodidomi主要是用在交還給某人原本就屬於他的東西；這個字暗示收到東西的人，是該物原本的主人。換言之，根據耶穌的說法，「歸給」該撒的銀錢，原本就屬於該撒所有。因此不是該撒可以收取貢金，而是因為這原本就是該撒的錢：他的名字與肖像都刻在上面。上帝與這些錢毫無瓜葛。同樣的道理，羅馬人占領的土地應當「歸給」上帝，因為那是上帝的土地：「因為地是我的，」上帝說（利未記25:23）。羅馬皇帝與這些土地毫無瓜葛。

所以，該撒的物當歸給該撒，神的物當歸給神。這是最簡單而簡明的狂熱派論點。對耶路撒冷當局來說，這樣的證據已足以讓他們在當下為耶穌貼上lestes的標籤。他是強盜，是狂熱派分子。

兩天後，耶穌與門徒分食了祕密的逾越節晚餐，他們在深夜摸黑來到客西馬尼園，躲藏在長滿節瘤的橄欖樹與如藩籬般的灌木叢之間。就是在這裡，在橄欖山西坡上——幾年後，羅馬將領提圖斯就是從這附近發動耶路撒冷圍城戰——耶穌被當局捕獲了。

「你們帶著刀棒，前來拿我，如同拿強盜麼？」耶穌問道。

他們正是為此前來抓他。《約翰福音》提到有一「隊」（speira）士兵前往客西馬尼園——「隊」大概有三百到六百名羅馬衛兵——此外還有聖殿警衛偕同前往，他們全拿著「火把、兵器」（約翰福音18:3）。約翰顯然誇大其詞。但四福音書都同意，有一群龐大而全副武裝的衛兵在夜裡前來逮捕耶穌。這樣的武力陣仗也許可以解釋耶穌在前往客西馬尼園之前，為什麼要確認他的門徒是否都攜帶了武器。

「沒有刀的，」耶穌在逾越節晚餐後立即指示他的門徒，「要賣衣服買刀。」

「主阿，」門徒回道，「這裡有兩把刀。」

「夠了，」耶穌說（路加福音22:36-38）。

但武器還是不夠。衛兵與耶穌的門徒進行短暫但血腥的扭打之後，終於逮捕了耶穌，並且把他解赴耶路撒冷當局。耶穌被指控「誘惑國民，禁止納稅給該撒」，耶穌並未否認這項指控（路加福音23:2）。

被宣判有罪之後，耶穌被送到各各他（Golgotha）釘十字架，跟他一起的有兩個人，他們被稱為lestai，強盜（馬太福音27:38；馬可福音15:27）。跟每個釘十字架的犯人一樣，耶穌也被安個牌子，或titulus，上面詳述他因為犯了什麼罪而要被釘十字架。耶穌的牌子上寫著猶太人的王。他的罪名：妄圖稱王，誘惑國民。因此，與在他之前或之後的每個強盜與革命分子、每個煽動民眾的狂熱派分子與末日先知一樣——如希西家與猶大、丟大與阿斯羅吉斯、埃及人與撒瑪利亞人、吉歐拉之子西門與科克巴之子西門——拿撒勒人耶穌因為膽敢宣稱自己繼承國王與彌賽亞的衣缽而遭到處決。

必須說明的是，耶穌不是與羅馬宣戰的狂熱黨成員，因為狂熱黨是耶穌死後三十年才出現的。耶穌也不是一名提倡武裝暴動的暴力革命分子，當他主張使用暴力時，往往具有更複雜的內涵，不能光從字面上來解讀。

但仔細觀察耶穌在耶路撒冷聖殿的言行——這則故事無疑是造成耶穌被捕與被釘十字架的主因——我們會發現一項難以否認的事實：耶穌被羅馬人釘十字架是因為他的彌賽亞理想對羅馬占領巴勒斯坦構成威脅，而且他的狂熱派論點也讓聖殿當局芒刺在背。這一項事實影響了我們對福音書的解讀，特別是福音書裡記載拿撒勒人耶穌是彌賽亞的部分——從耶穌在各各他被釘十字架的各項細節，到他在約旦河畔開始公開傳教，我們將產生不同的詮釋。

第七章

曠野中呼喊的人聲

施洗約翰如幽靈般從沙漠出現——他是個生活在曠野的人，身上穿著駱駝毛織的衣服，腰間繫著皮革帶子，平日以蝗蟲與野外的蜂蜜為食。他沿著約旦河旅行——經過猶太與佩里亞，來到了伯大尼（Bethany）與哀嫩（Aenon）——傳布一則簡單但緊迫的訊息：末日將要到來。上帝的國度就在眼前。亞伯拉罕的子孫猶太人，在受盡這麼多苦難之後，將於即將到來的審判中得救。

「現在斧子已經放在樹根上，」約翰警告，「凡不結好果子的樹，就砍下來，丟在火裡。」對於前來詢問的富人，約翰說，「有兩件衣裳的，就分給那沒有的，有食物的，也當這樣行。」

對於向他詢問如何才能得救的稅吏，約翰說，「除了例定的數目，不要多取。」

對於乞求指引的士兵，約翰說，「不要以強暴待人，也不要訛詐人，自己有錢糧就當知足。」

施洗約翰的訊息很快就傳遍了巴勒斯坦。遠從加利利來的人，有些需要跋涉數日經過荒涼的猶太曠野，才能抵達約旦河畔聆聽他傳道。民眾來到他講道的地方，必須脫掉外衣，涉水到東岸，約翰會在那裡等待他們，用手抓住他們。一個接一個，約翰將他們浸入充滿生命的河水之中。民眾浮出水面後，會再度涉水回到西岸——跟一千年前他們祖先做的事一樣——回到上帝應許給他們的土地。透過施洗的方式，新的以色列民族於焉出現：悔罪、得救而且準備好迎接上帝的國度。

當聚集在約旦河畔的群眾愈來愈多，施洗約翰的活動引起了大希律王的兒子安提帕（「狐狸」）的注意，他的領地包括了約旦河東岸的佩里亞地區。如果福音書的記載可信，那麼安提帕囚禁約翰是因為約翰批評他與希羅底（Herodias）的婚姻，希羅底原是安提帕同父異母弟（也叫希律）的妻子。光是囚禁約翰還無法令狡猾的希羅底滿意，於是她設下陰謀想致約翰於死地。在安提帕的生日宴會上，希羅底要她的女兒，撩人的妖婦撒羅米（Salome），為他的伯父同時也是繼父表演一段淫蕩的舞蹈。撒羅米的迴旋之舞撩起了安提帕的慾望，使他不加思索地給了致命的承諾。

「隨妳向我求什麼，」安提帕呼吸急促地說，「就是我國的一半，我也必給妳。」

撒羅米問她的母親。「我可以求什麼呢？」

「施洗約翰的頭，」希羅底回答說。

唉，福音書的描述並不可信。約翰遭處死的故事雖然充滿吸引人的醜聞，但卻錯誤百出，完全不符合歷史。福音書作者誤以為希羅底的第一任丈夫是腓力，而且也搞錯了約翰被處決的地點，其實是馬卡魯斯（Machaerus）要塞，而非安提帕位於提比里亞的宮廷。整篇福音故事聽起來，像是為了呼應《聖經》裡以利亞（Elijah）與亞哈王妻子耶洗別（Jezebel）之間的衝突，而刻意編寫。

關於施洗約翰之死，較為可靠的描述是約瑟夫斯的《猶太古史》，雖然它比較偏向散文。根據約瑟夫斯的說法，安提帕擔心約翰在民間享有很高的聲譽，可能會導致叛亂，「因為約翰說什麼，百姓都會照做。」這點確實有一定的真實性。約翰警告民眾，上帝即將降怒，這種說法在西元一世紀的巴勒斯坦並不新穎也不獨特，但約翰讓受洗者產生希望，使他們覺得自己在受洗後煥然一新，可以追求符合公義的道路，這點確實有很大的吸引力。約翰向前來求助的猶太人保證一個新的世界秩序，一個上帝的國度。雖然約翰倡導的平等與公義只是相當模糊的概念，但光是這樣的承諾，本身就足以在黑暗、動盪的時代予人希望與安慰，因此得以吸引各階層的猶太人前來，無論貧富貴賤。安提帕的確有理由懼怕約翰，因為就連他的士兵也成了約翰的信眾。安提帕因此逮捕約翰，給他安上一個煽動民眾的罪名，然後把他關押在馬卡魯斯要塞。施洗約翰大約在西元二十八到三〇年左右被祕密處死。

約翰死了，但他的名聲並未因此消退。事實上，死去的約翰甚至比安提帕更為顯赫。安提帕在西元三十六年遭納巴泰國王阿瑞塔四世（Aretas IV）擊敗，隨後出逃，失去了統治者的頭銜與所有財產；很多人相信，這全是上帝對他處死約翰的懲罰。即使約翰已經去世很長一段時間，猶太人還是不斷思索他的言行；約翰的門徒仍在猶太與加利利地區傳教，以他的名號為信眾施洗。約翰的生平與傳說都保存在以希伯來文與亞拉姆文撰寫的「施洗者故事」中，並且在城鎮之間流傳著。許多人認為他是彌賽亞。有些人則認為他將會復活。

然而，儘管約翰這麼有名，當時卻沒有人知道——正如今日的我們一樣——施洗約翰到底是誰，來自何方。《路加福音》憑空描述了約翰的族譜與約翰奇蹟似的出生，大部分學者完全否認這段文字的真實性。要說《路加福音》可以爬梳出什麼樣的歷史資訊，我想應該是約翰有可能來自於祭司家族；路加說，約翰的父親屬於亞比雅（Abijah）的祭司宗派（路加福音 1:5）。如果真是如此，那麼約翰原本應該要繼承父親的祭司身分，但這位末日傳道者卻從沙漠裡走了出來，「不吃餅，不喝酒」，完全背棄了家族在聖殿裡應負的義務與職責，終生在曠野過著禁慾苦行的生活。或許這就是約翰受到民眾歡迎的原因：他拋棄了祭司特權，為猶太人提供了新的救贖來源，這個來源與聖殿無關，也與令人厭惡的祭司階級無關：這個救贖的來源就是洗禮。

洗禮與水的儀式在古代近東相當常見。「施洗團」前往敘利亞與巴勒斯坦，藉由為人施洗來擴大自己的宗派。想改信猶太教的外邦人，必須接受洗禮，將之前的認同洗淨，才能成為被選定的支派。猶太人尊崇水，因為水具有一種閾限的性質，能把人或物品從某個狀態運送到另一個狀態：從不潔到潔淨，從褻瀆到神聖。《聖經》到處可見這種潔淨的儀式：物品（帳篷，刀劍）在灑了水之後就能獻給上帝；人（包含痲瘋病人，或月經來潮的女子）全身浸在水裡就可以完全潔淨。耶路撒冷聖殿的祭司在前往祭壇獻祭時會用水洗淨自己的雙手。大祭司在贖罪日進入至聖所之前，必須接受浸禮，在為全國民眾贖罪之後，大祭司會立刻再行一次浸禮。

當時行洗禮最著名的教派是之前提過的艾賽尼派。嚴格來說，艾賽尼派並非強調離群索居的教派。有些人在猶太地區的城市與村落生活，有些人不與其他猶太人雜居，而是與其他艾賽尼派的信眾聚居，例如庫姆蘭就有一些艾賽尼派村落，村民保持獨身，財產共有（庫姆蘭的艾賽尼派信眾唯一擁有的個人財物是一件斗篷、一件亞麻衣與一把短柄小斧，小斧可以在有需要的時候在曠野挖掘廁所）。艾賽尼派認為肉體是卑賤而汙穢的，因此他們發展出一套嚴謹的浸浴儀式，信眾必須反覆執行這個儀式，以維持自身的潔淨。不過，艾賽尼派也有只舉行一次的初始潔淨儀式——可以算是一種洗禮——用來歡迎新人加入。

約翰施行的那種特殊的洗禮儀式，很可能源自於此。約翰本身也許就是艾賽尼派的一員。約翰居住在猶太曠野的時間，與艾賽尼派幾乎同時：約翰在年輕時前往猶太曠野，也許是為了參加艾賽尼派招收與訓練祭司兒子的儀式。約翰與艾賽尼派一樣，都反對聖殿當局：艾賽尼派有自己的曆法與飲食規定，而且反對用動物獻祭的概念，但後者卻是聖殿的重要活動。約翰與艾賽尼派都認為自己與其追隨者是真正的以色列支派，兩者也都準備好面對末日的到來：艾賽尼派熱切地等候著末日戰爭的來臨，屆時「光明之子」（艾賽尼派）將與「黑暗之子」（聖殿祭司）爭奪耶路撒冷聖殿的控制權，在艾賽尼派的領導下，聖殿將會恢復純淨與神聖。而且約翰與艾賽尼派都認為自己是先知以賽亞所說的，在「曠野中呼喊的人聲」：「在曠野預備耶和華的路，在沙漠地修平我們神的道」（以賽亞書40:3）。四福音書認為這段話足以說明約翰，而對艾賽尼派來說，這句話是《聖經》中最重要的一句話，足以界定他們的概念與團體。

然而，約翰與艾賽尼派之間確實有明確的差異，使人無法輕易將兩者連結起來。約翰不是團體的一分子，他獨自一人，孤身在曠野中呼喊。約翰傳布的不是某個宗派獨享的訊息，相反地，他向所有猶太人傳布，要他們放棄邪惡，改過公義的生活。約翰與艾賽尼派最關鍵的差異是，約翰對於潔淨的儀式並不執著；他的洗禮只施行一次，而不是反覆施行。約翰也許受到當時其他猶太教派（包括艾賽尼派）的潔淨儀式影響，但他在約旦河施行的洗禮，似乎是出自他個人的靈感。

那麼，約翰的洗禮代表什麼意涵呢？《馬可福音》提出令人吃驚的主張，當中提到約翰在約旦河「傳悔改的洗禮，使罪得赦」（馬可福音1:4）。這句話由於帶有濃厚的基督教色彩，因此它的歷史真實性值得懷疑。而且這句話聽起來是用基督教的眼光來詮釋施洗約翰的行為，但施洗約翰本人未必如此看待洗禮——如果施洗約翰真的認為施洗可以赦罪，那麼早期教會對約翰的定位就有點奇怪了：這表示約翰在結識耶穌之前，就已經認為施洗可以赦罪。

約瑟夫斯明白表示，約翰的洗禮「不是為了赦罪，而是為了潔淨身體」。因此，約翰的儀式比較像是入會儀式，讓人加入他的宗派或教團。這個說法也見於《使徒行傳》，一群哥林多人自豪地表示，他們已經「接受」約翰的洗禮（使徒行傳19:1-3）。然而，這種說法同樣對於早期基督教社群造成了難題。四福音書在談到施洗約翰時都同意一件事，那就是拿撒勒人耶穌在三十歲時基於不明原因離開加利利拿撒勒的小山村，拋棄他的故居、家人與義務，一路來到猶太，在約旦河接受約翰的洗禮。事實上，歷史的耶穌，其生平的起點不是奇蹟般的出生或記載不詳的青年時期，而是從他第一次見到施洗約翰開始。

早期基督徒面臨的難題是，一旦接受約翰與耶穌互動的基本事實，就等於默認約翰（至少一開始是如此）比耶穌高上一等。若如《馬可福音》所言，約翰的洗禮可以赦罪，那麼耶穌接受約翰的洗禮就表示耶穌需要透過約翰來洗淨他的罪惡。如果約翰的洗禮如約瑟夫斯所言，只是一種入會儀式，那麼耶穌接受約翰的洗禮就表示他獲准加入約翰的教派，也就是說耶穌成為約翰的門徒。第二種說法顯然是約翰的門徒提出的，他們在約翰與耶穌遭到處死後，拒絕加入耶穌的教派，因為他們認為他們的老師約翰遠比耶穌偉大得多。而且話說回來，究竟是誰為誰施洗的呢？

施洗約翰在歷史上的重要性，以及他在促使耶穌傳教上所扮演的角色，使福音書作者陷入進退兩難的局面。約翰是個深受喜愛、廣受敬重而且遠近知名的祭司與先知。他的名聲響亮，令人無法忽視他的存在，而他為耶穌施洗的事也廣為流傳，無法輕易掩蓋。約翰為耶穌施洗的故事必須寫下來，只是書寫時可以約略改動，盡可能讓爭議降到最低。因此，這兩個人的角色顛倒過來：耶穌反而比約翰高上一等。從最初的《馬可福音》（在這部福音書裡，約翰是先知，也是耶穌的老師）到最後的《約翰福音》（在這部福音書裡，約翰的功能只是承認耶穌的神聖性），約翰的地位逐漸下降。

《馬可福音》把施洗約翰當成完全獨立的人物，耶穌就像其他人，為了悔罪前來讓約翰施洗。「猶太全地，和耶路撒冷的人，都出去到約翰那裡，承認他們的罪，在約旦河裡受他的洗（……）那時，耶穌從加利利的拿撒勒來，在約旦河裡受了約翰的洗」（馬可福音1:5, 9）。《馬可福音》裡的約翰坦承自己並非應許的彌賽亞——「有一位在我以後來的，能力比我更大，」約翰說，「我就是彎腰給他解鞋帶，也是不配的」（馬可福音1:7-8）——然而奇怪的是，約翰從未明白承認耶穌就是他說的那個人。即使在耶穌接受簡單的洗禮後，天幕為之敞開，聖靈如鴿子般降臨在耶穌身上，只聽到天上傳來聲音說，「你是我的愛子，我喜悅你，」但約翰卻對這個神聖時刻隻字不提。對約翰來說，耶穌只是另一個想受洗的人，另一個亞伯拉罕的子孫，他來到約旦河畔，希望加入重生的以色列支派。約翰為耶穌施洗之後，馬上就為下一位等待受洗的人施洗。

馬太寫作的時間大約比馬可晚二十年，他對耶穌受洗的描述幾乎一字不漏承襲馬可。不過馬太更進一步，他至少補足了馬可遺留下來的一個大漏洞：耶穌來到約旦河畔時，約翰馬上認出他是「在我之後來的」。

「我是用水給你們施洗，」施洗約翰說。「他要用聖靈與火給你們施洗。」

起初，《馬太福音》裡的約翰拒絕為耶穌施洗，認為應該反過來，由耶穌為他施洗。一直等到耶穌同意之後，約翰才肯為這位拿撒勒農民施洗。

路加又更進一步，他複述了馬可與馬太記載的故事，卻省略了耶穌實際受洗的過程。「眾百姓都受了洗，耶穌也受了洗（……）天就開了」（路加福音3:21）。換言之，路加沒有說是誰為耶穌施洗。約翰不是為耶穌施洗的人。他只提到耶穌受洗。路加為了讓自己的論點更為可信，他講了一段約翰出生前後的故事，之後又創造了一段耶穌出生前後的故事，用以證明即使還是胎兒時，耶穌就已經高於約翰：約翰的母親以利沙伯是個無法生育的女子，卻奇蹟似地懷孕，然而與耶穌的母親童女生子相比，卻完全談不上奇蹟。路加這段文字的用意在於——他這種寫作手法延伸到福音書的後續作品，也就是《使徒行傳》——說服約翰的門徒放棄他們的先知，轉投耶穌門下。

等到《約翰福音》描述耶穌受洗時，距離《馬可福音》又過了三十年，此時施洗約翰已不是施洗者；施洗者這個頭銜已不再冠在他的頭上。耶穌並未接受約翰施洗。在《約翰福音》中，施洗約翰的功能只是見證耶穌的神聖。耶穌不只能力比施洗約翰「更大」。他是光，是主，是神的羔羊，是被揀選的。他是先於一切的「道」，他「在我之前」，施洗約翰說道。「我曾看見聖靈彷彿鴿子，從天降下，住在他的身上，」約翰如此描述耶穌，補足了《馬可福音》另一個闕漏，他還公開要求自己的門徒離開他跟從耶穌。對傳福音的約翰來說，光是貶低施洗約翰還不夠：施洗約翰必須自己貶低自己，在大家面前向「真正」的先知與彌賽亞低頭。

「我不是基督，」施洗約翰在《約翰福音》裡承認。「是奉差遣在他前面的〔……〕他必興旺，我必衰微」（約翰福音3:28-30）。

看到福音書作者千方百計貶低約翰的重要性，想把他的地位排在耶穌之後——將他降級成耶穌的使者——我們不難看出早期基督教會迫切需要將歷史證據一一消滅：真正的事實是，無論施洗約翰是誰，無論他來自何方，無論他施洗是為了什麼，耶穌很有可能一開始是以施洗約翰弟子的身分從事傳教活動。在遇見約翰之前，耶穌只是在加利利辛苦工作的農民與勞工，沒有人知道他是誰。約翰的洗禮不只讓耶穌成為嶄新重生的以色列民族的一分子，也讓他成為約翰的重要門徒。並不是每個接受約翰施洗的人都會成為他的門徒；許多人受洗之後就返回家鄉。但耶穌並未回鄉。福音書明確記載耶穌受洗後並未回到加利利，他「出到猶太曠野」；也就是說，耶穌直接前往約翰出現的地方。他待在曠野一段時間，並不是像福音書想像的「接受撒旦的試探」，而是向約翰學習以及與他的弟子一同生活。

耶穌最初傳教時說的話，呼應了約翰的說法：「日期滿了，神的國近了，你們當悔改，信福音」（馬可福音 1:15）耶穌首次的公開活動也同樣呼應著約翰：「這事之後，耶穌與門徒到了猶太地，在那裡居住施洗。約翰也施洗（……）」（約翰福音 3:22-23）。當然，耶穌最早的門徒——安得烈與腓力——一開始並不是追隨他，他們其實是約翰的門徒（約翰福音 1:35-37）。他們是在約翰被捕後才轉而追隨耶穌。甚至耶穌在面對敵人時，那些文士與法利賽人，他使用的詞彙也跟約翰如出一轍，他罵這些人是「毒蛇的種類！」（馬太福音 12:34）。

耶穌受洗後一直待在猶太，他曾進出約翰的團體，傳揚老師的話語，並且與約翰一起施洗。直到安提帕因為懼怕約翰的勢力愈來愈大，將他逮捕下獄，耶穌才離開猶太，回到家鄉與家人團聚。

耶穌應該是回到加利利，與家鄉的人相聚之後，才真正承襲約翰的衣缽，開始傳布上帝的國度即將來臨與末日將近的訊息。但耶穌不是單純地模仿約翰。耶穌的訊息更具革命性，他的天國概念也更為激進，他對自身的認同，以及對自身使命的認定，也遠比施洗約翰來得危險。約翰是用水施洗，但耶穌卻是用聖靈施洗——聖靈與火。

第八章
跟從我

施洗約翰被捕後，耶穌回到加利利。此時的加利利與耶穌出生時已大為不同。在耶穌童年時期，加利利經歷了嚴重的心理創傷，大希律王在西元前四年去世之後，整個巴勒斯坦叛亂四起，羅馬派兵平定亂事，並且進行報復，各地滿目瘡痍，加利利也是受害的地區之一。

無論叛亂發生在何處，羅馬人處置的方式總是如出一轍，不難預料：燒毀村落，夷平城市，將叛亂人口列為奴隸。大希律王死後，皇帝奧古斯都派兵平定猶太亂事時，一定也下了相同的命令，目的在使叛亂的猶太人學到教訓。羅馬人輕易就平定了猶太與佩里亞的亂事。但羅馬人特別留意加利利這個地方，因為這裡是叛亂的中心。數千人被殺，鄉野遭到焚毀；每個城鎮與村落都遭到燒殺擄掠，幾乎無一倖存。以馬忤斯與薩姆波（Sampho）這兩個村落成了廢墟；塞佛里斯，加利利人猶大曾經搶掠這座城市的軍械庫，也同樣遭羅馬人夷平。

整個加利利地區完全陷入火海，血流成河，就連偏僻的拿撒勒也未能逃過羅馬的破壞。

羅馬如此殘酷地對待加利利，背後也許確實有充分的理由。這個地區數世紀以來一直是革命活動的溫床。早在羅馬入侵此地之前，「加利利人」一詞幾乎等於「叛軍」。約瑟夫斯說加利利人「打從出娘胎就習慣戰爭」，而且加利利的地形崎嶇多山，易守難攻，「任何人進攻此地，必然會遭遇激烈的抵抗。」

不管入侵者是外邦人還是猶太人，加利利人始終堅定地拒絕外人的統治。就連所羅門王也無法讓加利利人屈服；當所羅門王向加利利徵收重稅並且要求當地民眾服勞役以完成耶路撒冷第一聖殿時，曾遭遇嚴重的抵抗。哈斯蒙王朝——這個祭司王王朝統治著巴勒斯坦地區，從西元前一四〇年建立，一直持續到西元前六十三年羅馬入侵為止——花了一番工夫，才讓加利利人接受他們在猶太建立的聖殿國家統治。加利利一直是希律王的隱患，他在成功平定當地強盜之後，才獲得猶太人的王的頭銜。

加利利人似乎認為自己與巴勒斯坦其他猶太人是不同的民族。約瑟夫斯明白表示，加利利人是另一種ethnoi，或民族；《米什拿》（Mishnah）提到加利利人的法律與風俗不同於猶太地區其他人，特別是婚姻與度量衡。加利利人是牧民——鄉野之民——他們的地方風俗與鄉村口音非常容易辨識（加利利口音使西門與彼得在耶穌被捕後，一下子就被認出是他的弟子：「你真是他們一黨的，你的口音把你露出來了」；馬太福音26:73）。猶太地區的城市菁英用嘲弄的語氣稱加利利人是「土地之民」，意思是說加利利人仰賴農耕維生。這個詞還帶有更貶抑的意思，指加利利人沒受過教育，不虔誠，不守法，尤其他們不向聖殿繳納什一稅，也不向聖殿上供。當時的文獻記述了猶太地區對加利利人的怨言，提到他們不按時向聖殿繳稅；但另一方面，也有許多偽經，例如《利未之約》（The Testament of Levi）與《以諾書》（Enoch）反映了加利利人對猶太地區祭司奢華生活的批判，提到他們剝削農民，以及忝不知恥地與羅馬合作。

加利利人當然認為自己與做為聖靈居所的聖殿存在有意義的連結，但這不會改變他們對聖殿祭司的輕蔑，這些祭司以為只有自己能傳遞上帝的意旨。證據顯示，加利利人確實很少遵守聖殿的儀式，而且由於加利利到耶路撒冷需要三天的路程，因此加利利人也很少前往聖殿朝拜。這些加利利農民努力攢夠了錢，前往耶路撒冷參加神聖的節慶，當他們將獻祭的牲畜拿給富有的聖殿祭司時，卻因為供品太過寒酸而遭到羞辱。此外，這些祭司可能還是這些農民在家鄉所耕作之土地的主人。

羅馬把加利利交給大希律王之子安提帕直接統治之後，猶太與加利利之間的差異變得更大了。這是史上第一次，統治加利利的君主就定居在加利利。安提帕的統治使這個偏鄉成為獨立的政治單位，不再受耶路撒冷聖殿與祭司貴族的管轄。不過，加利利人還是得繳納什一稅給貪婪的聖殿寶庫，而羅馬也仍然控制著加利利人的日常生活：安提帕仰賴羅馬得位，因此事事聽從羅馬指揮。但安提帕的統治還是讓加利利擁有小規模但頗具意義的自治地位。至少加利利不再有羅馬駐軍，由安提帕的士兵取代。此外，安提帕畢竟是猶太人，他會盡可能不冒犯加利利人的宗教情感——不過他還是娶了弟弟的妻子，而且處死了施洗約翰。

從西元十年（安提帕建都於塞佛里斯）到西元三十六年（安提帕被皇帝卡里古拉罷黜，而且被迫流亡），加利利人享有一段和平與安寧的日子，使他們得以從先前十年的暴亂與戰爭中恢復元氣。然而，和平只是表象，加利利的變化，開始引發一連串的衝突。在這二十年間，安提帕新建了兩座希臘城市——他的第一個首都，塞佛里斯，以及第二個首都，位於加利利海岸邊的提比里亞——這兩座城市嚴重動搖了傳統的加利利社會。

在塞佛里斯與提比里亞出現之前，加利利從未有過真正的城市，這兩座城市的居民有羅馬商人、說希臘語的外邦人、富有的猶太地區移民，但幾乎沒有加利利人。新城市對加利利經濟造成巨大壓力，使當地的貧富差距擴大，一端是富人權貴，另一端是為富人權貴提供勞力，讓富人過著奢華生活的窮人。在鄉村地區，居民以務農與捕魚維生，但城市的興起使他們不得不隨著城市的需求而改變，農漁業居民變得只專注於生產糧食餵養城市人口。稅賦加重、地價飆漲、債務攀升，加利利傳統的生活方式因此慢慢解體。

耶穌出生時，加利利遍地烽火。耶穌的第一個十年，加利利鄉野遭受掠奪與破壞。耶穌的第二個十年，加利利在安提帕統治下開始改頭換面。當耶穌離開加利利，前往猶太去見施洗約翰時，安提帕已經離開塞佛里斯，搬到規模更大更華麗的提比里亞。當耶穌回到加利利時，他所知道的加利利——家庭農場與開闊田野，結實纍纍的果園與開滿野花的草地——變得跟他剛離開的猶太行省一樣：都市化、希臘化、邪惡而且貧富懸殊。

耶穌回到加利利第一個停留的地方一定是拿撒勒，他的家人還住在那兒，不過他並未久留。耶穌離開拿撒勒時還是個樸實的木工，回來時已成了另一個人。他的轉變在村子引發不小騷動。他們幾乎認不出這名突然出現在村子的巡迴傳教者就是耶穌。福音書提到，村民對耶穌的議論誹謗，令耶穌的母親、弟弟與妹妹深感困擾，他們想盡辦法要耶穌放棄傳道（馬可福音3:21）。然而，當他們勸耶穌回家，安分當個木工時，耶穌拒絕了。「誰是我的母親，誰是我的弟兄？」耶穌看著圍繞在他身邊的群眾。「看哪，我的母親，我的弟兄。凡遵行神旨意的人，就是我的弟兄姐妹和母親」（馬可福音3:31-34）。

《馬可福音》的描述經常被人詮釋成耶穌的家人反對他傳道而且否認他是彌賽亞。但從耶穌回應家人的話裡，我們看不出他與手足之間有嚴重的衝突。福音書也沒有提到耶穌的家人認為耶穌絕不是彌賽亞。相反地，耶穌的弟弟大力支持耶穌的傳教活動，其中一位弟弟雅各在耶穌被釘十字架後，還成為耶路撒冷宗教團體的領袖。或許他的家人在經過一段時間之後，才慢慢接受耶穌的傳道與驚人主張。而歷史證據也顯示，到最後他的家人都相信他與他的使命。

然而，耶穌的鄰居可不這麼想。福音書提到，拿撒勒人認為「馬利亞的兒子」返鄉給他們帶來不少困擾。雖然有些人讚揚耶穌，而且受到他傳布的訊息所吸引，但絕大多數村民認為耶穌的出現與傳道讓他們不得安寧。不久，耶穌就成為小山村裡不受歡迎的人物。《路加福音》提到，拿撒勒的居民最後將他趕出村子，甚至要將他從村子旁的山崖推下去（路加福音4:14-30）。這個故事有問題，因為拿撒勒只有平緩的山丘，找不到任何山崖。不過，有一件事倒是確然無疑，至少一開始是如此，那就是耶穌在拿撒勒找不到任何信從他的人。「沒有先知在自己家鄉被人悅納的，」耶穌說了這句話之後，便離開家鄉，前往位於加利利海北岸的鄰近漁村迦百農（Capernaum）。

迦百農很適合做為耶穌傳教的起點，因為這裡的經濟在安提帕統治之後，出現災難性的變化。這個濱海村落大約有一千五百名居民，絕大多數是農夫與漁民。這裡的氣候溫和，土壤肥沃，耶穌第一年開始在加利利傳教，就以此地作為據點。迦百農沿著海岸延伸開來，涼爽帶著鹽分的空氣，讓此地的草木欣欣向榮。岸邊的植物終年翠綠，至於內陸低矮的丘陵地則布滿了胡桃樹與松樹，還有無花果樹與橄欖樹。迦百農真正的資產是美麗的加利利海，海中豐富的漁獲數世紀以來一直是當地居民重要的溫飽來源。

然而，當耶穌在迦百農傳教時，當地的經濟已變成供應周圍新城市的需求為主，特別是新都城提比里亞，它位在迦百農南方數公里處。糧食生產呈指數成長，對於那些有能力購買可耕地或購買更多漁船、漁網的農民與漁民來說，他們的生活水準隨之大幅提升。但是，在加利利其他地區，真正從糧食生產增加中獲利的多半不是迦百農的居民，而是外地的大地主與放債者：他們是猶太地區的富有祭司，塞佛里斯與提比里亞的城市新貴。迦百農大部分居民並未從加利利的新型態經濟獲得任何好處。耶穌因此將傳教的重點放在這些人身上——這些人被排擠到社會邊緣，加利利快速的社會與經濟變遷，使這些人的生活面臨崩解。

這不是說耶穌只對窮人有興趣，或只有窮人才會跟隨他。也有不少富有的慈善家——稅吏利未（馬可福音2:13-15）與撒該（路加福音19:1-10），以及富人睚魯（馬可福音5:21-43）——前來資助耶穌傳道，他們提供糧食住宿給耶穌及他的門徒。但是耶穌的訊息主要還是針對富人與權貴提出挑戰，這些人可能是羅馬的征服者、聖殿的通敵者或加利利的希臘城市新貴。耶穌的訊息很簡單：上帝已經看到窮人與流離失所者的痛苦；他已聽見他們的哀嚎。上帝終究會有所作為。這個訊息也許並不新穎——約翰也傳布相同的內容——但這是安提帕統治下的加利利首次聽到這樣的訊息，而且傳布者本身就是土生土長的加利利人，他與其他加利利人一樣，有著反猶太地區、反聖殿的情緒。

耶穌來到迦百農沒多久就找到一小群志同道合的加利利人，這些人絕大多數是漁村裡的不滿青年，而他們也將成為耶穌最初的門徒（事實上，耶穌來迦百農時，身旁已有兩個門徒，這兩個人原是施洗約翰的弟子，約翰被捕後，他們就成了耶穌的追隨者）。根據《馬可福音》的記載，耶穌是在加利利海岸邊行走時找到最初的追隨者。他看見兩名年輕漁夫，西門與他的兄弟安得烈，兩人正在撒網捕魚。耶穌說，「跟從我，我要叫你們得人如得魚一樣。」馬可寫道，這對兄弟馬上丟下漁網，跟從耶穌。之後，耶穌又遇到兩個漁夫——西庇太的兒子雅各與約翰——並且向他們提出同樣的要求。他們也丟下船與漁網，跟從耶穌（馬可福音1:16-20）。

耶穌每到一個村子，總會遇到或多或少的支持民眾，耶穌的門徒與這些民眾不同的地方在於，他們確實跟隨著耶穌到處旅行。與狂熱但善變的群眾不同，這些門徒是耶穌一個個明確指名，要他們離開自己的家鄉與家人，隨自己四處傳教。「人到我這裡來，若不愛我勝過愛自己的父母、妻子、兒女、弟兄、姐妹和自己的性命，就不能作我的門徒。」（路加福音14:26—馬太福音10:37）。

《路加福音》說耶穌有七十二個門徒（路加福音10:1-12），當中無疑包括了女性，其中一些女性的名字甚至破天荒在《新約》出現：約亞拿，希律家宰苦撒的妻子；馬利亞，雅各與約西的母親；馬利亞，革羅罷的妻子；蘇撒拿；撒羅米；其中最著名的或許是抹大拉的馬利亞，耶穌曾經從她身上趕出「七個鬼」（路加福音8:2）。這些女性是耶穌的門徒，其證據見諸四福音書，裡面提到她們與耶穌一起旅行，經過一個又一個的城鎮（馬可福音15:40-41；馬太福音27:55-56；路加福音8:2-3, 23:49；約翰福音19:25）。四福音書提到，「還有些婦女

〔……〕跟隨他，服事他，」（馬可福音15:40-41），從他最初在加利利傳教開始，一直到他在各各他山上斷氣為止，始終如一。

但在七十二門徒中，還有更核心的成員，這些成員全是男性，他們在耶穌傳教時分工合作，各負特殊的使命。他們被稱為「十二門徒」。包括西庇太的兒子雅各與約翰兄弟，人稱「半尼其」（Boanerges），就是「雷子」的意思；腓力是伯賽大人（Bethsaida），原本是施洗約翰的門徒，後來轉投耶穌門下（約翰福音1:35-44）；安得烈在《約翰福音》中原本也是施洗約翰的門徒，但對觀福音書*的說法卻與《約翰福音》相左，提到安得烈一直待在迦百農；安得烈的兄弟西門，耶穌稱西門為彼得；馬太是稅吏，有時人們會將他誤認成耶穌另一個門徒利未；雅各的兒子猶大；亞勒腓的兒子雅各；多馬，他著名的地方是他對耶穌復活一事感到懷疑；巴多羅買，他的生平幾乎沒有任何記載；另一個西門，又稱為「狂熱派」，這個稱號顯示他對經文教義充滿熱誠，而不是說他與狂熱黨有關，狂熱黨是三十年後才出現；加略人猶大，福音書提到此人將耶穌出賣給大祭司該亞法。

這十二門徒將成為耶穌訊息的主要傳布者——apostolou，也就是使者的意思——這些使徒被派往鄰近的城鎮，他們獨立傳道，毋須耶穌指示（路加福音9:1-6）。他們與其說是耶穌傳道的領袖，毋寧說是耶穌底下重要的傳道者。此外，十二門徒還有另一種更具象徵性的意義，日後，在耶穌傳教時，這層意義將逐漸凸顯出來。他們代表以色列已經遭到消滅與離散

*譯注：即《馬太福音》、《馬可福音》與《路加福音》。

各地的十二支派，十二門徒的存在，顯示以色列十二支派終將復興。

隨著傳道的根據地逐漸穩固，選定的門徒人數也逐漸增多，耶穌開始造訪村落的猶太會堂，向迦百農的居民傳布他的訊息。福音書說，聽見耶穌傳道的人，對於他傳的訊息感到震驚，但其實他們驚訝的並不是他的話語。同樣地，在這個時期，耶穌只是複述他的老師施洗約翰的說法：「從那時候（也就是耶穌抵達迦百農時），」馬太寫道，「耶穌就傳起道來，說：『天國近了，你們應當悔改』」（馬太福音4:17）。真正讓迦百農猶太會堂裡的民眾吃驚的，是耶穌說話時展現的魅力與權威，「因為他教訓他們，正像有權柄的人，不像文士」（馬太福音7:28；馬可福音1:22；路加福音4:31）。

對觀福音書刻意拿文士與耶穌比較，以凸顯耶穌的特殊。與出身猶太祭司家庭的施洗約翰不同，耶穌是個農民。他說話像個農民。他用平民的語言亞拉姆語傳布福音。他的權威不同於鑽研書本的學者或祭司貴族。後者的權威來自神聖的冥想苦思以及與聖殿的緊密連繫。但耶穌的權威直接來自上帝。事實上，從進入迦百農這個小漁村的猶太會堂開始，耶穌就成了麻煩人物，他直接與聖殿及猶太教儀式的護衛者對抗，質疑他們沒有資格擔任上帝在地上的代表。

福音書提到耶穌與所有猶太當權者發生衝突，而福音書通常將這些當權者混為一談，將他們歸入幾個簡單的類別，例如「祭司長與長老」或「文士與法利賽人」。但實際上，在西元一世紀的巴勒斯坦，這些當權者分屬不同的團體，而耶穌與每個團體也有著不同的關係。雖然福音書經常把法利賽人說成耶穌主要的誹謗者，實則耶穌與法利賽人只是偶爾爭吵，雙方大部分時間的相處都是有禮的，有時甚至是友善的。法利賽人曾警告耶穌，他可能有生命危險（路加福音13:31）；法利賽人在耶穌被處死後，協助處理後事（約翰福音19:39-40）；法利賽人在耶穌升天之後救了他門徒的性命（使徒行傳5:34）。耶穌與法利賽人一起飲食，與他們一起辯論，與他們住在一起；少數法利賽人甚至成為他的追隨者。

相反地，耶穌與祭司貴族，以及與代表貴族的博學法律學者（文士）之間的關係，在福音書中總是水火不容。當耶穌說，「你們倒使我的殿成為賊窩了」，他指的是誰？雖然耶穌當時怒氣沖沖穿過聖殿庭院，掀翻桌子，又打開鴿籠，但他指責的不是商人與兌幣者，而是從聖殿商業中獲利最多與剝削加利利貧農（包括耶穌自己）的人。

與之前的狂熱派分子一樣，耶穌對異教帝國占領巴勒斯坦的不滿，遠不如他對尸位素餐的聖殿祭司的痛恨。但無論是羅馬人還是聖殿祭司，都認為耶穌是個威脅，急欲除之而後快。然而從福音書可以明顯看出，耶穌的大敵既非深居羅馬宮廷的皇帝，也非派駐猶太的異教官員，而是大祭司該亞法。該亞法認為耶穌威脅了聖殿當局，因此設下陰謀，處死耶穌（馬可福音14:1-2；馬太福音26:57-66；約翰福音11:49-50）。

耶穌的傳教活動日益擴大，他宣揚的內容不僅愈來愈激進，也愈來愈對立，他的言行愈來愈與大祭司以及猶太宗教當局為敵。耶穌嘲諷他們「好穿長衣遊行，喜愛人在街市上問他們安，又喜愛會堂裡的高位，筵席上的首座」。

「他們侵奪寡婦的家產，假意作很長的禱告，」耶穌批評這些文士，並且認為「這些人要受更重的刑罰」（馬可福音 12:38-40）。耶穌說的寓言所蘊含的反教士情緒更是強烈，不僅反映了加利利人的政治觀與宗教信仰，也成為耶穌傳教的特徵。我們以著名的好撒瑪利亞人的寓言為例：

有人從耶路撒冷前往耶利哥，半途遇見強盜，他們脫光他的衣服，將他打個半死。有一名祭司剛好經過，他看見這個人時，他繞到路的另一邊走過去。一名利未人（祭司）也經過那個地方，他也繞到路的另一邊走過去。但一名撒瑪利亞旅人經過時，看見倒下的人，他起了憐憫心。他來到那人身旁，為他包紮傷口，在傷口塗上油與酒。他讓自己的牲口馱著那受傷的人，帶他到客棧，照顧他。第二天，他給了客棧老闆兩錢銀子，說道，「你且照應他，此外所費用的，我回來必還你。」（路加福音：10:30-37）。

基督徒長久以來一直認為這則寓言是在說明必須救助有急難的人。但對於圍繞在耶穌腳邊的聽眾來說，這則故事與其說是在傳揚撒瑪利亞人的善，不如說是在批評那兩名祭司的惡。

猶太人認為，在巴勒斯坦，撒瑪利亞人是最低賤、最不純粹的民族。主要的原因在於撒瑪利亞人否認耶路撒冷聖殿的崇高地位，不認為耶路撒冷聖殿是唯一具正當性的崇拜地點。

相反地，撒瑪利亞人在約旦河西岸的基利心山建立自己的神廟，崇拜以色列的上帝。對於耶穌的聽眾來說，他們把那個倒在地上被打得半死的人當成自己，因此這則寓言的啟示就很清楚了：撒瑪利亞人雖然否認聖殿的權威，卻遵守主的誡命，「愛鄰舍如同自己（或愛人如己）」（這則寓言原本是為了回應「誰是我的鄰舍？」這個問題）。祭司憑藉他們與聖殿的關係而獲取了財富與地位，但他們卻害怕救人會汙損他們儀式的純淨，危及他們在聖殿的工作，因而不理會神的誡命。

這種公然反教士的訊息，很快就吸引了迦百農居民的注意。耶穌才剛開始傳道不久，大批群眾便聚集在他身邊。有人認得他是拿撒勒出生的孩子，是木匠之子。有些人感受到他話語的力量，在好奇心驅使下前來聆聽他講道。不過，在這個時期，耶穌的名聲仍局限在迦百農沿岸。出了這個小漁村，還沒有人聽說過這位充滿魅力的加利利傳道者——不僅提比里亞的安提帕不知道，耶路撒冷的該亞法也不知情。

然而，接下來發生了一件事，改變了整個局面。

耶穌站在迦百農會堂裡，宣揚上帝的國度，福音書提到，此時有人「被汙鬼附著」，他大喊著打斷了耶穌的話。

「拿撒勒人耶穌，我們與你有什麼相干？」那人喊道。「你來滅我們麼？我知道你是誰，乃是神的聖者。」

耶穌責備他說。「不要作聲，從這人身上出來罷！」突然，那人倒在地上，痛苦地抽搐著。他的嘴裡冒出巨大的喊聲。然後他便靜止不動。會堂裡的人都感到驚訝。「這是什麼事？」大家面面相覷。「是個新道理阿？他用權柄吩咐汙鬼，連汙鬼也聽從了他」（馬可福音1:23-28）。

之後，耶穌的名聲不再局限於迦百農。他巡迴傳教，訊息傳遍加利利每個角落。每個城鎮村落，支持民眾的數量不斷增多，耶穌所到之處，群眾蜂擁歡迎。然而民眾與其說想聽他傳布的訊息，不如說想親眼目睹傳言中他行的奇蹟。因為，儘管他的門徒認定耶穌是應許的彌賽亞與大衛王國的繼承者，儘管羅馬人認為他是假冒的猶太人的王，儘管文士與聖殿祭司認為他褻瀆神明，終將威脅他們的宗教特權，但對巴勒斯坦絕大多數猶太人來說——耶穌告訴他們，他來這裡是為瞭解放他們免受壓迫——耶穌既非彌賽亞亦非國王，他只是另一個雲遊四方的行奇蹟者與驅魔師，在加利利表演各種眩目的幻術。

第九章

上帝的手指

迦百農的村民不久就發現耶穌是什麼樣的人物。耶穌顯然不是第一位在加利利海岸旅行的驅魔師。在西元一世紀的巴勒斯坦，行奇蹟者就跟木工、磚匠一樣是一種職業，只是賺得錢比較多。在加利利，譁眾取寵的幻術士特別多，他們宣稱能與神靈溝通，而且只索取微薄的費用。然而，在加利利人眼中，耶穌和其他驅魔師與治療者不同，他提供服務，但分文不取。當他在迦百農猶太會堂首次驅魔時，一些拉比與長老大為驚奇，他們從未見過這種傳道方式——福音書提到，之後許多文士紛紛來到迦百農，他們想親眼見識一名樸實的農民如何挑戰他們的權威。但對迦百農的民眾來說，耶穌為什麼具有神奇的醫治能力並不重要，重要的是醫治的價錢。

到了晚上，耶穌不收錢的事已傳遍迦百農。耶穌與門徒住在西門與安得烈兄弟的家，剛好西門的岳母因熱病而長臥不起。西門將岳母的病情告訴耶穌，耶穌於是來到她的身旁，握住她的手，西門的岳母馬上就痊癒了。不久，村民群聚西門的家，他們帶了瘸子、痲瘋病人與被鬼附身的人前來。到了隔天早上，整個屋子已經擠滿了病患，人變得愈來愈多。

為了躲避群眾，耶穌建議離開迦百農幾天。「我們可以往別處去，到鄰近的鄉村，我也好在那裡傳道」（馬可福音1:38）。但是耶穌行奇蹟的事早已傳遍鄰近城市。耶穌所到之處——伯賽大、格拉薩、耶利哥——瞎子、聾子、啞巴與麻痺患者全蜂擁到他面前。而耶穌也一一治好他們。幾天後，他終於回到迦百農，許多人已擠在西門家門口，有些人甚至將屋頂掀開一個洞，把癱瘓的朋友吊下去，讓耶穌醫治他們。

我們必須這麼說，耶穌治病與驅魔的故事聽在現代人耳裡，肯定覺得不可思議。是否接受耶穌的奇蹟，構成史家與崇拜者、學者與尋求者之間的主要差別。我們可以說有歷史證據證明耶穌在拿撒勒出生或耶穌在各各他死亡，但如果說有更多累積的歷史證據證明耶穌行了奇蹟，就顯得前後矛盾。簡單地說，我們沒有證據支持耶穌具體行了哪些奇蹟。學者想判斷耶穌醫治或驅魔的真實性，完全是白費力氣。因此，去討論耶穌是否比較有可能讓癱子復起而比較不可能讓拉撒路死後復活，完全沒有意義。耶穌的奇蹟故事在時光推移中不斷被美化潤飾，而且層層加添了基督教的意涵，因此沒有任何一項說法具有歷史的有效性。試圖用合乎道理的方式解釋耶穌的奇蹟，以去除其中的神祕性，也毫無意義。例如，以潮汐的漲退來說明耶穌為什麼能在水面行走，或者用癲癇症來解釋耶穌為什麼能驅除病人身上的鬼。現代人怎麼看待耶穌的奇蹟，與我們的主題無關，重點是當時的人怎麼看待耶穌。在這方面，我們有歷史證據做為根據。我們知道早期教會曾經為了耶穌是拉比、彌賽亞還是上帝的化身而掀起辯論，卻沒有人——包括他的追隨者與批評者——懷疑過耶穌做為驅魔師與行奇蹟者的身分。

所有福音書，包括未正典化的經文，都肯定耶穌的奇蹟，連最早的Q資料也是如此。《馬可福音》幾乎有三分之一的內容完全在講述耶穌的醫治與驅魔。早期教會不只對耶穌的奇蹟有著鮮明的記憶，耶穌的奇蹟甚至是教會賴以成立的基礎。耶穌的使徒也能像耶穌一樣展現奇蹟，他們以耶穌之名醫治與驅魔。有些人即使否認耶穌是彌賽亞，還是承認耶穌「有能力做出令人驚異的事」。在福音書中，耶穌的敵人從未否認耶穌的奇蹟，他們質疑的是耶穌行奇蹟的動機以及他力量的根源。到了西元二世紀與三世紀，猶太知識分子與異教哲學家在為文抨擊基督教時，都理所當然地把耶穌當成驅魔師與行奇蹟者。他們也許認為耶穌不過是行走江湖的術士，但他們並不懷疑他行奇蹟的能力。

耶穌不是巴勒斯坦唯一的行奇蹟者，不是只有他才會醫治與驅魔。那是個信仰法術的世界，而耶穌只是遊蕩在猶太與加利利的眾多通靈者、解夢者、術士與醫治者之一。有個術士，大家叫他畫圈的侯尼（Honi the Circle-Drawer）。之所以這麼叫他，是因為他曾在久旱不雨時，在土上畫了個圈，然後自己站在上面。「我以你的偉大名號起誓，除非你憐憫你的子民，否則我將永遠待在這個圈內，」侯尼對上帝喊道。接著馬上就下雨了。侯尼的孫子阿巴·希爾基亞（Abba Hilqiah）與隱藏者哈南（Hanan the Hidden），兩人也以行奇蹟聞名於世；他們住在加利利，與耶穌活在同一個時代。另一個猶太行奇蹟者，拉比哈尼那·本·多撒（Hanina ben Dosa），他住在阿拉布村，離耶穌在拿撒勒的家只有幾公里。哈尼那能為病人祈禱治病，甚至能預先看出人的生死。當時最有名的行奇蹟者，或許是提安那的阿波羅尼歐斯（Apollonius of Tyana）。民眾把阿波羅尼歐斯稱為「聖人」，他傳布「至高無上的上帝」觀念，而且每到一個地方，必定會行奇蹟。他曾治癒瘸子、瞎子與癱子。他甚至讓某個女孩死而復活。

耶穌也不是巴勒斯坦唯一的驅魔師。巡迴各地的猶太驅魔師在巴勒斯坦相當常見，而且驅魔本身是個有利可圖的行業。福音書也提到許多驅魔師（馬太福音12:27；路加福音11:19；馬可福音9:38-40；也可見使徒行傳19:11-17）。有些驅魔師——如著名的以利亞撒，他可能是艾賽尼派——用護身符與咒語將魔鬼從被附身的人的鼻子吸引出來。另一些驅魔師，如拉比西門·本·約海（Simon ben Yohai）可以光憑呼喊魔鬼的名字，就將魔鬼驅除出去；與耶穌一樣，約海一開始會命令魔鬼表明身分，之後他便能命令魔鬼離開附身的人體。《使徒行傳》提到保羅是驅魔師，他以耶穌的名號做為力量護符，來驅趕魔鬼（使徒行傳

16:16-18, 19:12）。甚至連《死海古卷》也記載驅魔的指令與流程。

在耶穌那個時代，驅魔之所以普遍盛行，主要是因為猶太人認為疾病是神的意旨或魔鬼作祟。不管人們想怎麼定義魔鬼附身——醫學問題還是心靈疾病，癲癇還是精神分裂——有一件事實很明確，那就是當時巴勒斯坦的居民把這些問題認定是附身的徵兆，而他們認為耶穌只是眾多專業驅魔師之一，可以驅走人們身上的邪魔。

但與其他驅魔師與行奇蹟者不同的是，耶穌還懷抱著成為彌賽亞的野心。但耶穌不是沒有前車之鑑，在他之前的丟大與埃及人，兩人都以行奇蹟的方式吸引信眾，並且自稱是彌賽亞，但均告失敗。猶太人與外邦人同樣把這類行奇蹟的人物稱為「行動者」，而他們也用這個詞來形容耶穌。不僅如此，西元一世紀與二世紀的猶太教與異教作品在描述奇蹟故事時採取的文學形式，居然幾乎與福音書完全一樣；它們都用了相同的基本詞彙來形容奇蹟與行奇蹟者。簡言之，在現代懷疑論者眼中，耶穌是驅魔師與行奇蹟者這件事也許很不尋常，甚至荒謬，但在西元一世紀的巴勒斯坦，耶穌的所做所為，其實就是驅魔師與行奇蹟者平常做的事。無論是希臘人、羅馬人、猶太人或基督徒，古代近東的民族都把法術與奇蹟視為日常生活的一環。

然而，在古代人眼中，法術與奇蹟也存在清楚的差異，這個差異不在於方法或結果——這兩種都是破壞宇宙自然秩序的方式——而在於人們看待的方式。在希臘羅馬世界，術士無所不在，但法術卻被視為詐騙行為。羅馬法有一些禁止「施行法術」的規定，術士如果使用所謂的「黑魔法」，會遭到驅逐甚至處死。在猶太教也是如此，雖然術士極為普遍，但摩西律法卻禁止使用法術，違者甚至可以處以死刑。《聖經》曾警告，「你們中間不可有人使兒女經火，也不可有占卜的、觀兆的、用法術的、行邪術的、用迷術的、交鬼的、行法術的、過陰的」（申命記 18:10-11）。

談到法術，法律規定與實際狀況之間的差異，可以從「法術」定義的不同看出。法術這個詞本身就具有極端否定的意思，但這種否定義完全只用在其他民族與宗教身上。「因你所要趕出的那些國民，都聽信觀兆的和占卜的，」上帝告誡以色列人，「至於你，耶和華你的神從來不許你這樣行」（申命記 18:14）。事實上，上帝總是要祂的僕人行法術來彰顯祂的大能。舉例來說，上帝命摩西與亞倫在法老面前「行奇蹟」，把手杖變成蛇。但當法老的「博士」也把手杖變成蛇時，《聖經》卻把這些博士貶低成「術士」（出埃及記 7:1-13, 9-12）。換言之，上帝的代表（如摩西、以利亞或以利沙）行的是奇蹟，但「假先知」（如法老的博士或巴力的祭司）行的則是法術。

這解釋了為什麼早期基督徒要花那麼多工夫說明耶穌「不是」術士。在西元二世紀與三世紀，猶太教與羅馬人在抨擊基督教會時，總是指控耶穌使用法術蠱惑人心，欺騙民眾，使民眾為他所用。「他們明明看見了奇蹟，卻硬是說那是法術，」二世紀基督教護教者游斯丁（Justin Martyr）提到這些批評者時表示，「只因為他們敢於汙衊耶穌是術士，是欺騙民眾之人。」

值得注意的是，反教會人士並不否認耶穌做出不可思議的事。他們只是認為耶穌施了「法術」。無論如何，三世紀著名的神學家亞歷山卓的俄利根（Origen of Alexandria）憤怒地反駁這些說法。他認為，把耶穌說成是江湖術士或主張耶穌施法術來行奇蹟，這些都是「誹謗與幼稚的指控」。早期教會教父愛任紐（Irenaeus，魯格杜努姆主教）表示，耶穌行奇蹟的行為與其他江湖術士不同的地方在於耶穌並未使用任何法術。愛任紐說，耶穌行奇蹟時，「不念咒語，不用草藥，不收供品、獻酒或當令的農產品。」

然而，不管愛任紐如何反駁，福音書（特別是在最早的福音書，也就是《馬可福音》）記載耶穌行奇蹟的行為，確實與當時的術士及行奇蹟者非常類似，因此當今有不少《聖經》學者公開表示耶穌在當時其實是術士。無疑地，耶穌在行奇蹟時，有時也會運用一些術士的技巧：念咒、誦念經文、吐唾沫、不斷地祈禱。有一回，在低加波利，一群村民帶了一個又聾又啞的人到耶穌面前，懇求他的幫助。耶穌把那人帶到一旁，遠離眾人。然後，耶穌做了一連串奇怪的儀式，這些儀式很可能直接傳承自古代方術。耶穌用手指插進那人的耳朵裡，然後吐唾沫，又碰他的舌頭，最後他仰望天空，誦念「以法大」（ephphatha），亞拉姆語的意思是「開了吧」。結果，那人馬上就能聽見，而且也能說話了（馬可福音7:31-35）。

在伯賽大，耶穌對一個盲人做了類似的事。他領著這個人遠離大家，直接對著他的眼睛吐唾沫。耶穌把手按在他身上，問道，「你看見什麼了？」「我看見人了，」那人說道。「但他們看起來像會行走的樹。」同樣的事耶穌又做了一次。這回奇蹟發生了；那個人恢復了視力（馬可福音8:22-26）。《馬可福音》敘述了一則更耐人尋味的故事。一名婦人十二年來一直為出血所苦。她看了許多醫生，散盡了家財，卻無法治癒。她聽到耶穌行的奇蹟，於是與群眾一起跟隨著他，並且伸手摸了耶穌的斗篷。就在那一刻，她的血止住了，她覺得自己身子的病已經痊癒。

這則故事值得注意的地方在於，根據《馬可福音》的說法，耶穌「覺得有能力從自己身上出去」。於是他停下來，對眾人叫道，「誰摸我的衣裳？」那婦人俯伏在耶穌面前，坦承是她做的。「女兒，」耶穌回答說。「妳的信救了妳」（馬可福音5:24-34）。《馬可福音》的敘述暗示耶穌是個被動的導管，治療的力量就像電流一樣從他身上通過。這種描述方式跟當時方術書籍描述的法術一樣。二十年後，《馬太福音》重新講述出血婦女的故事，卻省略了《馬可福音》提到的法術內容。在《馬太福音》裡，當婦人觸摸耶穌的斗篷時，耶穌轉頭看著她，並且跟她說話，光是這樣他就治好了婦人的病（馬太福音9:20-22）。

儘管我們可以從耶穌的奇蹟裡找到一些法術元素，但事實上，福音書裡沒有任何記載足以讓人指控耶穌使用法術。對耶穌的敵人來說，使用法術是最容易提出的指控，光是這項罪行就可以致耶穌於死地。然而，當耶穌站在羅馬與猶太當局面前，針對各項指控提出辯解時，他的確被指控了許多罪名——煽動叛亂、褻瀆神明、否認摩西律法、拒絕繳稅、威脅聖殿——但沒有一項跟術士有關。

值得一提的是，耶穌醫治與驅魔，卻從未收取費用。術士、醫治者、行奇蹟者、驅魔師——在西元一世紀的巴勒斯坦，這些都屬於具有技術且高所得的職業。驅魔師以利亞撒曾被要求為一名地位不下於皇帝維斯帕先的大人物做法。《使徒行傳》提到，一名專業的術士，人稱西門．馬古斯（Simon Magus），他拿錢給使徒，希望能學到操縱聖靈的技巧來治療病人。「把這權柄也給我，」西門向彼得與約翰提出要求，「叫我手按著誰，誰就可以受聖靈。」「你的銀子和你一同滅亡罷，」彼得回答說，「因你想神的恩賜，是可以用錢買的」（使徒行傳 8:9-24）。

彼得的回答聽起來也許極端。但他只是遵照基督的指示，基督要他的門徒「醫治病人，叫死人復活，叫長大痲瘋的潔淨，把鬼趕出去，你們白白地得來，也要白白地捨去」（馬太福音 10:8 ｜路加福音 9:1-2）。

最終，爭論耶穌是術士還是行奇蹟者並沒有太大意義。在上古時代的巴勒斯坦，法術與奇蹟或許最好可以想成是錢幣的正反面。不過，基督教會的教父有一件事倒是說對了。福音書記述耶穌的奇蹟，在這些奇蹟的背後存在著獨特的意義。不只是耶穌的行為應該免受指控，也不是他的醫治行為並未完全使用法術。真正的重點是，耶穌不是為了展現奇蹟而行奇蹟。他的奇蹟帶有教誨的意義。耶穌行奇蹟是為了把特定的訊息傳達給猶太人。

這個訊息的線索，出現在Q資料一段耐人尋味的文字裡。如《馬太福音》與《路加福音》所說的，施洗約翰被囚禁在馬卡魯斯要塞頂端的監獄裡受苦，並且等待受刑。他聽說自己的門徒在加利利行奇蹟，心裡感到好奇，於是找了人去見耶穌，問他，「那將要來的是你麼？」「你們去把所聽見所看見的事告訴約翰，」耶穌對他們說。「就是瞎子看見，瘸子行走，長大痲瘋的潔淨，聾子聽見，死人復活，窮人有福音傳給他們」（馬太福音11:1-6—路加福音7:18-23）。

耶穌的話呼應了先知以賽亞。以賽亞在很久以前就已經預言，有一天，以色列將會復興，耶路撒冷將會重建，而上帝將在地上建立祂的國度。「那時瞎子的眼必睜開，那時瘸子必跳躍像鹿，啞吧的舌頭必能歌唱，」以賽亞如此承諾。「死人要復活，屍首要興起」（以賽亞書35:5-6, 26:19）。

耶穌將他的奇蹟與以賽亞的預言連結在一起，他以明確的語氣表示，如先知所預言的，耶和華的恩年與神報仇的日子就要到了。上帝的國度已經降臨。「我若靠神的能力趕鬼，這就是神的國臨到你們了」（馬太福音12:28—路加福音11:20）耶穌的奇蹟因此是上帝的國度降臨的明證。是神的能力醫治了盲人、聾子、啞巴——是神的能力驅走了惡鬼。耶穌是上帝在人世的代理人，透過他，神的能力得以彰顯。

除了耶穌，上帝在人世早已有代理人。這些人穿著純淨的白袍，在聖殿到處走動，在堆積如山的焚香與無窮的供物旁流連徘徊。祭司貴族的主要功能不只是主持聖殿儀式，他們還決定誰可以參加猶太教崇拜。耶路撒冷聖殿所設下的重重進入限制，其目的不外乎維護祭司的壟斷權力。由祭司來決定誰可以誰不可以進入聖殿站在神的面前，以及可以進入到聖殿多深處。病人、瘸子、痲瘋病患、「被鬼附身」的人、月經來潮的婦女、患漏症的人、剛生育的婦女——這些人都不能進入聖殿，也不能參加猶太教崇拜，除非他們根據祭司的規定先潔淨自己。耶穌潔淨痲瘋病患、醫治癱子、驅趕附身的惡鬼，這些作為無異於挑戰祭司的規定，耶穌讓祭司失去了存在的理由。

因此，在《馬太福音》中，當痲瘋病患希望耶穌醫治他時，耶穌伸手觸摸他，解除他的痛苦。但耶穌做的不僅於此。「去把身體給祭司察看，」耶穌對那個人說道。「獻上摩西所吩咐的禮物，給眾人作證據。」

耶穌是在開玩笑。他對痲瘋病患說的是玩笑話——其實他是有意嘲諷祭司的規定。畢竟，痲瘋病患不是只因為生病而無法進入聖殿。重點是他不純淨，痲瘋病患就儀式來看是不潔淨的，因此沒有資格進入上帝的殿堂。他的病汙染了整個群體。根據耶穌提到的摩西律法，痲瘋病患想獲得潔淨的唯一方法是完成一套極為辛苦又花錢的儀式，而這個儀式只能在祭司主持下進行。首先，痲瘋病患要帶兩隻乾淨的鳥給祭司，此外還要準備香柏木、朱紅色線與牛膝草。其中一隻鳥必須立即拿來獻祭，剩下的那隻活鳥以及香柏木、朱紅色線與牛膝草必須蘸上獻祭的鳥血。然後，將鳥血灑在痲瘋病患身上，接著放了那隻活鳥。七天後，痲瘋病患必須剃除身上所有毛髮，全身泡在水中。第八天，痲瘋病患必須帶兩隻公羊羔，身上不能有一點傷痕，還有一隻母羊羔，身上也不能有任何傷痕，以及調了油的細麵粉。將這些供物交給祭司，由祭司進行燔祭。祭司必須把供物的血抹在痲瘋病患的右耳垂與右手大拇指以及右腳大姆指上。祭司必須把油灑在痲瘋病患身上七次。必須歷經這些儀式，痲瘋病患才去除了導致他罹患痲瘋的罪惡；之後，他才能重新加入上帝的群體（利未記14）。

顯然，耶穌沒有跟痲瘋病患說，他已經痊癒了，他必須買兩隻鳥、兩隻公羊羔、一隻母羊羔、一塊香柏木、一捲朱紅色線，一枝牛膝草，一籃麵粉與一壺油，然後將這些東西交給祭司，做為給上帝的供品。耶穌只是對他說，讓祭司查看你的身體，「你已經潔淨了」。耶穌的做法不僅直接挑戰了祭司，也挑戰了聖殿本身。耶穌不僅醫治了痲瘋病患，還潔淨了他，使他有資格進入聖殿，成為一個真正的以色列人。而且耶穌做這些事不求報償，就像是上帝的恩賜一樣——毋須納稅，毋須供物——耶穌因此取得了原本專屬於祭司的權力，可以決定誰有資格站在神的面前。

如果耶穌只是待在加利利這個偏鄉，那麼他對聖殿正當性的直接批評，只會遭到蔑視與看輕。然而，一旦耶穌與他的門徒離開他們的根據地迦百農，緩慢朝向耶路撒冷前進，並且沿途醫治病人與為人驅魔，那麼耶穌與祭司當局（乃至於在祭司背後撐腰的羅馬帝國）的衝突將在所難免。不久，耶路撒冷當局再也無法坐視這名巡遊各地的驅魔師與行奇蹟者。他愈靠近聖城，當局就愈希望他閉嘴。因為他們懼怕的不只是耶穌的奇蹟，而是奇蹟背後所傳達的簡單卻危險得令人難以置信的訊息：上帝的國度即將來臨。

第十章
願你的國降臨

「神的國，我們可用什麼比較呢？」耶穌問道。這就像是擁有權力的國王，為自己的兒子辦了盛大的婚宴，並且派遣僕人到王國各地邀請貴客前來參加這場歡樂的盛宴。

「告訴我的貴客，我已經準備了筵席，」國王吩咐僕人。「已經將養肥的牛殺了。每一件事都齊備了。來參加婚宴吧。」

僕役出去傳布國王的訊息。然而這些貴客卻一一回絕了國王的盛情。「我最近買了一塊地，」某人說。「我必須照顧這塊地。容我推辭了。」

「我買了五對牛，我必須讓牠們先下田試耕，」另一個人說。「請容我推辭。」

「我自己才剛結婚，」第三個人說。「我沒辦法去。」

當僕役回來時，他們告訴國王沒有任何賓客答應邀請，有些受邀者不僅拒絕邀請，還抓住國王的僕役，虐待他，甚至殺了他。

國王在盛怒下，命令僕役到全國各地的街頭巷尾搜尋，只要找到人——年輕的與年老的，貧困的與病弱的，瘸腿的與肢體殘缺的，眼盲的與遭到驅逐的——就把他們全帶來參加婚禮。

僕役照國王的吩咐，筵席也隨之展開。但婚禮進行到一半時，國王注意到有位賓客不請自來；他並未穿著婚宴的禮服。

「你是怎麼進來的？」國王問陌生人。

這個人默不作聲。

「把他的手腳綁起來！」國王下令。「把他丟到外頭，讓他在黑暗中哀哭切齒。因為許多人受到邀請，但只有極少數人才能入席。」

至於那些回絕婚宴邀請的人，那些把國王的僕役抓住而且殺害的人——國王派軍隊將他們趕出家園，把他們當成綿羊一樣屠宰，並且將他們的城市夷為平地。

「有耳可聽的，就應當聽」（馬太福音22:1-4；路加福音14:16-24）。

這一點無可置疑：耶穌短短三年的傳教活動，一直維持著相同的核心主題，他向民眾承諾上帝即將在地上建立祂的國度。實際上，福音書上記載耶穌的一言一行，也不斷公開宣揚上帝的國度即將到來。這是耶穌與施洗約翰分開之後最早傳布的訊息：「神的國近了，你們當悔改」(馬可福音1:15)。這是主祈禱文的核心,約翰教導了耶穌,而耶穌又教導了門徒:「我們在天上的父,願人都尊你的名為聖。願你的國降臨〔……〕」(馬太福音6:9-13/路加福音11:1-2)。耶穌告訴門徒,這是他們努力追求的首要目標——「你們要先求他的國和他的義,這些東西都要加給你們了」(馬太福音6:33/路加福音11:1-2)——唯有放棄一切與拋棄親人,才有希望進入上帝的國度(馬太福音10:37-39/路加福音14:25-27)。

耶穌經常提到上帝的國度,但說法非常抽象,我們很難知道耶穌自己是否有一貫的觀念。「神國」這個詞彙跟《馬太福音》裡提到的「天國」一樣,除了福音書外,幾乎未曾在《新約》其他地方出現。雖然《希伯來聖經》有許多地方提到上帝是國王,是唯一的最高者,但只有在偽經《所羅門智訓》(10:10)中才確實找得到「神國」這個詞彙。《所羅門智訓》提到神國位於天上,上帝的寶座也在那裡,天使聽命於上帝,凡是上帝的意旨,沒有一件不被實踐與達成。

然而,耶穌傳道時提到的上帝國度,並不存在於天上。有些人提出反對的看法,他們指出《約翰福音》的一段話,耶穌對彼拉多說,「我的國不屬這世界」(約翰福音18:36)。然而,能證明耶穌提出這種主張的也只有這麼一句話,況且這句話還誤譯了希臘文原文。原句 **ouk estin ek tou kosmou**,應該翻譯成「不屬於這個〔政府〕秩序/體系」。即使有人認為這句話反映了當時的歷史背景(支持這種說法的學者少之又少),那麼我們必須說,耶穌的這句話並不是為了主張神國不在人世之中；而是說，神國不同於這世上的王國或政府。

耶穌也不認為上帝的國度將在遙遠的未來，也就是末日來臨時才建立。當耶穌說，「神的國近了」（馬可福音1:15），或「神的國就在你們心裡」（路加福音17:21），他指的是神將在他生存的時代，在他有生之年拯救世人。確實，耶穌曾經提到戰爭與暴亂、地震與饑荒、假彌賽亞與假先知，這些都是上帝的國度將在人世建立的徵兆（馬可福音13:5-37）。但是，與其說這些說法是在預言未來的末日，不如說它實際上反映了耶穌所處的環境：一個充滿戰爭、饑荒與假彌賽亞的時代。事實上，耶穌似乎認為上帝的國度隨時有可能出現：「我實在告訴你們，站在這裡的，有人在沒嘗死味之前，必要看見神的國大有能力臨到」（馬可福音9:1）。

如果上帝的國度不在天上，也不在末日到來，那麼上帝的國度肯定建立在人世，而且可能在大家有生之年就能見到：一個建立在人世的「真正」王國，擁有「真正」的國王。猶太人顯然就是這麼理解耶穌的訊息。耶穌的上帝國度也許特殊而獨一無二，但民眾對於他的說法卻不陌生。耶穌只是重申狂熱派多年來傳布的訊息。簡單地說，上帝的國度只是一個簡略的表達方式，它說明上帝是唯一且至高無上的君王。上帝不只是以色列的君主，也是全世界的君主。「凡天上地下的都是你的，」《聖經》在提到上帝時說道，「國度，也是你的〔……〕你也治理萬物」（歷代志上29:11-12；也可見民數記23:21；申命記33:5）。其實，上帝是唯一且至高無上君王的概念，過去的偉大先知也曾提過。以利亞、以利沙、米迦、阿摩司、以賽亞、耶利米——這些人都信誓旦旦地表示，只要猶太人拒絕服侍或拒絕順服人世間其他君主，而只接受上帝是宇宙唯一的君王，那麼上帝將拯救猶太人脫離桎梏，讓猶太人脫離外邦人的統治。這樣的信仰幾乎構成了每一場猶太抵抗運動的基礎，從西元前一六四年馬加比家族擺脫塞琉古王朝的統治（瘋狂的希臘君主神顯者安條克要求猶太人要像崇拜神一樣地崇拜他），到激進分子與革命分子反抗羅馬人的占領（強盜、希卡里派、狂熱派與馬薩達的殉難者），直到最後一位偉大但起事失敗的彌賽亞科克巴之子西門（他在西元一三二年起事，使「神國」成為反抗外邦人統治的代名詞）。

耶穌心目中唯一而至高無上的神，與在他之前及之後的先知、強盜、狂熱派與彌賽亞心中認定的神並沒有太大差異，這一點可以從耶穌回答是否繳貢金給羅馬皇帝的問題得到明證。事實上，耶穌對於上帝國度的觀點，與他的老師施洗約翰也大致相同，耶穌使用「神國」這個詞彙，很可能是受到施洗約翰的影響。耶穌對上帝國度的詮釋與約翰相異的地方在於，耶穌同意狂熱派的觀點，認為上帝的統治不只要求民眾在內心朝公義的目標努力，而且還要徹底改變既有的政治、宗教與經濟制度。「你們貧窮的人有福了，因為神國是你們的。你們哀哭的人有福了，因為你們將要喜笑」（馬太福音5:3-12｜路加福音6:24）。

然而這也表示，一旦上帝的國度在人世建立，富人將會變窮，強者將會變弱，而有權力的人將被無權力的人取代。「有錢財的人進神的國是何等的難哪！」（馬可福音10:23）。上帝的國度不是烏托邦的幻想，不是上帝為窮人與流離失所者申冤；上帝的國度將是令人不寒而慄的真實新世界，憤怒的上帝將降災在富人、強者與有權者身上。「你們富足的人有禍了，因為你們受過你們的安慰。你們飽足的人有禍了，因為你們將要饑餓。你們喜笑的人有禍了，因為你們將要哀慟哭泣」（路加福音6:24-25）。

耶穌話裡的意思很清楚：上帝的國度即將在世上建立；上帝將要恢復以色列的光榮。但上帝進行恢復時，勢必要破壞既有的秩序。上帝要進行統治，不得不將現有的統治者全部掃清廓除。因此，當耶穌說「神的國近了」，那意思等於說羅馬帝國的末日近了，也就是上帝即將取代羅馬皇帝，成為地上的統治者。無論是聖殿祭司、富有的猶太貴族、希律朝的菁英還是遠居羅馬的異教僭越者，他們都將感受到上帝的怒火。

上帝的國度是一種革命號召，不僅淺顯而且易懂。而天底下有哪一種革命能免於暴力與流血呢？尤其他們要對抗的是把上帝應許給選民的土地予以燒殺擄掠的羅馬帝國大軍。如果上帝的國度不是一種超脫凡俗的幻想，那麼如何不使用武力而能在龐大帝國軍隊占領的土地上建立統治？耶穌時代的先知、強盜、狂熱派與彌賽亞都知道這點，因此他們毫不猶豫地使用暴力，企圖在塵世建立上帝的統治。問題是，耶穌是否也這麼想？他是否認同其他彌賽亞——強盜頭子希西家、加利利人猶大、米拿現、吉歐拉之子西門、科克巴之子西門——的想法，認為暴力是在塵世建立上帝國度的必要手段？耶穌是否信從狂熱派的教義，認為應該遵從上帝在《聖經》的吩咐，把所有外邦人趕出巴勒斯坦？

對於想從基督教的基督爬梳出歷史的耶穌的人來說，應該找不出比這個更值得問的問題了。我們一般總是將耶穌描述成一個愛好和平的人，他「愛你的仇敵」，而且「另一邊的臉也由人打」。我們把耶穌營造成與政治無關的傳道者，他不僅對他周遭的政治騷動毫無興趣，甚至對這一切一無所知。這樣的耶穌形象完全是虛構的。歷史的耶穌對於暴力抱著更為複雜的態度。沒有證據顯示耶穌公開支持暴力，但他顯然不是和平主義者。「你們不要想我來是叫地上太平。我來並不是叫地上太平，乃是叫地上動刀兵」（馬太福音 10:34｜路加福音 12:51）。

猶太叛亂與耶路撒冷遭毀之後，早期基督教會努力想把耶穌與導致戰爭的狂熱民族主義區隔開來。結果，「愛你的仇敵」與「另一邊的臉也由人打」這類陳述便抽離了原有的猶太脈絡，並且轉變成可以讓所有民族——無論他們的種族、文化或宗教有多麼的不同——遵守的抽象倫理原則。

然而，如果我們想找出耶穌內心真正相信的是什麼，我們絕不能忽視一項最根本的事實：拿撒勒人耶穌，他生為猶太人，死也是猶太人。而身為猶太人，他只關心猶太同胞的命運。對耶穌來說，以色列才是最要緊的。耶穌堅稱他的使命「是到以色列家迷失的羊那裡去」

（馬太福音15:24），他還命令門徒只向猶太同胞傳福音：「外邦人的路，你們不要走。撒瑪利亞人的城，你們不要進」（馬太福音10:5-6）。每當他遇見外邦人，總是刻意疏遠他們，而且不願意醫治他們。耶穌向一名求他醫治女兒的敘利腓尼基婦女說道，「讓兒女們〔指以色列〕先吃飽，不好拿兒女的餅丟給狗〔指像她一樣的外邦人〕吃」（馬可福音7:27）。

談到猶太教信仰的核心與靈魂時——指摩西律法——耶穌很堅定地認為，他的使命不是廢除律法，而是成全律法（馬太福音5:17）。摩西律法很清楚地分別出「猶太人之間的關係」與「猶太人與外邦人之間的關係」。經常被引用的誡命：「愛人如己」，原本嚴格限定用於以色列的內部關係。這條誡命是這麼規定的：「不可報仇，也不可埋怨你本國的子民，卻要愛人如己」（利未記19:18）。對以色列人，以及對西元一世紀巴勒斯坦的耶穌團體來說，愛人指的是愛自己的猶太同胞。然而，面對外邦人與外來者、壓迫者與占領者，《摩西五經》的說法再清楚不過：「你要將他們從你面前攆出去，不可和他們並他們的神立約。他們不可住在你的地上」（出埃及記23:31-33）。

對於把耶穌視為上帝親生子的人來說，耶穌的猶太背景無關緊要。如果基督是神聖的，那麼他便不受任何法律與風俗的約束。然而，對某些人來說，要探索這位在兩千年前生活在巴勒斯坦的樸實猶太農民與充滿魅力的傳道者，有一項極其重要且無可否認的事實：上帝在《聖經》中也被稱為「戰士」（出埃及記15:3），上帝不只一次下令屠殺居住在猶太人土地上的外邦男性、女性與小孩，祂是亞伯拉罕、摩西、雅各與約書亞的「濺血的上帝」（以賽亞書63:3），上帝「要打破仇敵的頭」，讓戰士的腳踹在仇敵的血中，讓仇敵的肉給狗吃了（詩篇68:21-23）——這是耶穌認識的「唯一」上帝，也是他崇拜的「唯一」上帝。

耶穌在提到鄰人或仇敵時，顯然是以猶太人做為標準，我們沒有理由認為耶穌還會有其他想法。他要求「愛你的仇敵」與「另一邊的臉也由人打」，這種想法僅限於猶太人，而這種和平關係也僅限於猶太社群。耶穌的命令不能用在對待外邦人與外來者，特別是那些野蠻的「世界掠奪者」，他們違反摩西律法強占了上帝的土地。耶穌認為，必須成全摩西的律法，也就是「他們不可住在你的地上」。

無論如何，愛你的仇敵與另一邊的臉也由人打，這些誡命並不等於要求非暴力或不抵抗。耶穌不是傻子。他知道其他自稱彌賽亞的人腦子裡在想什麼：上帝至高無上的地位要獲得確立，非得透過武力不可。「從施洗約翰的時候到如今，天國是努力進入的，努力的人就得著了」（馬太福音11:12—路加福音16:16）。

要建立上帝的國度，就免不了使用武力，為此，耶穌親自挑選了十二使徒。耶穌時代的猶太人相信，總有一天，以色列的十二支派會重新組成一個團結的民族。先知曾經預言：「耶和華說，日子將到，我要使我的百姓以色列和猶大被擄的人歸回，我也要使他們回到我所賜給他們列祖之地，他們就得這地為業」（耶利米書30:3）。耶穌在選定十二使徒之後，向他們承諾，他們將「坐在十二個寶座之上，審判以色列十二個支派」（馬太福音19:28｜路加福音22:28-30）。耶穌又說，等到他們盼望的那一天到來，萬軍之耶和華會從猶太人「頸項上折斷敵人的軛，扭開他的繩索」（耶利米書30:8）。如施洗約翰所傳布的，「真正」以色列民族的恢復與重生，這個日子已經不遠。上帝的國度就在這裡。

這是一段大膽而挑釁的訊息。先知以賽亞曾經警告，上帝將「招回以色列被趕散的人，又從地的四方聚集分散的猶大人」，祂的目的只有一個：戰爭。這個重新聚集起來的以色列民族，用先知的話來說，他們將「向列國豎起大旗」、「向西飛，撲在非利士人的肩頭上」、「一同擄掠東方人」。他們將收復上帝給予猶太人的土地，並且將外邦人占領的臭味清除乾淨（以賽亞書11:11-16）。

指定十二使徒，就算不是為了主動發起戰爭，也說明了戰爭難以避免。耶穌曾明白警告十二使徒，未來可能會發生什麼事：「若有人要跟從我，就當捨己，背起他的十字架來跟從我」（馬可福音8:34）。很多人把這段陳述解讀成棄絕自我，但實際上並非如此。十字架指的是煽動民眾所受的懲罰，而不是棄絕自我的象徵。耶穌說這句話是在警告十二使徒，他們是十二支派的象徵，總有一天，他們要重建以色列民族，趕走占領巴勒斯坦的外邦人，而這種做法在羅馬人眼中無疑是叛逆，理所當然會被釘十字架。而這也是耶穌屢次坦言他未來可能的命運。耶穌不只一次提醒門徒，他可能會有什麼遭遇：被憎惡、逮捕、嚴刑拷打與處決

（馬太福音16:21, 17:22-23, 20:18-19；馬可福音8:31, 9:31, 10:33；路加福音9:22, 44, 18:32-33）。有人認為，一些傳福音者在耶穌死後數十年描述這起事件時，因為他們早已知道耶穌最後在各各他被釘十字架，所以他們假借耶穌之口做出這些預言，想藉此證明耶穌是個擁有非凡能力的先知。然而，耶穌提到自己最後必將遭到逮捕與處死，這樣的說法在許多文獻均有記載，顯然他的自我預言應真有其事。不過，其實不需要先知的大能，也能預知挑戰聖殿祭司或羅馬占領軍會發生什麼事。只要看看之前失敗的彌賽亞的下場，不難推知耶穌與十二門徒會遭受什麼命運。他們的下場很清楚。

這解釋了耶穌為什麼費盡心思不讓其他人知道上帝國度的真相，而只讓門徒知曉。耶穌知道他所想像的新世界秩序非常激進、危險而且具革命性，羅馬唯一可能的反應就是以煽動民眾的罪名將他們逮捕處死。耶穌因此故意用深奧難懂的比喻來暗示上帝的國度，他的原意就是不希望旁人輕易參透。「神國的奧祕，只叫你們知道，」耶穌對他的門徒說。「若是對外人講，凡事就用比喻，叫他們看是看見，卻不曉得，聽是聽見，卻不明白」（馬可福音4:11-12）。

那麼，在耶穌傳布的訊息中，上帝的國度究竟是什麼？它既是王宮裡歡樂的婚宴，又是城牆外鮮血滿布的街道。它是埋藏在地裡的珍寶；你為了買這塊地，就把自己擁有的一切變賣（馬太福音13:44）。它是塞在貝殼裡的珍珠；你獻祭了一切才得到這個貝殼（馬太福音13:45）。它是埋在土裡的芥菜種——最小的種子。總有一天，它會長成一棵大樹，而鳥兒會在它的枝葉築巢（馬太福音13:31-32）。它是一張從海裡撈起來的漁網，裡面裝滿了魚，有好的也有不好的；好的留下來，不好的丟掉（馬太福音13:47）。它是一片草地，長滿了雜草與小麥。收割的人來了，他會收割小麥，把雜草捆成一束束，然後丟進火裡燒了（馬太福音13:24-30）。而這名收割者就快來了。上帝的意旨行在地上，如同行在天上。到那時，手不要扶著犁，也不要往後看，任憑死人埋葬他們的死人，拋下你的丈夫與妻子、兄弟姊妹與子女，準備好接受上帝的國度。「現在斧子已經放在樹根上。」

當然，耶穌雖然極力隱晦神國的意義，他還是免不了被捕與被釘十字架的命運。耶穌表示，既有的秩序將會反轉，富人與有權力的人將會變成窮人與無權力的人，以色列的十二支派很快就會重新結合成一個民族，而上帝將再度成為耶路撒冷唯一的統治者——這些挑釁的言論，想必聖殿的大祭司與安東尼亞要塞的羅馬人一定不會高興。畢竟，如果上帝的國度如耶穌所言，是個實際存在的王國，那麼這個王國顯然需要一個國王。耶穌難道不是以未來的國王自居嗎？他承諾讓十二個使徒都能坐上寶座。難道他沒為自己留一張？

耶穌並未詳細說明他想像的新世界秩序是什麼樣子（與他同時代而想自立為王的其他人也是如此）。耶穌傳布上帝國度的訊息時，從未提出具體可行的方案以及詳細的計畫，也沒有特定的政治或經濟計畫。耶穌似乎對於上帝要如何在地上統治不感興趣。這恐怕要交給上帝來決定。但無疑地，耶穌很清楚自己在上帝國度扮演的角色：「如果我靠著神的能力趕鬼，這就是神的國臨到你們了。」

上帝國度的出現，將賦予耶穌醫治病人與驅趕魔鬼的能力。但在此同時，耶穌的醫治與驅魔也讓上帝的國度得以實現。換言之，兩者之間是共生關係。身為上帝在地上的代理人——擁有神的能力——耶穌得以引領上帝的國度到來，並且透過他行的奇蹟為上帝在地上建立統治。事實上，耶穌就是上帝國度的化身。除了他，還有誰能坐在上帝的寶座？

因此，無怪乎耶穌在生命結束之時，被打得遍體鱗傷的他被迫回應眾人對他的指控，但彼拉多只問他一個問題。這是唯一要緊的問題，也是他因造反作亂被送上十字架接受應有刑罰之前，要對羅馬總督回答的唯一一個問題。

「你是猶太人的王嗎？」

第十一章

你們說我是誰？

拿撒勒人耶穌在約旦河首次遇見施洗約翰，並且追隨他進入猶太沙漠。之後兩年，耶穌不僅開始宣揚老師所說的上帝國度即將來臨的訊息，甚至擴大成民族解放運動，為痛苦與受壓迫的人發聲——這場運動的基礎，在於上帝承諾祂將拯救孱弱者與貧困者，祂將毀滅羅馬帝國的力量，正如祂很久以前曾毀滅法老的軍隊一樣，並且讓祂的聖殿從控制它的偽善者手中解放。耶穌的運動吸引了一群狂熱的門徒，其中有十二位被授權分頭傳布耶穌的訊息。耶穌與他的門徒所到之處，無論城鎮或鄉野，都有大批群眾聚集聆聽他們講道，凡是向他們求助的人，都能免費接受醫治與驅魔。

然而，儘管耶穌與他的門徒在一定程度上獲得成功，他們的活動範圍主要仍集中在加利利、腓尼基與戈拉尼提斯這些北部地區，他們明智地與猶太以及羅馬占領的耶路撒冷保持安全距離。他們迂迴地穿過加利利鄉野，繞過都城塞佛里斯與提比里亞，以免遇到領主的軍隊。雖然耶穌一行人曾經接近推羅（Tyre）與西頓（Sidon）這兩座繁榮港口，但他們並未實際進入裡面。他們在低加波利邊界地帶漫遊，但絕不進入希臘城市，也不與當地的異教徒接觸。耶穌的活動重心不是在北部地區的富裕大城，而是一些窮鄉僻壤，例如拿撒勒、迦百農、伯賽大與拿因（Nain）。在這些窮困地區，以及加利利海的沿岸城鎮——當然，提比里亞除外，這裡是坐立不安的希律．安提帕的都城所在地——耶穌承諾的新世界秩序獲得熱烈回響。

兩年後，耶穌與門徒傳布的訊息終於傳入安提帕的宮廷。當然，耶穌依然毫不畏懼地指責那名自稱是加利利與佩里亞之主的人為「狐狸」，而且繼續輕視那些偽善的祭司與文士——耶穌罵他們是「毒蛇的種類」——他宣稱，當上帝的國度來臨時，這些祭司與文士將被妓女與稅吏取代。耶穌不僅醫治那些被聖殿當局視為不可救贖的罪人，還清除他們的罪愆。耶穌這些舉動，使整個祭司制度及其壟斷的奢侈儀式完全喪失存在的理由。耶穌的醫治與驅魔，吸引了大批民眾，令提比里亞當局寢食難安。不過，至少目前看來，這些善變的群眾似乎對耶穌的教誨興趣缺缺，他們真正感興趣的是耶穌的「戲法」。他們甚至要求耶穌顯現神蹟，他們才願意相信耶穌的訊息。耶穌終於受夠了。「一個邪惡淫亂的世代求看神蹟；再沒有神蹟給他們看」（馬太福音12:38）。

耶穌的傳教活動，使安提帕宮廷群小開始談論這名加利利傳教士的來歷。有人認為他是復活的以利亞，或某個「古代先知」的復生。這個結論倒不是完全不合理。以利亞是西元前九世紀北方以色列王國的人物，他是行奇蹟的耶穌心目中的典範。以利亞是令人生畏而絕不妥協的戰士，他為耶和華而戰，努力剷除以色列人對迦南神明巴力的崇拜。「你們心持兩意要到幾時呢？」以利亞質問百姓。「若耶和華是神，就當順從耶和華；若巴力是神，就當順從巴力」（列王記上18:21）。

為了證明耶和華高於巴力，以利亞向信奉巴力的四百五十名先知提出挑戰。他們準備兩個祭壇，每個祭壇各有一頭牛擺在柴火上。祭司向巴力祈求降火焚燒祭品，而以利亞則是向耶和華禱告。

巴力的祭司們祈禱了一天一夜。他們大聲喊叫，用刀槍刺自己，直到全身流滿鮮血。他們又叫又乞求，懇求巴力降下大火，但什麼事也沒發生。

接著，以利亞倒了十二桶水在柴堆上，他後退一步，請求亞伯拉罕、以撒與以色列諸神助他一臂之力，顯現大能。於是一個巨大的火球馬上從天而降，燒掉了牛、柴火、石頭、地上的塵土與祭品四周的水池。當以色列人看見耶和華的能力，他們跪了下來，把祂當神來崇拜。但以利亞還沒結束。他把這四百五十名崇拜巴力的祭司抓起來，逼迫他們到基順河谷（Wadi Kishon）。然後，根據《聖經》的記載，以利亞親手殺死每一個人，因為他為「耶和華萬軍之神大發熱心」（列王記上18:20-40, 19:10）。

以利亞的信仰如此堅定，耶和華因此不讓他死亡，而是在一陣旋風中帶他升天，坐在上帝寶座之旁（列王記下2:11）。先知瑪拉基（Malachi）預言以利亞將在末日時重返人世，他會聚集以色列十二支派，橫掃整個彌賽亞時代。「看哪，耶和華大而可畏的日子未到之前，我必差遣先知以利亞到你們那裡去。他必使父親的心轉向兒女，兒女的心轉向父親，免得我來咒詛遍地」（瑪拉基書4:5-6）。

瑪拉基的預言解釋了提比里亞的幾個大臣為什麼認為耶穌是以色列典型的末日先知的化身。耶穌很少否認這樣的類比，他也有意識地讓自己成為先知以利亞的象徵——巡迴傳教，要求門徒絕對服從，重建十二支派，傳教重心放在以色列的北部，以及每到一處便行奇蹟。

然而，安提帕對於大臣的耳語不以為然。他認為這名來自拿撒勒的傳道者並非以利亞，而是被他處死的施洗約翰死而復活。處死約翰的罪惡感蒙蔽了安提帕，使他無法明辨耶穌真正的身分（馬太福音14:1-2；馬可福音6:14；路加福音9:7-9）。

在此同時，耶穌與他的門徒繼續朝著猶太與耶路撒冷緩慢前進。離開伯賽大村之後——根據《馬可福音》的記載，在這裡，耶穌只用了五個餅與兩條魚，就餵飽了五千人——門徒開始在該撒利亞腓立比的郊區旅行。該撒利亞腓立比（Caesarea Philippi）是一座位於加利利海北方的羅馬城市，是大希律王另一個兒子腓力的都城。在旅途中，耶穌不經意地問他的追隨者，「人說我是誰？」

門徒的回答反映了提比里亞當地的猜疑：「有人說，是施洗的約翰。有人說，是以利亞。又有人說是耶利米，或是先知裡的一位。」

耶穌停下腳步，轉身問他的門徒。「你們說我是誰？」

十二門徒名義上的領袖西門彼得代表大家回答：「你是彌賽亞。」在這則福音故事中，彼得在這個重要時刻的回答，顯示提比里亞領主安提帕當時還不明白耶穌的真正身分（馬太福音16:13-16；馬可福音8:27-29；路加福音9:18-20）。

六天後，耶穌帶著彼得、雅各與約翰兄弟——西庇太的兒子——到一座高山上，耶穌在他們面前變了形貌。「衣服放光，極其潔白，」馬可寫道，「地上漂布的，沒有一個能漂得那麼白。」突然間，先知與彌賽亞的前驅：以利亞，在山中現身；在他身旁的是摩西，偉大的以色列解放者與立法者，是他解開了以色列人的束縛，帶領上帝子民回到應許之地。

以利亞出現在山上，與提比里亞當局的猜測不謀而合，也與該撒利亞腓立比的耶穌門徒的沉思相互呼應。但摩西的出現卻完全出人意表。耶穌改變形貌的故事，與《出埃及記》摩西在西奈山接受律法的故事，無論是誰都能看出兩者的相似之處。摩西也帶了三個人上山——亞倫、拿答（Nadab）與亞比戶（Abihu）——而且也變了形貌。不過，摩西是因為與上帝的榮耀接觸才變了形貌，但耶穌卻是因為自己的榮耀而變了形貌。事實上，這個場景如此安排，是為了清楚顯示摩西與以利亞——律法與先知——的地位低於耶穌。

門徒對於自己看到的景象感到驚恐，而他們確實該感到驚恐。彼得為了化解自己的不安，於是提議在這裡搭建三座棚：一座給耶穌，一座給以利亞，一座給摩西。正當彼得說話時，雲彩遮蓋了山頂——正如數百年前西奈山上的景象一樣——雲裡發出了聲音，呼應著耶穌在約旦河開始傳教那天，從天上傳來的話語：「這是我的愛子，我所喜悅的，你們要聽他。」上帝把曾經賜給大衛王的稱號——ho Agapitos，「神所愛」——也賜給耶穌。於是，安提帕的宮廷未曾想到的，西門彼得只能猜測而無法證明的，此時在山頂上由神聖的聲音證實了：拿撒勒人耶穌是受膏的彌賽亞，是猶太人的王（馬太福音 17:1-8；馬可福音 9:2-8；路加福音 9:28-36）。

這三個顯然彼此關連的場景之所以如此重要，是因為從耶穌開始傳教到現在，特別是根據最早的福音書《馬可福音》的記載，耶穌一直未明言他的彌賽亞身分。事實上，耶穌不只一次試著隱藏他若有似無的彌賽亞志向。耶穌要認得他的惡鬼不要作聲（馬可福音 1:23-25, 34, 3:11-12）。他嚴厲囑咐被醫治的人要守密（馬可福音 1:43-45, 5:40-43, 7:32-36, 8:22-26）。他把自己隱藏在難以理解的寓言中，遠離圍繞他的群眾，隱瞞身分進行傳教（馬可福音 7:24）。一而再，再而三，耶穌回絕、推辭、規避，有時還明白地拒絕別人獻上的彌賽亞頭銜。

有個詞用來形容這種奇怪的現象，這個詞源自於《馬可福音》，但在其他福音書也可以找到它的蹤跡，這個詞叫做「彌賽亞的祕密」。

有些人認為彌賽亞的祕密是福音書作者虛構出來的，它可能是一種文學技巧，想慢慢揭示耶穌的身分，它也可能是一種精明的計謀，用來凸顯耶穌彌賽亞身分的不可思議與可信；儘管耶穌想盡辦法不讓群眾知道自己的身分，但還是隱瞞不住。「耶穌囑咐他們，不要告訴人，」馬可寫道，「但他越發囑咐，他們越發傳揚開了」（馬可福音7:36）。

然而，這種說法要成立，前提是《馬可福音》確實有一定程度的文學技巧，然而沒有證據證明這一點（《馬可福音》是用粗俗而基本的希臘文寫的，這說明作者的教育程度有限）。此外，如果認為彌賽亞的祕密是《馬可福音》慢慢揭示耶穌身分的一種策略，那麼這似乎與《馬可福音》在一開始寫下的基本神學斷言矛盾：「耶穌『基督』（即彌賽亞）福音的起頭」（馬可福音1:1）。無論如何，即使在該撒利亞腓立比郊外——即使在山頂上，耶穌因上帝顯現而洩露了身分——西門彼得首次懷疑耶穌就是彌賽亞，因此戲劇性地說出真相，但耶穌依然囑咐他的門徒守密，嚴令他們不能洩漏彼得說的話（馬可福音8:30），並且禁止那三名親眼看見他變了形貌的門徒說出他們看見的東西（馬可福音9:9）。

彌賽亞的祕密其實更有可能源自於歷史的耶穌，不過《馬可福音》的內容也許在馬太與路加偶然或有所保留地加以引用之前，就遭到潤飾與修改。彌賽亞的祕密可能是歷史事實，這一點有助於解釋《馬可福音》的修訂者為什麼花了那麼多文字補充馬可對彌賽亞的描述，而且把耶穌形容成完全不想得到這個頭銜的樣子。舉例來說，當馬可提到西門彼得說出耶穌的身分時，耶穌沒有接受也沒有否認彌賽亞的頭銜，他只是要求弟子「不要告訴人」。二十年後，馬太描述同一個故事時，卻讓耶穌以肯定的語氣回應彼得：「西門巴約拿，你是有福的！因為這不是屬血肉的指示你的；乃是我在天上的父指示的」（馬太福音16:17）。

《馬可福音》提到在山頂出現神蹟之後，耶穌並未做出任何評論，他只是明確提醒門徒，不要告訴別人發生了什麼事。但在《馬太福音》裡，耶穌在形貌變了之後做了一番論述。耶穌指出施洗約翰是以利亞死後復生，並且表示自己是約翰／以利亞的繼承者，也就是彌賽亞（馬太福音17:9-13）。然而，儘管日後出現的作品不斷增添新的內容，但《馬太福音》與《路加福音》還是保留了原先的說法，耶穌嚴厲吩咐他的門徒，絕不能把彼得說的話以及耶穌在山頂上形貌變了的事告訴任何人，如《馬太福音》所說的，「不可對人說他是彌賽亞」（馬太福音16:20）。

如果能將彌賽亞的祕密追溯到歷史的耶穌身上，這應該能幫助我們解開一些謎團；讓我們知道耶穌怎麼看待自己，而不是早期教會如何看待耶穌。不可否認，這不是件簡單的任務。想透過福音書來瞭解耶穌的自我意識，雖然不是不可能，但肯定非常困難。我們提過很多次，福音書描述的不是生活在兩千多年前的拿撒勒人耶穌，而是坐在上帝右手邊，被福音書作者視為永恆存在的彌賽亞。那些撰寫耶穌故事的猶太人，在西元一世紀時，已大體決定他們看待耶穌的方式。他們從神學的角度切入，把耶穌視為基督（也就是彌賽亞），以此為前提來探討耶穌的本質與意義，而不是從歷史傳記的角度切入，把耶穌當成凡人。

此外，從福音書可以清楚看出，早期教會如何看待耶穌，以及耶穌如何看待自己之間，存在著一種緊張關係。顯然，追隨耶穌的門徒，無論在他生前還是死後，都承認他是彌賽亞。但別忘了，在西元一世紀的巴勒斯坦，民眾期盼的彌賽亞不只一種版本。就連認為耶穌是彌賽亞的人，他們每個人心裡想的彌賽亞，意義也不盡相同。當他們仔細考察經文裡的預言，想把不確實的內容除掉時，他們發現各種令人混淆與衝突的觀點與意見，關於彌賽亞的使命與身分，每個人說的都不一樣。他是末日先知，他的到來象徵末日將近（但以理書7:13-14；耶利米書31:31-34）。他是解放者，將為猶太人解除束縛（申命記18:15-19；以賽亞書49:1-7）。他以國王自居，將重建大衛王國（彌迦書5:1-5；撒迦利亞9:1-10）。

西元一世紀的巴勒斯坦，幾乎每個自稱彌賽亞的人都符合上述各種彌賽亞類型。強盜頭子希西家、加利利人猶大、佩里亞的西門與牧羊人阿斯羅吉斯，這些人全都以大衛的理想做為自己追求的目標，此外還有猶太戰爭時期的米拿現與吉歐拉之子西門也是如此。這些人是國王類型的彌賽亞，他們懷抱著君臨天下的熱望，發動革命反抗羅馬占領軍以及羅馬在耶路撒冷扶植的傀儡國。其他人，例如行奇蹟的丟大、埃及人與撒瑪利亞人，他們以摩西為典範，是解放者類型的彌賽亞。他們顯現奇蹟，承諾讓追隨者擺脫羅馬占領的束縛。神諭式的先知，如施洗約翰與聖人阿納尼亞斯之子耶穌，他們也許沒有表現出明顯的彌賽亞野心，但他們所預言的末日以及即將來臨的上帝審判，卻明顯合乎先知彌賽亞的原型。這種原型可以在《希伯來聖經》與塔庫姆譯本（Targum）這類拉比傳統與評釋中找到。

早期教會面臨的問題在於，耶穌並不符合《希伯來聖經》記載的彌賽亞典範，也不符合彌賽亞的任何一個條件。耶穌談到末日，但末日並未實現，即使羅馬摧毀了耶路撒冷與玷汙了上帝聖殿，末日也未到來。耶穌承諾上帝會解放猶太人脫離束縛，但實際上上帝什麼也沒做。耶穌誓言以色列十二支派將會重建，而猶太人將會復興；但實際上恰恰相反，羅馬人併吞了應許之地，屠殺居民，並且流放倖存的民眾。耶穌預言的上帝國度從未降臨；他描述的新世界秩序從未實現。根據猶太崇拜與《希伯來聖經》的標準，耶穌在成為彌賽亞的野心上面，確實跟其他想成為彌賽亞的人一樣成功。但他們終究是失敗的彌賽亞。

早期教會明顯察覺到這個困境，而隨著這個困境日漸明顯，教會開始有意識地更動彌賽亞的標準。他們把《希伯來聖經》描述的各種彌賽亞予以混合與比對，創造出一個超越任何特定彌賽亞模式或彌賽亞期望的候選人。耶穌也許不是先知、解放者或國王，但那是因為他已經超越這類簡單的彌賽亞典範。從耶穌在山頂上變了形貌可以看出，耶穌比以利亞（先知）、摩西（解放者）乃至於大衛（國王）要來得偉大。

早期教會也許就是這樣看待耶穌，但耶穌似乎不是這樣看待自己。畢竟，在第一部福音書裡，從耶穌自己口中說出的彌賽亞主張並非只限定某一種說法。甚至到了末尾，當耶穌站在大祭司該亞法面前時，他也有點消極地接受其他人強加在他身上的頭銜（馬可福音14:62）。早期的Q資料也是如此，耶穌口中說的彌賽亞不是只有一種模式。

或許耶穌不願意擔負猶太人對彌賽亞存有的各種期望。或許，他不想承擔彌賽亞這個頭銜。但無論如何，尤其在《馬可福音》中可以看到，每當有人將彌賽亞的頭銜歸給他——無論是魔鬼、懇求者、門徒，乃至於上帝——耶穌都會置之不理，或頂多勉為其難地接受，而且總是警醒自己。

無論耶穌怎麼理解自己的使命與身分——無論他是否相信自己是彌賽亞——最初的福音書提供的證據顯示，不管基於什麼理由，拿撒勒人耶穌從未公開說自己是彌賽亞。耶穌也未曾說自己是「神的兒子」，這似乎是別人給他的另一個頭銜。（與基督教的概念不同，「神的兒子」這個頭銜不是用來描述耶穌與上帝的父子關係，而是傳統上用來形容以色列國王的詞彙。在《聖經》中，許多人都被稱為「神的兒子」，其中大衛是最常被如此稱呼的人，他是最偉大的以色列國王——撒母耳記下7:14；詩篇2:7, 89:26；以賽亞書42:1）。耶穌提到自己時，用的是完全不同的頭銜。這個頭銜既神祕又獨特，數百年來學者一直想搞清楚這個詞的意義。耶穌稱自己是「人子」。

「人子」（the Son of Man，希臘文ho huios tou anthropou）這個詞在《新約》出現了約八十次，其中只有一次不是出自耶穌之口。這唯一的一次出現在《使徒行傳》某個如歌劇般的句子裡。在這段描述中，一個名叫司提反的耶穌追隨者因為宣稱耶穌是應許的彌賽亞而遭石頭打死。當憤怒的猶太群眾圍住他，司提反突然出神，看見了異象。他擡頭望天，看見上帝的榮耀圍繞著耶穌。「看！」司提反大聲叫著，他的手臂指向天空。「我看見天開了，人子站在神的右邊」（使徒行傳7:56）。他說完這句話之後，就被暴民丟擲的石塊砸死。

司提反使用這個頭銜的方式相當制式，可以證明基督徒的確在耶穌死後稱他為人子。然而，除了福音書，其他文獻幾乎找不到人子這個詞，就連保羅書信也從未提到人子。因此人子不太可能是早期基督教會創造出來稱呼耶穌的正式詞彙。相反地，人子這個詞由於太含糊，而且不常出現在《希伯來聖經》上，甚至到了現在我們還是無法掌握它確切的含義，因此我們幾乎可以確定人子是耶穌用來稱呼自己的詞彙。

當然，我們必須指出，耶穌說的是亞拉姆語，不是希臘語。如果「人子」真的是耶穌用來稱呼自己的詞彙，那麼耶穌會說的詞是「bar enash(a)」，或者是相同意義的希伯來語「ben adam」，這兩個詞都是「人類之子」的意思。換言之，用希伯來語或亞拉姆語說「人子」，其意義等同於說「人」，《希伯來聖經》使用這個詞時也是指「人」的意思：「神非人，必不致說謊。也非人子〔ben adam〕，必不致後悔」（民數記23:19）。

以下例子可以顯示耶穌也是這麼使用「人子」——就跟一般希伯來語與亞拉姆語用來表示「人」的慣用語一樣。在Q資料與《馬可福音》中最早出現的人子，也跟這種慣用語一樣，指「人」的意思。

「狐狸有洞，天空的飛鳥有窩，人子〔亦即，我身為人〕卻沒有枕頭的地方」（馬太福音8:20－路加福音9:58）。

「凡說話干犯人子〔亦即，「任何人」〕的，還可得赦免；惟獨說話干犯聖靈的，今世來世總不得赦免」（馬太福音12:32－路加福音12:10）。

有些人甚至認為，耶穌是有意使用「人子」一詞來強調自己「人」的一面，也就是說，耶穌說「人子」時，等於是說「我是人〔bar enash〕」。然而，這樣的表達方式似乎顯示耶穌時代的民眾需要有人從旁提醒耶穌其實是「人」，彷彿他們對於耶穌是人這項事實有所懷疑。然而這樣的懷疑幾乎不可能存在。現代基督徒也許認為耶穌是上帝的化身，但對於有五千年歷史的猶太聖經、思想與神學來說，這種彌賽亞概念卻是可憎之物。必須不斷提醒耶穌的追隨者耶穌是人，這種想法未免荒謬可笑。

無論如何，亞拉姆語的「人子」加不定冠詞（bar enash，加上定冠詞則是bar enasha）可以翻譯成「一個人子」或只需翻譯成「人」，但希臘語的ho huios to anthropou卻只能翻譯成「這個人子」。亞拉姆語與希臘語在這裡的差異深具意義，這並非福音書作者翻譯失當造成的。耶穌使用「人子」時加上定冠詞，因此產生嶄新而破天荒的意義：人子成了「頭銜」，而不只是慣用語。簡言之，耶穌不是以「一個人子」自稱，而是以「這個人子」自稱。

耶穌以獨特的方式使用這個神祕難解的詞彙，對他的聽眾來說，等於賦予了這個詞全新的意義。我們通常以為當耶穌稱自己是人子時，猶太人都知道那是什麼意思。但猶太人並不知道。事實上，耶穌時代的猶太人對「人子」一詞並沒有統一的概念。不是因為猶太人對這個詞不熟，相反地，猶太人看到這個詞馬上就會聯想到《以西結書》、《但以理書》或《詩篇》裡的各種意象；而是因為猶太人無法像看待「神的兒子」那樣，把人子想成是一種頭銜。

耶穌也從《希伯來聖經》中獲取人子的意象，他心目中的人子擁有具體的形貌，而不只是「人」的代稱。耶穌可能參考《以西結書》，書中提到先知以西結被稱為「人子」將近九十次：「他〔神〕對我說，『人子〔ben adam〕阿，你站起來，我要和你說話』」（以西結書2:1）。不過，學者一般還是認為，耶穌對人子的詮釋主要參考來源還是《但以理書》。

《但以理書》成書於塞琉古國王神顯者安條克（175 B.C.E.-164 B.C.E.）在位時期——這位國王認為自己是神——書中記錄先知但以理在巴比倫宮廷擔任預言家時看見的一連串末日異象。在其中一個異象中，但以理看見四頭巨獸從大海上來——每頭巨獸分別代表四大王國：巴比倫、波斯、米底亞（Medea）與安條克的希臘王國。這四頭巨獸肆無忌憚地在人間橫衝直撞，掠奪踐踏人類的城市。在一片死亡與毀滅中，但以理看見「亙古常在者」（上帝）坐在火燄的寶座上，祂的衣服潔白如雪，頭髮如純淨的羊毛。「事奉他的有千千，在他面前侍立的有萬萬。」亙古常在者審判巨獸，殺死與燒死一些，剩下的則是剝奪牠們的權柄。

然後，正當但以理被眼前景象震懾住時，他看見「有一位像人子〔bar enash〕的，駕著天雲而來」。

但以理描述這個神祕人物時寫道，「他被領到亙古常在者面前。得了權柄、榮耀、國度，使各方各國各族的人都事奉他。他的權柄是永遠的，不能廢去，他的國必不敗壞」（但以理書7:1-14）。因此，「有一位像人子的」——但以理的用詞說明這是一個具體的人——他被賦予統治世間的最高權力，並且被授予國王的權柄，諸國與諸民族都必須聽從他的號令。

在《聖經》裡，用「人子」來指稱具體而單一的人的篇章不限於《但以理書》與《以西結書》。在偽經《以斯拉四書》（4 Ezra）與《以諾一書》（1 Enoch）中，人子的用法也與《但以理書》、《以西結書》大致相同，而更明確的是《以諾一書》的寓言部分，一般稱為〈比喻之章〉（以諾一書37-72）。〈比喻之章〉提到以諾看到異象，他擡頭望天，看見一個人，他稱為「屬義的人子」。以諾稱這個人為「被選中的人」，並且表示上帝在創造萬物之前，就已經任命此人來到世間，他將代表上帝審判世人。他將被授予永恆的權力與統治地上的國王身分，他將嚴厲審判世上所有國王。富人與有權勢之人將乞求他的憐憫，但他將毫不留情。在敘述最後，讀者發現這個人子就是以諾自己。

在《以斯拉四書》中，人子將從海中迸出，駕著「天雲」而來。與《但以理書》與《以諾書》一樣，以斯拉的人子也要來審判邪惡之人。他被賦予了重建以色列十二支派的任務，他將在錫安山上集結兵力，然後消滅人類的軍隊。然而，雖然以斯拉的末日審判者看起來「像個人」，但他不是凡夫俗子。他的存在先於萬物，擁有超自然的力量，他的嘴裡能噴出火燄，燒毀上帝的敵人。

《以斯拉四書》與《以諾一書》的〈比喻之章〉都成書於西元一世紀末，也就是耶路撒冷被毀之後，此時離耶穌去世已經很長一段時間了。無疑地，這兩部偽經影響了早期基督徒。早期基督徒應該能理解偽經中描述的較具精神面、其存在先於萬物的理想人子形象，他們藉此重新詮釋了耶穌的使命與身分，而這也有助於解釋耶穌為什麼無法在人世實現他的彌賽亞任務。尤其《馬太福音》，它的寫作年代與〈比喻之章〉以及《以斯拉四書》約略同時。《馬太福音》似乎大量借用這兩部作品的意象，包括人子在末日將會坐上的「榮耀的寶座」（馬太福音19:28；以諾一書62:5），以及人子將會把所有為惡者丟入的「火爐」（馬太福音13:41-42；以諾一書54:3-6）——「榮耀的寶座」與「火爐」這兩個詞在《新約》裡就出現這麼一次。但拿撒勒人耶穌早在〈比喻之章〉與《以斯拉四書》成書的六十多年前就已經去世，他不可能受到這些書籍的影響。因此，《以諾一書》／《以斯拉四書》所呈現的人子意象，也就是上帝在時間開始之初揀選了永恆的人子，讓他代表上帝審判世人、統治人間。之後，人們終於將這種人子意象轉移到耶穌身上（到了約翰寫福音書時，人子已經變成完全神聖的形象——「道」——如同以《斯拉四書》的原初之人），但耶穌自己卻不是這麼理解人子的。

如果我們接受一般共識，認為耶穌說的人子，其意義主要（但並非唯一）取材自《但以理書》，那麼我們應該探討福音書裡耶穌使用的人子最貼近《但以理書》的那段話，藉以找出耶穌想用人子一詞來表示什麼。而相當湊巧的是，這段提及人子的文字剛好出現在耶穌人生接近終點之時。絕大多數學者都同意，這段文字真實無誤，而且確實出自歷史耶穌之口。

根據福音書的說法，耶穌被帶到猶太公會成員面前回應對他的指控。祭司長、長老與文士，一個接一個指控耶穌的行為，而耶穌只是坐著，他沒有表情，保持沉默，不作回應。最後，大祭司該亞法站起來，他直接問耶穌，「你是不是彌賽亞？」

就在這裡，這段從約旦河神聖河畔開始的旅程走到了終點，彌賽亞的祕密終於被掀開，而耶穌的真實本質也遭揭露。

「我是，」耶穌回道。

然而，耶穌在對自己的彌賽亞身分做了最清楚與最簡潔的回應之後，緊接著這句出神的勸誡之語——耶穌直接引用了《但以理書》——卻又讓人深陷五里霧中：「你們必看見人子，坐在那權能者的右邊，駕著天上的雲降臨」（馬可福音14:62）。

耶穌回覆大祭司時，前半部引用了《詩篇》，上帝承諾大衛王，讓他坐在祂的右邊，「等我使你仇敵作你的腳凳」（詩篇110:1）。但後半部的「駕著天上的雲降臨」，卻是直接引用但以理在異象中看到的人子（但以理書7:13）。

這已經不是第一次，耶穌把人們宣稱他是彌賽亞的事轉移成人子即將遭受的責難。彼得在該撒利亞腓立比附近透露耶穌是彌賽亞之後，耶穌先是不許他告訴別人，然後又描述人子必將遭受苦難與棄絕，而後被殺，三日後又將復活（馬可福音8:31）。在山上變了形貌之後，耶穌要門徒守密，直到「人子從死裡復活」（馬可福音9:9）。從這兩個例子可以看出，當有人指出耶穌的彌賽亞身分時，耶穌總是提出人子的概念來轉移焦點。即使當耶穌的生命即將結束，他站在指控者面前，仍堅持彌賽亞必須與《但以理書》的人子詮釋一致，他才願意接受這個頭銜。

這顯示，要揭開彌賽亞祕密的關鍵——連帶可以揭露耶穌如何看待自己——必須從解讀耶穌如何獨特地詮釋《但以理書》「有一位像人子的」這句話入手，而我們也最有可能從這裡發掘耶穌認為自己是誰。因為《但以理書》裡這個耐人尋味的人子，從未公開被當成彌賽亞，而他顯然毫無疑問是國王——他將以上帝之名統治世上所有人。當耶穌把「人子」這個奇怪的頭銜加在自己頭上時，他心裡想的是否就是這個意思？他是否稱自己為國王？

誠然，耶穌經常提到人子，而且說法經常矛盾。人子是有權力的（馬可福音14:62），但經常受苦難（馬可福音13:26）。人子出現在人世間（馬可福音2:10），但未來才會來臨（馬可福音8:38）。人子將被眾人棄絕（馬可福音10:33），但終將審判世人（馬可福音14:62）。人子是統治者（馬可福音8:38），又是奴隸（馬可福音10:45）。這些表面看來矛盾的陳述，其實與耶穌說的上帝的國度，都有著一貫的關係。事實上，人子與天國這兩個觀念在福音書中是彼此連結的，彷彿它們代表的是同一個概念。福音書在描述這兩個觀念時，使用的詞彙極為相似，有時候用來描述這兩個觀念的說法還可互換。例如《馬太福音》把《馬可福音》著名的第九章第一節——「我實在告訴你們，站在這裡的，有人在沒嘗死味以前，必要看見神的國大有能力臨到」——改成，「我實在告訴你們，站在這裡的，有人在沒嘗死味以前，必看見人子降臨在他的國裡」(馬太福音16:28)。

馬太用一個詞取代另一個詞，意味著人子的國與神的國是一樣的。而由於神的國的建立是以翻轉現有秩序為前提，因此在上帝的國度裡，窮人將成為富人，弱者將變成強者，於是，最能具體反映社會秩序翻轉的人，就最能代表上帝統治世界。那就是農民國王。一個沒有地方可以安睡的國王。一個事奉人的國王，而非受事奉的國王。一個騎驢的國王。

當耶穌自稱人子，以但以理的描述為頭銜時，耶穌已經清楚表明他的身分與使命。他把自己與大衛彌賽亞的典範結合起來，大衛是代表上帝統治人世的國王，他將結合以色列十二支派(以耶穌來說，指的是坐在「十二個寶座」上的十二使徒)，恢復以色列民族過去的光榮。耶穌主張自己的地位與大衛王一樣，「坐在那權能者的右邊」。簡言之，耶穌稱自己是國王。耶穌表示——儘管他刻意用一種不欲人知的方式——他的角色不只是透過行奇蹟來引進上帝的國度，而是代表上帝統治這個國度。

耶穌瞭解自己稱王的野心將帶來明顯的危險，因此，他竭力避免自己步上其他敢以國王自稱的人的命運。耶穌不讓其他人叫他彌賽亞，相反地，他選擇接受另一個更模糊且更少人知道的頭銜：「人子」。彌賽亞的祕密因此來自於這樣的緊張關係：雖然追隨者想把彌賽亞的頭銜給予耶穌，但耶穌卻希望自己的人子身分能比彌賽亞頭銜更廣為人知。

無論耶穌怎麼看自己，有一件事實不容否認，那就是耶穌自始至終都未能建立上帝的國度。早期教會的選擇因此很清楚：不是把耶穌當成另一個失敗的彌賽亞，就是認定耶穌時代的猶太人對彌賽亞的期望是錯的，因此必須調整。對於認為耶穌時代猶太人的期望是錯的人來說，《以諾一書》與《以斯拉四書》（兩書成書的年代與耶穌去世的年代相隔甚遠）的末日意象為他們鋪平了道路，這兩本書允許早期教會摒棄耶穌所認定的自己（他是國王，也是彌賽亞），而代之以嶄新的後猶太叛亂的彌賽亞典範，亦即耶穌先於萬物而存在，是預先決定的，是來自天國的神聖人子，他的「王國」並不存在於此世。

但耶穌的王國——上帝的國度——其實存在於此世。貧窮的加利利農民宣稱自己是國王，看起來可能有點可笑，但是與耶穌同樣存有彌賽亞野心的人比較起來，如加利利人猶大、米拿現、吉歐拉之子西門、科克巴之子西門與其他人，耶穌並不特別荒謬。與這些人一樣，耶穌稱王的基礎不在於權力或財富。與他們一樣，耶穌沒有龐大的軍隊可以推翻人的國度，也沒有艦隊可以在海上掃滅羅馬人。他用來建立上帝國度的唯一武器，就跟在他之前與之後的彌賽亞使用的武器一樣，也跟最終順利將羅馬帝國逐出耶路撒冷的叛軍與強盜使用的武器相同，這項武器就是「熱誠」(zeal)。

現在，隨著逾越節的慶典即將來臨——這個節日是為了紀念以色列脫離外邦人的統治——耶穌終於要將他的訊息帶進耶路撒冷。有了熱誠做為自己的武器，耶穌將直接挑戰聖殿當局與羅馬監督者，事實上，羅馬人才是聖地真正的統治者。然而，雖然正值逾越節，耶穌並不打算以一介底層朝聖者的身分進入聖城。他是耶路撒冷合法的國王；他來是為了登上上帝的寶座。而一名國王進入耶路撒冷，必須要有萬民簇擁，群眾必須揮舞著棕櫚枝，宣布他已戰勝上帝的敵人，並且脫下衣服鋪在道路上讓他通過，他們喊著：「和散那歸於大衛的子孫！奉主名來的，是應當稱頌的，高高在上和散那」(馬太福音21:9；馬可福音11:9-10；路加福音19:38)。

第十二章
除了該撒，我們沒有王

他禱告的時候，那些人終於來找他：一群桀驁不馴之徒，手持刀劍、火把、棍棒，奉了祭司長與長老之命，前來客西馬尼園，將藏身此地的耶穌帶走。這些人的出現是意料中的事。耶穌已經警告他的門徒，這些人會來找他。這也是為什麼他們躲在客西馬尼，隱蔽在黑暗之中，身上還帶著刀劍——依照耶穌的囑咐。他們已經準備好要戰鬥。然而，追捕的人很清楚哪裡可以找到他們。他們得到十二門徒其中一人的密報，加略人猶大，他知道他們藏身的地方，而且能輕易指認耶穌。儘管如此，耶穌與他的門徒不輕易就範。有個門徒抽刀拚鬥，大祭司的僕役因此受傷。然而，這群門徒終究還是落敗，被迫拋下他們的老師，在黑夜中逃走，而耶穌則遭到逮捕、捆綁並且帶回城內面對指控他的人。

他們把耶穌帶到大祭司該亞法的庭院，祭司長、文士與長老——所有猶太公會成員——

全聚集在這兒。他們質問耶穌，他威脅要對聖殿做的事，並且用耶穌自己的話來指控他：「這個人曾說，我能拆毀神的殿，三日內又建造起來。」

這是非常嚴重的指控。聖殿是猶太人主要的活動地點與宗教場所。聖殿是猶太教崇拜的唯一源頭，也是羅馬人統治猶太地區的重要象徵。對於聖殿，即使是最輕微的威脅，也會立即引起祭司與羅馬當局的注意。幾年前，兩名狂熱派拉比——塞佛雷斯之子猶大（Judas son of Sephoraeus）與瑪加魯斯之子馬提亞（Mathias son of Margalus）——把他們的計畫告訴弟子，他們打算將大希律王放置在聖殿正門上方的金鷹移走，結果兩名拉比與四十名弟子遭到圍捕並且活活燒死。

不過耶穌拒絕回應這些指控，或許是因為他無話可說。畢竟，他不只一次公開威脅耶路撒冷聖殿，他曾誓言「將來在這裡沒有一塊石頭留在石頭上不被拆毀了」（馬可福音13:2）。他才在耶路撒冷待幾天，就已經在外邦人之庭引發暴動，而且還用暴力妨礙聖殿的商業交易。他以免費的醫治與驅魔，來取代聖殿要求的昂貴的血與肉的獻祭。三年來，耶穌不斷指責聖殿祭司，挑戰他們的地位與權力。他把文士與長老貶低成「毒蛇的種類」，而且承諾當上帝的國度來臨時，將掃滅一切祭司階級。他傳布的訊息，主要就是推翻既有的秩序，他要除去的對象，就是現在站在他面前審判他的人。在這種狀況下，耶穌還有什麼話好說？

到了早上，耶穌再度被五花大綁，在衛士戒護下，穿過安東尼亞要塞的厚實城牆去見彼拉多。身為總督，彼拉多在耶路撒冷的主要職責是代表皇帝維護治安。一名猶太貧農與按日計酬的工人需要解送到他面前，理由只有一個，那就是他危害了當地秩序。若非如此，總督絕不會費神聽訟問案。根據歷史記載，彼拉多對審訊興趣缺缺。在他擔任耶路撒冷總督的十年期間，他只靠著蘆葦筆輕輕在莎草紙上一劃，就把數千人送上十字架。彼拉多願意與耶穌同處一室，紆尊降貴地「審判」耶穌，這簡直是難以想像的事。這種情況，若不是耶穌對耶路撒冷治安的危害實在太大，使他得以從幾名猶太人中雀屏中選站在彼拉多面前為自己的罪名辯護，那麼就是耶穌在彼拉多面前接受審判這件事是虛構的。

但後者也有令人質疑的地方。福音書描述的場景確實帶有強烈的戲劇意味。這是耶穌傳道的最後時刻，是三年前開始於約旦河的旅程終點。在《馬可福音》中，耶穌在見過彼拉多之後說的唯一一句話——當時他在十字架上痛苦地扭動著。「我的神，我的神，為什麼離棄我？」（馬可福音15:34）。

不過，在馬可講述的故事裡，從耶穌在彼拉多面前受審，到他在十字架上死亡，這中間過程的描述，似乎充滿了不可思議與明顯刻意的安排，令人懷疑耶穌被釘十字架之前的這段描述是否屬實。彼拉多審問耶穌之後，認為他沒有犯罪，因此讓耶穌與另一個名叫巴拉巴的強盜同列，巴拉巴的罪名是在聖殿的一場暴動中，殺死了羅馬衛兵。根據《馬可福音》的說法，當時有一個慣例，羅馬總督在逾越節期間可依照猶太人的請求釋放一名犯人。猶太人想釋放誰都可以。當彼拉多問群眾想釋放誰——耶穌，傳道者與羅馬叛徒，或者是巴拉巴，暴亂者與殺人犯——群眾要求放了暴亂者，將傳道者釘十字架。

「為什麼呢？」彼拉多問道，想到要將這名無辜的猶太農民處死，他感到痛苦。「他做了什麼惡事呢？」

但群眾叫嚷得更大聲了，他們要處死耶穌。「把他釘十字架！把他釘十字架！」（馬可福音15:1-20）。

這個場景毫無道理。姑且不論在福音書外我們找不到任何史料提到羅馬總督在逾越節有釋放犯人的慣例。真正令人難以置信的是福音書作者對彼拉多的描繪——此人以仇視猶太人聞名於世，賤視猶太教的儀式與傳統，而且嗜殺無度，曾因為簽署過多的處決令而遭人一狀告上羅馬——他居然會花時間為一名煽動暴亂的猶太人說情。

馬可為什麼要捏造如此明顯虛假的場景？猶太人讀到這段故事一定馬上知道是假的。答案很簡單：馬可不是寫給猶太人看的。馬可的讀者在羅馬，那也是馬可居住的地方。馬可動筆撰寫拿撒勒人耶穌的生平與死亡的時間，猶太叛亂才剛平定幾個月，耶路撒冷被毀也不過是不久前的事。

與猶太人一樣，早期基督徒一直尋找理由來解釋猶太叛亂造成的傷害及其後果。更重要的是，基督徒必須正視上帝國度並未實現的事實，他們必須重新詮釋耶穌的革命訊息以及耶穌身為人子的自我認同。在猶太人離散到羅馬帝國各地的狀況下，福音書作者自然而然傾向疏遠猶太獨立運動，盡可能削除耶穌故事中的激進主義或暴力、革命或狂熱派的暗示，並且將耶穌的言行融入他們所處的政治情勢裡。耶路撒冷的基督教社群絕大多數並未參與對抗羅馬的戰爭，這使得福音書作者的工作變得比較容易，他們因此可以將這場戰爭解釋為彌賽亞所承諾的末日預兆。根據西元三世紀史家該撒利亞的優西比烏（Eusebius of Caesarea）的說法，戰亂期間，耶路撒冷有許多基督徒逃到約旦河對岸。「耶路撒冷教會的民眾，」優西比烏寫道，「他們根據天啟給予信眾的預兆，在戰前遵照指示離開耶路撒冷，居住在佩里亞的某個城市，他們稱為佩拉（Pella）」。許多人提到，沒有離開的教會民眾，在西元七〇年時全遭到消滅，而早期基督教社群在耶路撒冷留下的一切，也全埋在瓦礫堆中。

隨著聖殿傾頹，猶太宗教遭到輕賤，將耶穌視為彌賽亞而追隨的猶太人，面臨一項抉擇，而做出決定並不難：他們可以選擇繼續維持舊宗教的崇拜儀式，但這麼做將遭到羅馬人的敵視（羅馬人對基督徒的敵視是更以後的事）；或者，他們可以選擇與猶太教一刀兩斷，並且將他們的彌賽亞從強悍的猶太民族主義者，轉變成強調和平與慈善的傳道者，他想建立的國度在彼世而非此世。

害怕羅馬人報復只是促使這些早期基督徒決定轉變的原因之一。隨著耶路撒冷遭到搶掠，基督教不再是一個猶太教小宗派，也不再以聚居數十萬猶太人的猶太地區做為自己的發展據點。西元七〇年之後，基督教運動的中心，從猶太人的耶路撒冷，轉移到地中海的希臘羅馬城市：亞歷山卓、哥林多、以弗所、大馬士革、安提阿、羅馬。耶穌被釘十字架之後，過了一個世代，追隨他的外邦人在人數以及影響力上都已超越猶太人。到了西元一世紀末，當福音書都撰寫完畢時，羅馬——特別是羅馬的知識菁英——也成了基督教傳福音的主要目標。

想要向這些民眾傳教，福音書作者必須具備創意。他們不僅要把任何有關革命熱忱的證據從耶穌的生命中除去，還必須完全免除羅馬人對耶穌的死的責任。「是猶太人殺害了彌賽亞。」羅馬人在不知情的狀況下成了大祭司該亞法的工具，該亞法存心殺害耶穌，但他沒有法律權威來做這件事。大祭司欺騙了羅馬總督彼拉多，使其執法失當，釀成悲劇。可憐的彼拉多已經盡力拯救耶穌，但猶太人大聲叫嚷著要處死耶穌，彼拉多別無選擇，只能向他們屈服，將耶穌釘十字架。事實上，只要福音書成書的時間離西元七〇年與耶路撒冷被毀愈遠，彼拉多與耶穌的死就愈不相關。

《馬太福音》是在猶太叛亂結束二十多年之後於大馬士革寫成，裡頭描述彼拉多費盡心思設法釋放耶穌。馬太筆下的彼拉多被妻子警告，要他不要管「這無辜之人」的事，而彼拉多也知道，宗教當局只是「出於嫉妒」才把耶穌交給他。於是彼拉多洗淨自己的雙手，表示耶穌的死與他無關，「流這義人的血，罪不在我，你們承當罷。」

馬太重述馬可的說法，提到猶太人「全體」——亦即，整個猶太民族（pas ho laos）——回應彼拉多，從這天到末日，他們會扛起處死耶穌的罪責：「他的血歸到我們和我們的子孫身上！」（馬太福音27:1-26）。

路加寫作的時間約略與馬太同時，寫作地點在希臘城市安提阿。路加不僅同意彼拉多毋須為耶穌的死負責，他還出人意表地把免罪的範圍延伸到希律．安提帕。路加重述馬可的故事，他說彼拉多責罵祭司長、宗教領袖與民眾對耶穌的指控。「你們解這人到我這裡，說他是誘惑百姓的。看哪，我也曾將你們告他的事，在你們面前審問他，並沒有查出他什麼罪來。就是希律也是如此，所以把他送回來，可見他沒有做什麼該死的事」（路加福音23:13-15）。彼拉多「三次」想說服猶太人打消殺死耶穌的念頭，但最後他還是不得已同意猶太人的請求，把耶穌釘十字架。

因此，不令人意外地，最後一部正典化的福音書終於把彼拉多的無辜與猶太人的罪愆推至極點。在《約翰福音》中——完成於西元一〇〇年之後，地點在以弗所（Ephesus）——彼拉多竭盡全力想挽救這名可憐的猶太農民，不是因為他認為耶穌無罪，而是他似乎相信耶穌可能真的是「神的兒子」。然而，在與猶太當局交涉無效之後，彼拉多「不得不」接受頑劣群眾的請求，將耶穌處死——但是別忘了，這名無情的總督擁有兵權，他每隔一段時間就會派兵到街上屠殺，報復那些對他的決策不滿的居民（例如，他曾偷取聖殿寶庫的財寶充當建設耶路撒冷輸水道的經費)。

當彼拉多把耶穌送去釘十字架時，耶穌清楚表示誰該為他的死負責：「把我交給你的那人，罪更重了，」耶穌對彼拉多說道，他免除了彼拉多的罪，將所有罪責交給猶太宗教當局承擔。然後，約翰又加上最後一句過分的話，嚴重侮辱了猶太民族。當時的猶太人已經處於暴動邊緣，但約翰卻把西元一世紀巴勒斯坦猶太人最不可能說的那句最下流且最褻瀆神明的話算在猶太人頭上。當彼拉多問到該如何處置「他們的王」時，猶太人回答說，「除了該撒，我們沒有王！」(約翰福音19:1-16)。

因此，馬可捏造故事原本只是為了便於傳福音，因此他免除了羅馬處死耶穌的罪過，但隨著時間推移，這則故事卻演變出荒謬的內容，成了兩千年來基督徒反猶太主義的根據。

耶穌獲得彼拉多短暫的聆聽，當然這一點不難想見，不過這種狀況只有在他犯的是滔天大罪，才會出現。耶穌畢竟不是單純的麻煩製造者。耶穌以挑釁的姿態進入耶路撒冷，大批支持群眾追隨著他，並且在鼓譟下高喊耶穌是王；他在聖殿引起了民眾騷動；當局最後還出動大量兵力到客西馬尼園逮捕他——這些情況顯示當局認為拿撒勒人耶穌嚴重威脅了猶太地區的穩定與秩序。而這樣的「罪犯」很可能值得彼拉多的關注。但是耶穌接受的任何審判都是簡短而馬虎的，這些審判的唯一目的只是讓官方記錄耶穌是因為什麼罪名而被處決。因此，在四福音書的敘述裡，彼拉多問了耶穌一個問題：「你是猶太人的王麼？」

如果福音書的故事是一場戲（事實上也是如此），那麼耶穌回答彼拉多的問題就是高潮，而後便迎來故事的結局：釘十字架。耶穌將在此時為自己過去三年來的言行付出代價：抨擊祭司當局；譴責羅馬占領統治；顯現出國王般的權威。這些言行正如耶穌所言，不可避免將招致審判。而在審判後，等待他的將是十字架與墓穴。

然而，在耶穌短暫的生命中，這段受難過程卻是最曖昧不清，最讓學者無法參透的。之所以如此，原因可能與當時流傳了太多說法有關，耶穌受審與釘十字架的故事也完全根據這些說法而來。回想起來，《馬可福音》是最早寫成的福音書，但在《馬可福音》寫成之前已經有各種關於耶穌的口述與文字資料，這些都由耶穌最初的追隨者傳承下來。其中一件資料我們之前曾經提過：這份資料與《馬太福音》及《路加福音》相比顯得十分獨特，學者稱為Q資料。我們有理由相信，在《馬可福音》之前還有其他資料專門記錄耶穌的死亡與復活。這些所謂的受難敘事將事件始末做了基本的時間排序，它反映了最早期的基督徒如何理解耶穌最後一段人生路程：最後的晚餐。加略人猶大的背叛。在客西馬尼園被捕。面對大祭司與彼拉多。釘十字架與埋葬。三天後復活。

這些事件的排序實際上並不包含敘事，它的目的主要是為了禮拜儀式。早期基督徒透過禮拜儀式來感受彌賽亞最後數日的經歷，例如，分享與耶穌和門徒分享的一樣的餐點，誦念耶穌在客西馬尼園誦念的祈禱文等等。馬可對受難敘事的貢獻，在於他把儀式化的事件順序轉變成統整連貫的耶穌死亡故事。之後，馬太與路加又修訂馬可的故事，將其整合到自己的福音書中，並添加自身獨特的辭藻（約翰的福音書也許取材自另外一套受難敘事，因為他對耶穌最後數日的細節描述，幾乎都跟對觀福音書記載的不同）。

與福音書記載的其他內容一樣，耶穌被捕、受審與處死的故事之所以被記述下來，原因只有一個：證明耶穌是應許的彌賽亞。事實是否精確並不重要。重要的是基督論述，而非歷史。福音書作者顯然清楚耶穌死亡的故事對於初生的基督教社群不可或缺，只是這則故事還需要加以闡述發揮。它需要放慢節奏，重新聚焦。福音書作者還需要充實細節，修潤文字。於是，拿撒勒人耶穌的故事最後，同時也是最重要的部分，在神學敷抹與虛構加添下，竟模糊得難以看清真相。現代讀者若想從受難敘事中重新獲取一些精確的史實，唯一的辦法是把福音書作者覆蓋在耶穌死亡上的東西緩緩去除，回歸故事最原始的版本。我們可以從福音書當中推敲出這個版本，而達成這個目標的唯一辦法就是從故事的末尾開始進行，也就是耶穌被釘十字架。

上古時代，釘十字架是一個廣泛而極為普遍的處決方式，波斯人、印度人、亞述人、斯基泰人（Scythians）、羅馬人與希臘人都曾使用這種刑罰。就連猶太人也實施過；拉比的文獻不乏釘十字架的紀錄。釘十字架之所以普遍，主要是因為便宜。只要有樹木，幾乎任何地方都能釘十字架。不需要任何人力，就可以讓折磨的過程持續數日。釘十字架的程序——受刑者掛在十字架上的方式——完全交由處刑者來處理。有些人被釘十字架是採頭下腳上的姿勢。有些人的私處被刺穿。有些人被蒙著頭。但絕大多數是全身赤裸。

羅馬時代，釘十字架成為固定的國家刑罰，程序變得統一，尤其規定要將手與腳釘在十字架的橫柱上。羅馬帝國時期，釘十字架非常普遍，西塞羅曾經用「那個討厭的東西」來稱呼它。對民眾來說，「十字架」（crux）成了流行的粗話，等於罵人「去死」。

然而，把釘十字架稱為死刑畢竟不是精確的說法，通常的做法是，先處死受刑者，再釘十字架。釘十字架的目的與其說是殺死犯人，不如說是殺一儆百，警告民眾不要違反國家的法令。因此，釘十字架總是在公眾面前進行——在十字路口、劇場、山丘或高地——讓民眾不得不看到這個可怕的景象。犯人在死了之後，依然掛在十字架上；被釘十字架的人幾乎不會下葬。因為釘十字架的重點就在於羞辱犯人與威嚇旁觀者，屍體會繼續掛在十字架上，最後不是被野狗吃掉，就是被猛禽啃食。骨頭任意棄置，形成垃圾堆，各各他——耶穌釘十字架的地方——因此得名：各各他的意思就是髑髏地。簡言之，對羅馬而言，釘十字架要比死刑更有效果；它以公開的方式提醒民眾，挑戰帝國會是什麼下場。這是為什麼釘十字架總是留給最極端的政治犯：叛國、造反、煽動群眾、強盜。

就算人們對拿撒勒人耶穌一無所知，只知道他被羅馬人釘十字架，那麼光憑這點也能推知他是誰，他是什麼樣的人物，以及他為什麼被釘十字架。耶穌的罪名在羅馬人眼中是不證自明的。它就寫在牌子，安在他的頭上：拿撒勒人耶穌，猶太人的王。他的罪名是膽敢有稱王的野心。

福音書提到和耶穌一起釘十字架的還有其他強盜（lestai）：其實這裡的強盜指的是革命分子，也就是說，他們犯的罪跟耶穌一樣。但路加顯然不喜歡這個詞的含義，因此他把lestai改成kakourgoi，也就是evildoer（為惡之人）。然而，無論路加怎麼做，都無法掩蓋一項最基本的事實：耶穌是因為犯下煽動叛亂罪而被羅馬當局處死。其他在拿撒勒人耶穌最後幾天發生的事，也應該從這個單一而不容否定的事實來解讀。

因此，我們可以認為福音書描述的這場在彼拉多面前的戲劇性審判，純粹只是作者的虛構幻想，理由前面已經說得很清楚。就算彼拉多真的曾親自審問耶穌，那也肯定十分短暫，而且對彼拉多來說，這應該又是一件審問後便完全遺忘的案子。總督不可能費神再去查閱日誌，努力回想耶穌的長相，更甭說花時間跟耶穌交談，探討案子的真相。

彼拉多問耶穌一個問題：「你是猶太人的王麼？」他把耶穌的回應記在日誌裡。他記錄了罪名。然後他把耶穌送到各各他，讓他加入那群即將死亡或已無氣息之人的行列。

即使是彼拉多之前的猶太公會審判，也必須從釘十字架的角度來重新檢視。福音書呈現的這場審判故事，雖然前後不一，充滿矛盾，但故事的梗概還是可以整理如下：耶穌在逾越節期間，也就是安息日前一天的夜裡遭到逮捕。他在夜幕掩蓋下被帶到大祭司的庭院，猶太公會的成員已在那裡等候多時。此時，一群證人出面指證耶穌威脅要破壞耶路撒冷聖殿。當耶穌拒絕回應這些指控時，大祭司直接問他，他是不是彌賽亞。四個福音書記載的回應各不相同，但都提到耶穌宣稱自己是人子。耶穌的說法激怒了大祭司，他立即指控耶穌犯了褻瀆神明的罪行，而這可是死罪。第二天早晨，猶太公會把耶穌交給彼拉多釘十字架。

這個場景的問題實在多不勝數。猶太公會的審判過程幾乎違反了猶太律法裡法律程序的一切要件。《米什拿》在這方面的規定十分嚴格。猶太公會禁止在夜間集會，禁止在逾越節期間集會，禁止在安息日前夕集會。當然，《米什拿》也禁止猶太公會如此隨便地在大祭司家宅院子（aule）裡集會，《馬太福音》與《馬可福音》的記載顯然有違規定。在證人出面指認之前，必須先列出被告無罪的各項理由。有人認為，《米什拿》中的拉比所訂定的審判規則不適用於西元三〇年代（也就是耶穌受審之時），然而如果考慮到福音書作者也不是在西元三〇年代寫福音書，那麼這樣的論點並不能說明什麼。福音書裡耶穌被猶太公會審判的敘事，其中所反映的社會、宗教與政治背景其實是西元七〇年以後的拉比猶太教：也就是《米什拿》時代的猶太教。至少，這些明顯的錯誤已證明福音書作者對於猶太律法與猶太公會的運作極其無知。而光憑這些就足以讓人對福音書描述的該亞法審判耶穌的歷史真實性存疑。

即使找得到理由解釋這些違反規定的現象，但猶太公會審判最大的問題其實在於它的判決。如果大祭司真的問耶穌是不是彌賽亞，而耶穌的回答如果確實褻瀆了神明，那麼《摩西五經》對於褻瀆神明的懲罰，記載得再清楚不過：「那褻瀆耶和華名的，必被治死；全會眾總要用石頭打死他」（利未記24:16）。司提反就是因為褻瀆神明而遭受投石之刑，當時他稱耶穌為人子（使徒行傳7:1-60）。司提反並未轉交給羅馬當局治罪，而是當場就被石頭打死。在羅馬統治下，也許猶太人確實沒有處死犯人的權力（不過他們還是處死了司提反）。但我們不能忘了一件最根本的事實：耶穌最後不是被石頭打死，他褻瀆神明的罪名也沒有被論處；他實際上被論處的是煽動叛亂，是羅馬人判了他釘十字架之刑。

彼拉多審判耶穌的故事只有一小部分是真的，其餘皆不可信，同理，猶太公會審判耶穌的故事也是如此。猶太當局之所以逮捕耶穌，是因為他們認為耶穌對聖殿權威構成威脅，而且可能動搖耶路撒冷的社會秩序，而維護秩序屬於猶太當局和羅馬協議取得的權力範圍。嚴格來說，猶太當局對於死刑案件並無管轄權，因此只好將耶穌交由羅馬人審理，最後定下煽動叛亂的罪名。彼拉多與該亞法之間的私交也許加快了移送的過程，但其實羅馬當局要處死猶太叛亂分子並不需要什麼理由。彼拉多對付耶穌的方式就跟他對付危害社會秩序的人一樣：直接送去釘十字架。連審判都免了。畢竟，當時正值逾越節，耶路撒冷的局勢特別緊繃，城內擠滿了朝聖者。任何可能的麻煩都必須立刻加以撲滅。無論耶穌是誰，他顯然是個麻煩。

彼拉多在日誌裡記下耶穌的罪名之後，耶穌就被帶出安東尼亞要塞，來到庭院。耶穌在這裡被剝個精光，綁在木樁上，接著遭受殘忍的鞭笞，這是釘十字架前固定要受的刑罰。羅馬人把十字架的橫柱放在耶穌的頸背，將他的手臂往後折起倒掛在橫柱——還是一樣，這是慣例——曾經承諾要從猶太人脖子上移走占領者加諸的軛的彌賽亞，如今自己也像牲畜一樣扛著軛，走向屠夫。

與其他被判釘十字架之刑的人相同，耶穌必須自己扛起十字架的橫柱，走到耶路撒冷城外的山上，它就位在通往城門的道路上——或許就是幾天前他以王者之姿進城的那條道路。藉由這種方式，每個進城參加神聖慶典的朝聖者一定會看見耶穌受苦的情景，用來提醒民眾，凡是違抗羅馬統治的人會有什麼下場。橫柱綁在支架或木柱上，耶穌的手腕與腳踝分別用三根鐵釘釘在木柱或橫柱上。舉起木柱，讓十字架垂直立起。被釘十字架的人不久就會死去。只需幾個小時的時間，耶穌的肺就會感到疲倦，無法呼吸。

這座光禿禿的山嶺就這樣立滿了十字架，數百名垂死的罪犯痛苦叫喊呻吟著。烏鴉在他的頭上急切地盤旋，等待他斷氣的那一刻，這個名叫拿撒勒人耶穌的彌賽亞，將與在他之前或之後的每個彌賽亞一樣，遭遇同樣羞辱的結局。

唯一不同的是，這名彌賽亞將不被世人遺忘。

第三部

你們要在錫安吹角；
在我聖山吹出大聲！
國中的居民，都要發顫，
因為耶和華的日子將到，
已經臨近；
那日是黑暗、幽冥，
密雲、烏黑的日子。
《約珥書》2:1-2

序言
擁有肉身的神

司提反因為褻瀆神明而被憤怒的猶太暴民用石頭砸死，他是耶穌釘十字架後第一個遭到殺害的耶穌追隨者，而在他之後，還將有人受害。耐人尋味的是，這位因稱呼耶穌為「基督」而率先殉道之人，並不認識拿撒勒人耶穌。畢竟司提反不是耶穌的門徒，他從未見過這名自稱坐在天國寶座上的加利利農民與按日計酬勞工。他從未與耶穌同行，也沒跟耶穌說過話。當狂喜的群眾把耶穌當成合法的國王一樣歡迎他進入耶路撒冷時，司提反並未參與其中。他也未參與聖殿的騷動。當耶穌被捕，並且以煽動叛亂的罪名被起訴時，他不在現場，也未親眼見到耶穌死去。

司提反是在耶穌釘十字架以後，才知道拿撒勒人耶穌這個人。司提反是說希臘語的猶太人，住在聖地以外的希臘化省分，他來耶路撒冷是為了朝聖，與他一道前來的還有數千名離散各地的猶太人。跟他們一樣，司提反也是離散的猶太人。他把供品交給聖殿祭司時，也許曾看見一群在外邦人之庭徘徊的加利利農民與漁民，也許聽到他們傳布著一名拿撒勒人的訊息，並且得知他們稱他為彌賽亞。

這個情景在耶路撒冷很平常，在節日與筵席的日子更是常見，羅馬帝國各地的猶太人都在此時來到聖城，向聖殿獻上祭品。耶路撒冷是猶太人精神活動的中心，是猶太民族進行宗教崇拜的心臟地帶。每個宗派，每個盲信者，每個狂熱派、彌賽亞與自稱的先知，最後都會親自來耶路撒冷，可能為了傳教，或勸誡世人，或宣揚神的慈悲，或警告神的憤怒。節慶尤其是這些自立門派的人宣揚理念的理想時刻，他們可以藉此接觸到更多的民眾，認識更多來自各國的百姓。

當司提反看到一群衣衫襤褸的男女在聖殿外庭王廊下方蜷縮成一團時——這群樸拙的鄉巴佬變賣自己的財產，把收入施捨給窮人；他們的財物共有，不蓄私財，只有身上的丘尼卡與腳下的涼鞋是自己的——他或許還沒有特別留意。司提反也許曾豎起耳朵，聽到旁人說這個教派所追隨的彌賽亞已經被殺（釘十字架，是的，他沒聽錯！）。他可能很驚訝地發現，儘管耶穌的死使他注定無法成為以色列的解放者，但他的追隨者依然叫他彌賽亞。不過，這種情形在耶路撒冷也不是沒有前例。施洗約翰的追隨者豈不是繼續傳他的道，豈不是繼續以施洗約翰之名為猶太人施洗？

真正引起司提反注意的是這些猶太人提出的驚人主張——與其他被羅馬釘十字架的罪犯不同——他們指出，他們的彌賽亞並未遺留在十字架上任由貪吃的鳥兒剔淨他的骨頭。當司提反走進耶路撒冷城門時，他看見各各他到處都是掛在十字架上無人理會的屍骨。與此相反，這名農民的屍體——也就是拿撒勒人耶穌——已經從十字架上卸下來，並且安置在奢華的石墓裡，這類石墓通常只給猶太地區最富有的男子使用。然而更值得注意的是，耶穌的追隨者表示，在他們的彌賽亞放在富有男子之墓三天後，他便死而復活。上帝再度讓他復活，使他得以逃脫死亡。這個團體的發言人是一位來自迦百農的漁民，名叫西門彼得，他發誓他曾親眼目睹耶穌死而復活，他們當中許多人也曾親眼目睹。

然而，這個景象不是法利賽人所預期的末日死而復活，撒都該人所反對的，也不是這個樣子。墓石沒有碎裂，大地也未吐出埋葬的屍體，與先知以賽亞預言的大不相同（以賽亞書26:19）。這景象也與先知以西結的預言無關，以西結曾說，上帝將把氣息吹進以色列的枯骨中，令「以色列全家」重生（以西結書37）。只有孤伶伶的一個人，死亡並且埋在墓穴裡幾天，然後突然死而復生，靠著自己走出墓穴。他不是靈魂或鬼怪，而是有血有肉的人。

耶穌的追隨者描述的這種狀況，在當時鮮有人聽聞。當然，古希臘人與波斯人也有死後復活的觀念。希臘人雖然認為肉體會腐朽，卻相信靈魂不滅。人們認為一些神明（如奧塞利斯〔Osiris〕）曾經死後復生。有些人（如凱撒與奧古斯都）則是在死後被奉為神明。然而，一個人死而復生，而且有血也肉，之後獲得了永生，這樣的概念在古代世界極為罕見，在猶太教裡也不存在。

耶穌的追隨者不只主張耶穌死而復生，還認為死而復生正可確定他的彌賽亞地位，這種特殊的主張在猶太歷史上是頭一次出現。基督教為這個主張辯護已有兩千年的歷史，但無論如何，彌賽亞死而復生的信仰並不存在於猶太教中，這點確然無疑。整部《希伯來聖經》，沒有任何一段經文與預言提到或暗示應許的彌賽亞將遭受羞辱與死亡，更甭說是肉體死而復生。先知以賽亞提到「受難的僕人（……）因我（上帝）的百姓而受罪過」，因而得受尊崇（以賽亞書 52:13-53:12）。但以賽亞從未說過這個無名無姓的僕人是彌賽亞，也未主張這位受罪過的僕人死後復生。先知但以理提到「受膏者」（即彌賽亞）「必被剪除，一無所有」（但以理書 9:26）。然而但以理的受膏者並未遭到殺害；他只是被「即將來臨的王」罷黜。耶穌死後過了數百年，基督徒也許真的運用這種方式來詮釋經文，將耶穌的失敗（也就是他未能實現自己身負的彌賽亞使命）合理化。但耶穌時代的猶太人對彌賽亞的概念並非受難與死亡，他們等待的是勝利與活著的彌賽亞。

耶穌追隨者提出的構想，極為大膽，他們不僅想重新界定彌賽亞的預言，也想重新定義猶太彌賽亞的本質與功能。對《聖經》一知半解的漁夫西門彼得，表現出一往無前的自信，他甚至大膽認為，大衛王在《詩篇》預言了耶穌釘十字架與復活。「大衛既是先知，又曉得神曾向他起誓，要從他的後裔中，立一位坐在他的寶座上，」彼得對聚集在聖殿的朝聖者說道，「〔大衛〕就預先看明此事，講論基督復活說，他的靈魂，不撇在陰間，他的肉身，也不見朽壞」（使徒行傳2:30-31）。

如果司提反知道這段經文，如果他是浸淫於《聖經》的文士或學者，如果他是耶路撒冷的居民，對他來說，從聖殿城牆傾瀉而下的朗誦《詩篇》之聲，彷彿是自己的心聲，他會馬上知道大衛說的這些話與彌賽亞毫無關連。彼得口中的「預言」，其實是大衛吟詠自己的《詩篇》：

因此我的心歡喜，我的靈快樂；
我的肉身也要安然居住。
因為你必不將我的靈魂撇在陰間，
也不叫你的聖者見朽壞。
你必將生命的道路指示我；
在你面前有滿足的喜樂，
在你右手中有永遠的福樂。

《詩篇》16:9-11

但是——這裡是關鍵，能讓我們理解耶穌死後，他的訊息為什麼產生戲劇性的轉變——司提反不是文士，也不是學者。他不是《聖經》專家。他不住在耶路撒冷。因此，面對這群不識字的入迷者沿街傳布嶄新、獨創且非正統的彌賽亞詮釋，司提反反而成為絕佳的聽眾。這群入迷者對於自己的訊息深信不疑，而他們也以同等的熱情宣揚這些訊息。

耶穌死後不久，司提反改信了耶穌運動。遠道而來的離散猶太人在改信耶穌運動之後，絕大多數都放棄了自己的家鄉，變賣家產，將財物捐獻給社群，然後把耶路撒冷當作自己的家鄉，生活在聖殿城牆底下，司提反也不例外。他加入新社群雖然只有短短一兩年的時間，卻在改信後遭到暴力虐死，他因此被封為聖人，永遠長存在基督教歷史中。

司提反殉教的故事見於《使徒行傳》，而《使徒行傳》記錄了耶穌釘十字架後耶穌運動起初數十年的發展。據說福音書作者路加編纂《使徒行傳》時把這本書當成《路加福音》的續篇，他將司提反遭投石之刑當成早期教會史的運動分水嶺。當時民眾都說司提反「滿得恩惠能力，在民間行了大奇事和神蹟」(使徒行傳6:8)。路加提到，司提反的言語與智慧充滿力量，幾乎沒有人說得過他。事實上，《使徒行傳》裡司提反令人矚目的死亡過程，對路加來說猶如耶穌受難敘事的終曲；對觀福音書中，只有《路加福音》把耶穌威脅要毀壞聖殿的指控轉移到司提反的「審判」中。

「這個人〔司提反〕說話，不住的糟蹋聖所〔聖殿〕和律法，」一群手上拿著石頭的治安維護者叫嚷著說。「我們曾聽見他說，這拿撒勒人耶穌，要毀壞此地，也要改變摩西所交給我們的規條」（使徒行傳6:13-14）。

路加也讓司提反有機會自我辯護，反觀《路加福音》中的耶穌卻毫無機會。司提反在暴民面前遭受漫長而無理的辱罵，但他簡要敘述了幾乎整個猶太歷史，從亞伯拉罕開始，到耶穌結束。這場演說顯然是路加自己的創作，裡面充滿了最基本的錯誤：他搞錯了偉大先祖雅各埋葬的地點，而且令人不解地宣稱天使將律法交給了摩西。在巴勒斯坦，即使是完全沒受過教育的猶太人也知道律法是上帝親自交給了摩西。然而，這場演說真正的重點在末尾，司提反在一陣狂喜中望向天空，看見「人子站在神的右邊」（使徒行傳7:56）。

早期基督教社群似乎很喜歡這種景象。馬可是說希臘語的離散猶太人，他在福音書裡讓耶穌對大祭司說出類似的話：「你們必看見人子，坐在那權能者的右邊」（馬可福音14:62），而這句話又被馬太與路加（這兩人也是說希臘語的離散猶太人）的福音書引用。對觀福音書裡，耶穌直接引用《詩篇》第一一〇章，將自己與大衛王連結起來，但《使徒行傳》裡司提反的演說卻刻意用「神的右邊」取代「權能者的右邊」。這個更動是有原因的；在古以色列，右邊象徵權力與權威；它代表尊貴。坐在「神的右邊」表示分享神的榮耀，在光榮與本質中與神合而為一。托馬斯．阿奎那（Thomas Aquinas）曾經寫道，「坐在天父右邊，無異於分享神性的光榮〔……耶穌〕坐在天父右邊，因為祂與天父擁有相同的本質。」

換言之，司提反的人子不是《但以理書》那種國王般的人物，「駕著天雲而來。」他並未在塵世建立王國，「使各方各國各族的人都事奉他」（但以理書7:1-14）。他甚至不再是彌賽亞。在司提反看到的異象中，人子先於一切存在，來自天上，他的王國因此不在此世；他站在神的右邊，與神同享榮耀；他在形象與實體上是擁有肉身的神。

司提反就是因為說了這樣的話，才遭到投石之刑。

對猶太人來說，再也沒有比司提反說的這席話更褻瀆神明的。人死後獲得永生，這種說法在猶太教聞所未聞。而「神人」的狂妄說詞已足以遭人詛咒。司提反在瀕死的痛苦中吶喊著，召喚出全新的宗教，完全脫離了司提反原本信仰的宗教，同時也揚棄了舊宗教對上帝與人的本質以及神與人的關係的看法。我們可以說，那天在耶路撒冷城門外死去的不只是司提反，與他一起埋在石堆的，還有某個歷史人物的最後身影，那個人就是拿撒勒人耶穌。這位狂熱的加利利農民與猶太民族主義者，披上彌賽亞的外衣，對腐敗的聖殿祭司與邪惡的羅馬占領軍發動有勇無謀的叛亂。他的故事突然劃下句點，但結束的時點不是他在十字架上死去之時，也不是屍體從墓穴消失之時，而是他的追隨者敢於宣稱他是神的那一刻。

司提反殉道的時間大約在西元三十三年到三十五年之間。在支持投石處死司提反的群眾中，有一名虔誠的年輕法利賽人，他來自地中海一座富庶的羅馬城市大數（Tarsus）。他名叫掃羅，他是真正的狂熱派分子：一名狂熱的摩西律法信從者，以殘暴鎮壓褻瀆神明者（例如像司提反這種人）著稱。西元四十九年左右，距離他愉快地看著司提反受死才不過十五年的時間，這名狂熱的法利賽人，現在已成為忠實的基督徒，並且改名為保羅。他寫信給住在希臘城市腓立比的朋友，清楚且毫無保留地稱拿撒勒人耶穌為神。「他本有神的形像，」保羅寫道，但卻「成為人的樣式」（腓立比書2:6-7）。

何以如此？失敗的彌賽亞，因煽動叛亂而遭到羞辱處死，為何能在幾年後搖身一變成為造物主：難道他是上帝的化身？

要回答這個問題，我們必須先瞭解以下這個非常重要的事實：實際上，有關拿撒勒人耶穌的所有文字記載，包括四福音書的故事，全由從未實際接觸過耶穌的人寫的（司提反與保羅也未見過耶穌）。此外，除了路加外，其他三部福音書的名稱不見得與原作者的名字相同。令人驚訝的是，認識耶穌的人——例如把耶穌當成國王，跟隨耶穌進入耶路撒冷的人，協助耶穌以上帝之名潔淨聖殿的人，耶穌被捕時在現場的人，以及親眼目睹耶穌死亡的人——對於耶穌死後的運動反而沒有起到太大作用。耶穌的家人，尤其是他的弟弟雅各，在耶穌死後領導整個社群，在耶穌被釘十字架之後的數十年間，他顯然擁有很大的影響力。但是，這些人決定繼續留在耶路撒冷等待耶穌再臨，反而限制了他們的發展，最後，到了西元七〇年，耶路撒冷社群與聖城裡其他民眾一樣，在提圖斯大軍壓境下全部遭到殲滅。而在耶穌囑咐下傳布訊息的使徒，他們雖然離開耶路撒冷到各地傳福音，但他們沒有能力從神學的角度闡述新信仰，或以耶穌的生死為題，寫出具啟發性的敘事。畢竟這些人全是農民與漁夫，他們既不會讀也不會寫。

定義耶穌訊息的任務因此落在另一批新人身上，這些受過教育住在城市說希臘語的離散猶太人將成為新信仰擴張的主要動力。當這群傑出的男女——其中許多人深受希臘哲學與希臘化思想的薰陶——開始重新詮釋耶穌的訊息，為了使耶穌的訊息更能吸引說希臘語的猶太人以及他們在各地遇見的外邦人，他們逐漸把擁有革命熱忱的耶穌轉變成羅馬化的半神，把企圖將猶太人從羅馬壓迫中解放卻遭遇失敗的人，轉變成與塵世無涉的彼世之人。

這種轉變的過程並非毫無衝突毫無困難。耶穌最初的追隨者說的都是亞拉姆語，包括耶穌的家人與十二門徒的殘存者，而在談到如何正確理解耶穌訊息這個問題時，這些追隨者與說希臘語的離散猶太人便出現了衝突。這兩個團體的不和，導致耶穌釘十字架的數十年後，基督教開始出現兩個不同而彼此競逐的詮釋體系：其中一派的領袖是耶穌的弟弟雅各；另一派則由原本是法利賽人的保羅帶領。我們將會看到，這兩個團體彼此仇恨、水火不容，但雙方的競爭反而讓基督教成為我們今日所知的全球宗教。

第十三章
基督若沒有復活

福音書說，安息日前一天的午正（下午三點），拿撒勒人耶穌嚥下最後一口氣。根據《馬可福音》的記載，黑暗籠罩了整片大地，彷彿面對這位樸實拿撒勒人的死，萬事萬物全靜止下來。他自稱是猶太人的王，因此遭到鞭笞與處死。到了申初，耶穌突然喊道，「我的神，我的神，為什麼離棄我？」有人用海絨蘸滿了醋，放在他的嘴邊，溼潤他的唇，減輕他的痛苦。最後，耶穌的肺再也承受不住喘息的壓力，他擡頭看天，痛苦地喊叫，然後就斷氣了。

耶穌生命的終結只有一瞬間，幾乎沒有人發現，除了幾個女門徒，她們站在山腳啼哭，凝視身體受到摧殘的導師：之前在客西馬尼園，大多數人在混亂一爆發，就趁著夜色逃走。各各他頂端的十字架上，掛著一名要犯，他的死雖然是悲劇，但未引起太多關注。當天，與耶穌同死的有數十人，他們殘缺的身軀癱軟垂掛著。往後幾天的時間，在空中盤旋的貪婪鳥兒飛來啄食他們的屍體。晚間，成群的野狗在黑夜掩護下，前來撿食鳥兒吃剩的部分。

但耶穌不是普通的罪犯，至少對負責寫下他生前最後一刻的福音書作者來說是如此。他是上帝在地上的代表。他的死，不可能沒人注意，無論是將他送上十字架的羅馬總督，還是想致他於死地的大祭司，絕對留心著他的死訊。因此，當耶穌將他的靈魂交給上天，就在他死去那一刻，福音書說聖殿裡用來隔開祭壇與至聖所的縵子——這塊被成千上萬的祭品濺滿血跡的縵子，大祭司（也唯有大祭司能如此）在進入上帝的住所之前都會掀起這道縵子——此時被猛烈地從上到下撕成兩半。

「這人真是神的兒子，」站在十字架底下的百夫長感到迷惑地說道，之後便趕緊向彼拉多報告此事。

聖殿的縵子裂了，對這段受難的敘事來說，是個恰如其分的結尾，它完美傳達了這件事對數十年後思索此事的男男女女所深具的意義。他們認為，耶穌的犧牲移除了人與神之間的藩籬。用來隔絕神聖的臨在與塵世的縵子，已被撕毀。耶穌的死，讓每個人都能接觸聖靈，不需要儀式，也不需要祭司的中介。大祭司享有的奢華特權，也就是聖殿本身，在神與人的連繫上變得無關緊要。基督的身體取代了聖殿的儀式，正如耶穌的話語取代了《摩西五經》。

當然，這些神學反思早在過去聖殿被毀滅的年代就已出現；以耶穌的死來取代不存在的聖殿，光用想的並不難。但是，對於在耶穌釘十字架後仍待在耶路撒冷的門徒來說，聖殿與祭司階級依然是具體存在的現實。至聖所前的縵子，仍好端端地垂掛在大家面前。大祭司與他的衛隊依然控制著聖殿山。彼拉多的士兵依然在耶路撒冷的石板街上巡邏。一切似乎沒有太大變化。這個世界跟他們的彌賽亞被帶離他們身邊之前完全一樣。

耶穌死後，門徒的信仰面臨嚴峻的挑戰。耶穌被釘十字架，使他們推翻現行體制、重建以色列十二支派與以上帝之名統治十二支派的美夢破滅。上帝的國度不可能如耶穌承諾的，會在人世間建立。柔弱而貧窮的人不可能與富裕有權勢的人上下易位。羅馬占領的局面不可能改變。與羅馬帝國過去殺害的每個彌賽亞所遺留下來的追隨者一樣，耶穌的門徒沒有別的選擇，只能放棄目標，放棄革命活動，回到他們的農田與村落。

然而，一件不尋常的事發生了。這件事到底真相是什麼，我想不可能知道。對於歷史學家來說，耶穌復活是個極為困難的話題，尤其這種事無法透過檢視歷史耶穌而得到答案。一個人歷經可怕的死亡，在三天後死而復生，這樣的事顯然違背了所有邏輯、理性與理智。我們大可就此打住，把耶穌復活的事當成謊言，把相信耶穌復活的人當成瘋子。

然而，有一項事實令人費解：那些宣稱看到耶穌復活的人，即使面臨可怕的死亡威脅，也不願收回他們的證言。這已經不是不尋常所能解釋。許多狂熱的猶太人都因為拒絕放棄他們的信仰而慘死。但耶穌最初的追隨者被要求捨棄的信仰，其基礎並非發生在數百年前（如果沒有千年，那麼也有數百年）。這些追隨者被要求捨棄的是他們親身遭遇的事物。

在耶路撒冷，耶穌的門徒也成為亡命之徒，他們是煽動叛亂（耶穌因此被釘十字架）的共謀者。他們因為傳道而不斷遭到逮捕與虐打；他們的領袖不只一次被帶到猶太公會前回應褻瀆神明的指控。他們遭到毆打、鞭笞、投石與釘十字架，但他們從未停止宣稱耶穌復活的事。這種堅持產生很大的效果！門徒死心塌地地相信復活經驗，這種現象不可等閒視之的一個最明顯理由在於，在耶穌之前與之後眾多失敗的彌賽亞中，至今唯有耶穌仍被稱為彌賽亞。耶穌的追隨者狂熱地相信耶穌復活，這種強烈的熱忱使原本人數寡少的猶太教派轉變成世界最大的宗教。

雖然最早的復活故事直到西元九〇年代中後期才寫成（在Q史料或《馬可福音》中都沒有復活的內容，前者編纂於西元五〇年左右，後者是在西元七〇年之後才完成），但復活信仰似乎已成為新生基督教社群禮拜儀式的一部分。保羅——原本是法利賽人，他成為最有影響力的耶穌訊息詮釋者——在西元五〇年左右寫了一封信給希臘城市哥林多的基督教社群，信中提到復活的事。「我當日所領受又傳給你們的，」保羅寫道，「基督照《聖經》所說，為我們的罪死了；而且埋葬了，又照《聖經》所說，第三天復活了；並且顯給磯法（西門彼得）看，然後顯給十二使徒看。後來一時顯給五百多弟兄看，其中一大半到如今還在，卻也有已經睡了的。以後顯給（他的弟弟）雅各看；再顯給眾使徒看。末了也顯給我看（……）」（哥林多前書15:3-8）。

保羅可能在西元五〇年寫了這封信，但他寫的內容很可能只是重複既有的寫作慣例，而這種慣例也許可以追溯到西元四〇年代初。這表示，耶穌復活的信仰是基督教社群最初的信仰見證——早於受難敘事，甚至早於童女生子的故事。

儘管如此，也不能改變這個事實：復活不是歷史事件。它也許掀起了歷史漣漪，但事件本身落在歷史範圍之外，進入了信仰的領域。事實上，復活是基督徒的終極試煉，保羅在同一封信裡向哥林多人表示：「基督若沒有復活，你們的信就是徒然」（哥林多前書15:17）。

保羅提到了重點。少了復活，耶穌自稱是彌賽亞以及憑藉這點建立的整個教誨與主張都將應聲崩潰。復活解決了一個難以克服的問題，所有門徒都無法忽視：耶穌被釘十字架，使他自稱彌賽亞與大衛繼承者的說法落空。根據摩西的律法，耶穌被釘十字架，實際上使他成了被上帝詛咒的人：「被掛（亦即，被釘十字架）的人是在神面前受詛咒的」（申命記21:23）。但是，如果耶穌實際上沒有死——如果他的死只是為他靈魂的演進揭開序幕——那麼十字架就不再是詛咒或失敗的象徵，而是轉變成勝利的象徵。

正因為復活的說法有違常理而獨特，所以必須搭建新的建築取代在十字架陰影下倒塌的廢墟。福音書裡的復活故事用意即在此：在既有的信條上覆上血肉與骨骼；從既存的信仰中創造敘事；最重要的是，對於不相信復活的種種批評提出反駁，例如，有人認為耶穌的追隨者看到的只是鬼或靈魂，還有人認為是門徒自己偷了耶穌的屍首，然後裝出復活的樣子。耶穌被釘十字架六十年後，這些故事都已形諸文字。此時的福音書作者已經聽過每一種可想像的反對說法，因此他們可以寫下足以反駁每一種反對意見的敘事。

門徒看見的是鬼？鬼能吃魚與麵包嗎，如《路加福音》二十四章四十二至四十三節記述復活的耶穌那樣？

耶穌只是無形體的靈魂？「魂無骨無肉，你們看我是有的。」復活的耶穌對滿腹懷疑的門徒說道，並且伸出他的手與腳讓他們觸摸，以為明證（路加福音24:36-39）。

耶穌的屍體被偷？這是怎麼回事？馬太在故事中刻意安排衛兵看守耶穌的墓——這些衛兵親眼見到復活的耶穌，但他們收受祭司的賄賂，因此改口說門徒在他們的眼前偷走了屍體。「這話就傳說在猶太人中間，直到今日」（馬太福音28:1-15）。

這些故事不是歷史敘述，而是針對坊間流傳的說法所精心設想的反駁。討論拿撒人耶穌是否復活是一回事，這終究純粹是一種信仰。但提到「照《聖經》所說」，耶穌死後復活，又是另一回事。路加描述復活的耶穌在門徒面前耐心地解釋——他們「素來所盼望要贖以色列民的就是他」（路加福音24:21）——他的死亡與復活其實是彌賽亞預言的實現，「摩西的律法、先知的書和《詩篇》上所記的」都在十字架與空墓穴裡應驗。「照經上所寫的，基督必受害，第三日從死裡復活，」耶穌對他的門徒說道（路加福音24:44-46）。

然而這種說法並無文字史料為證：摩西的律法、先知的書與《詩篇》都未出現這種記載。

在整個猶太思想的歷史中，找不到任何經文支持彌賽亞要受害、死亡並且在第三天復活的說法，這解釋了耶穌為什麼不引用任何經文來為他的主張背書。

無怪乎耶穌的追隨者難以說服耶路撒冷的猶太人相信這個訊息。保羅在寫給哥林多人的書信裡提到，釘十字架「在猶太人為絆腳石」，他顯然低估了門徒的困境（哥林多前書1:23）。對猶太人來說，一個被釘十字架的彌賽亞，無異於兩個矛盾詞彙的結合。耶穌被釘十字架這個事實，已使他的彌賽亞主張變得無效。他的門徒也瞭解這一點。因此他們極力修改他們的願望，主張他們想建立的上帝國度，實際上指的是天國，而非塵世的國度；大家誤解了彌賽亞的預言；《聖經》在經過適當詮釋之後，其意義與一般人認為的剛好相反；經文中蘊含著深刻不為人知的真相，也就是彌賽亞將死而復活，這個真相只有他們才能發現。問題是，在耶路撒冷這麼一座深深浸淫於《聖經》的城市裡，這種論點難以獲得關注，尤其當這種說法出自一群加利利偏鄉的文盲農民，更不可能有人理會；這些農民唯一接觸《聖經》的機會，就是他們在家鄉猶太會堂裡聽到的少許經文。門徒盡力嘗試，卻無法說服大多數耶路撒冷居民，耶穌是他們等待已久的以色列解放者。

門徒可以選擇離開耶路撒冷，到加利利傳布他們的訊息，或回到自己的村落向親友傳道。但耶路撒冷是耶穌死亡與復活之地，門徒相信耶穌很快就會重返耶路撒冷。耶路撒冷是猶太教的中心，儘管耶穌的門徒對《聖經》有著獨特的詮釋，但他們畢竟還是猶太人。耶穌死後頭幾年，門徒的傳道仍帶有猶太運動的性質，他們傳布的對象僅限於猶太人。雖然必須面對祭司當局的迫害，但是門徒還是無意放棄聖城，也不願拋棄猶太教的儀式。這場運動的主要領袖——使徒彼得與約翰，以及耶穌的弟弟雅各——一直對猶太風俗與摩西律法保持忠誠，直到最後都未曾改變。在他們的領導下，耶路撒冷教會成了「母會」(mother assembly)。無論這場運動傳布得多遠多廣，無論有多少「分會」在腓立比、哥林多乃至於羅馬這些城市成立，無論有多少新的改信者——猶太人或外邦人——這場運動所吸引的每個分會、每個改信者與每個傳教士，都聽從耶路撒冷「母會」的權威，直到耶路撒冷被夷為平地為止。

把運動的據點放在耶路撒冷，也有更實際的好處。一年一度的節慶與筵席，吸引了數千名居住在帝國各地的猶太人來到這座城市。與耶路撒冷的猶太人不同——耶路撒冷的猶太人很容易鄙視耶穌的追隨者，好一點的說他們無知無識，惡劣一點的則說他們是異端——這些離散各地的猶太人平日遠離聖城，不在聖殿的掌控之內，他們顯然比較容易受到門徒的訊息吸引。

有一小群離散猶太人居住在國際大城市，如安提阿與亞歷山卓，這些猶太人深受羅馬社會與希臘觀念的影響與薰陶。他們與各種不同種族與宗教人士共處，因此比較能接受一些人對猶太信仰與儀式的質疑，例如最基本的割禮與飲食規定。與聖地的猶太人不同，離散的猶太人說的是希臘語，而非亞拉姆語：他們思考或進行宗教崇拜時，使用的都是希臘語。離散猶太人使用的《聖經》不是希伯來文而是希臘文譯本（七十士譯本），這使得他們能以嶄新而原創的方式來表達他們的信仰，同時也能輕易地融合傳統《聖經》宇宙觀與希臘哲學。離散猶太人流傳的猶太人聖經，裡面有些篇章如《所羅門智訓》（*The Wisdom of Solomon*），將智慧擬人化為一名眾人追求的女子，以及《便西拉智訓》（*Jesus Son of Sirach*，又稱《德訓篇》），讀起來與其說是猶太人的聖經，不如說更像是希臘的哲學作品。

因此，離散猶太人比較能接受耶穌門徒對《聖經》的創新詮釋，也就不令人意外了。事實上，不用多久的時間，這些說希臘語的猶太人數量很快就超過了耶路撒冷原本說亞拉姆語的耶穌追隨者。《使徒行傳》提到，整個社群分成兩個獨立而特定的陣營：一個是「希伯來人」（Hebrews），《使徒行傳》用這個詞來代表以耶路撒冷為據點的信眾，他們的領導者是雅各與眾使徒；另一個則是「希利尼人」（Hellenists），也就是離散的猶太人，他們以希臘語為主要語言（使徒行傳6:1）。

希伯來人與希利尼人之間的區隔不只是語言而已。希伯來人主要都是些農民、莊稼漢與漁民——他們從猶太與加利利鄉野移居到耶路撒冷。希利尼人較為世故而城市化，他們受過較良好的教育，而且顯然較為富有，這一點可以從他們有能力跋涉數百公里前來聖殿朝聖看出。不過，最終讓這兩個社群分化的決定性原因還是語言。希利尼人崇拜耶穌時使用的是希臘語，與亞拉姆語或希伯來語相比，希臘語擁有種類更多的象徵與隱喻。語言的差異，逐漸衍生出教義的差異。耶穌的追隨者對猶太聖經的解讀原本已經相當特出，現在希利尼人又更進一步融入了希臘式的世界觀。

當兩個社群為了共同資源的平均分配問題發生衝突時，使徒們在希利尼人當中指定了七名領導人，由他們來安排希利尼人的需要。這些領袖稱為「七人」，《使徒行傳》列出這七人，分別為腓利、伯羅哥羅、尼迦挪、提門、巴米拿、尼哥拉（來自安提阿改信猶太教的外邦人）以及司提反。司提反最後死於憤怒的暴民之手，他的死造成希伯來人與希利尼人的永久分裂。

司提反死後，引發了一波迫害潮。宗教當局一直對耶路撒冷的耶穌追隨者採取不滿但容忍的態度，司提反提出令人震驚的異端言論，使宗教當局忍無可忍。稱呼被釘十字架的農民為彌賽亞已經夠糟了；稱他為神更是明顯褻瀆神明，絕對不可原諒。為了反制司提反的言論，宗教當局決定有計劃地將希利尼人逐出耶路撒冷。耐人尋味的是，希伯來人對於當局這項舉動似乎並未強烈反對。事實上，在司提反死後數十年間，耶路撒冷教會雖然受到聖殿當局的限制，卻依然茁壯成長，這顯示希利尼人雖遭迫害但並未對希伯來人造成太大影響。彷彿祭司當局不認為這兩個團體有關。

在此同時，被逐出耶路撒冷的希利尼人，又再度回到離散的狀態。希利尼人開始將他們從耶路撒冷希伯來人那裡獲得的訊息，用希臘語傳遞給其他離散的猶太人。這些離散的猶太人居住在外邦人的城市，如亞實突（Ashdod）與該撒利亞（位於敘利亞巴勒斯坦的濱海地區），以及居比路（Cyprus）、腓尼基與安提阿，其中在安提阿他們首次被稱為基督徒（使徒行傳11:27）。漸漸地，往後十年，這個原本由一群加利利農民建立的猶太教派，終於轉變成由說希臘語的城市猶太人組織的宗教。希利尼的傳教士不受聖殿的束縛，也不受猶太教儀式的影響，他們逐漸擺脫耶穌訊息中帶有的民族主義關懷，將耶穌的訊息轉變成普世性的召喚，使居住在希臘羅馬世界的民眾更願意信仰這個宗教。為了吸引離散各地的猶太人注意，希利尼人開始逐步去除猶太律法的限制，直到猶太律法在他們的教義中逐漸失去重要性為止。希利尼人認為，耶穌來到這個世上，不是來成全律法，而是來廢除律法。耶穌指責的不是祭司，雖然祭司的貪婪與偽善的確玷汙了聖殿，耶穌指責的其實是聖殿本身。

此外，在這個時期，希利尼人只對猶太人傳教，如路加在《使徒行傳》中說的：「他們不向別人講道，只向猶太人講」（使徒行傳11:19）。這場運動主要依然是猶太人的運動，它的成功得益於神學的實驗，而神學實驗又成功呼應了羅馬帝國境內離散猶太人的經驗。但不久之後，有一些希利尼人開始將耶穌的訊息分享給外邦人，「信而歸主的人就很多了」。向外邦人傳教並不是最重要的——至少就當時來說是如此。不過，隨著希利尼人離耶路撒冷，也就是離耶穌運動的核心愈遠，希利尼人傳教的重點也開始從猶太人轉變成以外邦人為大宗。傳教的重點愈是轉移到外邦人，傳教的內容就愈傾向於融合眾說，例如希臘的諾斯底主義與羅馬宗教都慢慢滲透到希利尼人的運動裡。這場運動愈是受新「異教」改信者的影響，就愈有可能放棄猶太人的過去，轉而擁抱希臘羅馬的未來。

這一連串的轉變，還需要許多年的醞釀才會發生。等到西元七〇年耶路撒冷被摧毀後，向猶太人傳教的工作才告放棄，基督教也逐漸轉變成羅馬化的宗教。然而，即使在耶穌運動的早期階段，我們已經可以看見通往外邦人主導的道路已經鋪好，只是時機尚未成熟。而這個時點的到來，有賴一名年輕法利賽人與大數一名希臘化的猶太人掃羅——掃羅曾支持對褻瀆神明的司提反處以投石之刑——他在前往大馬士革途中遇見了復活的耶穌，之後的他便成了世人所知的保羅。

第十四章

我不是使徒麼？

大數人掃羅（Saul of Tarsus）在司提反遭受投石之刑後，仍繼續威脅與殺害耶穌的門徒。之後他離開耶路撒冷，到大馬士革搜尋逃往當地的希利尼人並施以懲罰。大祭司並未要求掃羅獵捕耶穌的追隨者；這一切都是掃羅自己的決定。掃羅是受過教育、說希臘語的離散猶太人，是羅馬帝國最富有的港埠城市的公民，儘管如此，他對聖殿與《摩西五經》卻無比狂熱，虔誠不已。「我第八天受割禮，我是以色列族，便雅憫支派的人，是希伯來人所生的希伯來人，」他在寫給腓立比人的信上這麼介紹自己，「就律法說，我是法利賽人；就熱心說，我是逼迫教會的；就律法上的義說，我是無可指摘的」（腓立比書 3:5-6）。

在前往大馬士革途中，這位年輕的法利賽人有了出神的經驗。這個經驗改變了他的一切，使他改變了信仰。當掃羅與旅伴接近城門時，突然天上發光，環繞著他。他癱倒在地。

有個聲音對他說，「掃羅，掃羅，你為什麼逼迫我？」

「主啊，你是誰？」掃羅問道。

回應穿透了刺目的白光，「我是耶穌。」

掃羅因為異象而瞎了眼睛，他循著道路來到大馬士革。在城裡，他遇見了耶穌的追隨者亞拿尼亞（Ananias）。亞拿尼亞把手放在掃羅身上，掃羅便恢復了視力。就在此時，某種像鱗片的東西從掃羅的眼睛掉了下來，掃羅感覺自己被聖靈充滿。於是掃羅馬上受洗成為耶穌運動的一員。掃羅改名為保羅，並且立刻開始傳揚復活耶穌的訊息。他傳道的對象不是猶太人，而是外邦人，當時運動的主要傳教士或多或少忽視了外邦人。

保羅在前往大馬士革的路上戲劇性地改信，其實是略帶宣傳性質的傳說，而這個傳說的創作者就是福音書作者路加：保羅從未說過，自己因為看到耶穌而瞎了。如果坊間的說法可信，那麼路加在年輕時曾經追隨過保羅：路加的名字曾經在兩封書信裡被提及，《歌羅西書》與《提摩太書》。這兩封書信一般認為是保羅所寫，但事實上卻是在他去世後很長一段時間才完成的。路加撰寫《使徒行傳》，用意在讚頌他的老師保羅，他寫作之時，保羅已經去世三、四十年。事實上，《使徒行傳》與其說是記述使徒行誼的傳記，不如說是向保羅致敬的傳記；《使徒行傳》只有開頭的一小部分提到使徒，他們的功能不外乎為耶穌與保羅架橋。在路加的想像中，真正繼承耶穌衣缽的是保羅，而非雅各、彼得、約翰或十二門徒。使徒在耶路撒冷傳教，只是做為保羅在聖地以外地區傳道的序曲。

雖然保羅並未詳細描述他改信的過程，但他曾多次強調，他確實親眼目睹復活的耶穌，而這個經驗使他擁有與十二使徒平起平坐的使徒權威。「我不是使徒麼？」保羅為自己的地位辯護，因為耶路撒冷的母會經常質疑保羅的權威。「我不是見過我們的主耶穌麼？」（哥林多前書9:1）。

保羅也許認為自己是使徒，但其他運動領袖都不太同意這點，就算有也很少。就連他的崇拜者路加也是如此。雖然路加的作品刻意（但違反史實）擡高他的老師在教會成立時的地位，但他也未稱呼保羅為使徒。以《路加福音》來說，裡面只提到十二名使徒，每個使徒代表以色列的一個支派，如耶穌所吩咐的。路加描述剩餘的十一名使徒如何在耶穌死後讓馬提亞取代加略人猶大的位子，他提到新使徒必須在「主耶穌在我們中間始終出入的時候，（陪伴著我們）。就是從約翰施洗起，直到主離開我們被接上升的日子為止」（使徒行傳1:21）這個條件顯然排除了保羅，他改信時已是西元三十七年左右，當時耶穌去世都快十年了。但這不足以讓保羅打退堂鼓，他不僅希望被人稱為使徒——他對他喜愛的哥林多社群說，「假若在別人我不是使徒，在你們我總是使徒」（哥林多前書9:2）——他堅信自己遠比其他使徒更為優越。

「他們是希伯來人麼？」保羅在提到使徒時表示。「我也是！他們是以色列人麼？我也是！他們是亞伯拉罕的後裔麼？我也是！他們是基督的僕人麼？（我說句狂話）我更是，我比他們多受勞苦，多下監牢，受鞭打是過重的，冒死是屢次有的」（哥林多後書 11:22-23）。保羅尤其輕視耶路撒冷的三位領袖雅各、彼得與約翰，他嘲笑他們是所謂的「教會柱石」（加拉太書 2:9）。「不論他們是何等人，」他寫道。「都與我無干」（加拉太書 2:6）。使徒們也許曾與活著的耶穌行走交談（或者，保羅輕蔑地稱之為「肉身的耶穌」）。但保羅卻與神聖的耶穌行走交談：保羅說，他與耶穌交談，耶穌下了只有他才聽得見的祕密指示。使徒固然是耶穌親自揀選的，他們在田裡耕作，在海中撒網捕魚，因為耶穌的揀選而成為使徒。但保羅卻早在出生前就已被耶穌揀選：保羅告訴加拉太人，他還在娘胎時，就已經被耶穌召為使徒（加拉太書 1:15）。換言之，保羅不認為自己是第十三名使徒。他認為自己是「第一名」使徒。

保羅急於取得使徒的地位，因為這是唯一能讓他的傳教工作獲得正當性的方法。保羅一直著眼於向外邦人傳教，但耶路撒冷的耶穌運動領導人起初並不支持。使徒們對於新社群必須遵守摩西律法到什麼樣的程度，進行了多次討論，有人主張應嚴格，有人則認為可以寬鬆一點。但有一點是幾乎沒有爭論，那就是社群服務的對象：這是猶太運動，因此針對的是猶太人。就連希利尼人傳教的對象也多半是猶太人。如果有外邦人決定接受耶穌是彌賽亞，那也好，只是他們必須行割禮與遵守律法。

然而，保羅認為摩西律法在新社群裡的角色，連辯論都不需要。保羅反對猶太律法的首要地位，他認為猶太律法是「用字刻在石頭上屬死的職事」，以「屬靈的職事」來加以取代，「豈不更有榮光麼？」（哥林多後書3:7-8）。他把繼續行割禮——以色列人的標記——的信眾稱為「妄自行割的犬類與作惡的」（腓立比書3:2）。對於一名前法利賽人來說，這的確是令人吃驚的陳述。但保羅認為，他這些話完全反映了與耶穌有關的真理，而這個真理只有他發現：「律法的總結就是基督」（羅馬書10:4）。

保羅若無其事地否定了猶太教的基礎，這不僅讓耶路撒冷的耶穌運動領袖大感震驚，若是耶穌在世，相信他也會感到驚訝。畢竟，耶穌曾說他是來成全摩西律法而非廢掉它。耶穌不僅不反對律法，他還要擴張與加強律法。律法規定，「不可殺人」，耶穌又加了一句，「凡向弟兄動怒的，難免受審判」（馬太福音5:22）。律法說，「不可姦淫」，耶穌把律法的內容擴張成，「凡看見婦女就動淫念的，這人心裡已經與她犯姦淫了」（馬太福音5:28）。耶穌也許對於文士與學者的律法解釋不滿，特別是禁止在安息日工作的誡命，但耶穌絕不反對律法。相反地，耶穌警告說，「無論何人廢掉這誡命中最小的一條，又教訓人這樣作，他在天國中要稱為最小的」（馬太福音5:19）。

耶穌警告，不要叫別人違反摩西的律法，有人認為這對保羅應該會有所影響。但保羅似乎對於「有血肉的耶穌」說什麼或沒說什麼不以為意。事實上，保羅根本不關心歷史耶穌。在保羅的書信中，完全沒提到拿撒勒人耶穌。除了釘十字架與最後的晚餐，保羅把這兩段敘事轉變成聖餐儀式，其他有關耶穌生平的部分，保羅隻字未提。保羅也未如實引用耶穌的話語（同樣地，除了提到聖餐儀式的部分：「這是我的身體〔……〕」）。事實上，保羅有時候還直接與耶穌產生矛盾。比較保羅寫給羅馬人的書信——「凡求告主名的，就必得救」（羅馬書 10:13）——與耶穌在馬太的福音書中說的：「凡稱呼我主阿、主阿的人，不能都進天國」（馬太福音 7:21）。

保羅不關注歷史耶穌，不是如某些人所說的，他強調耶穌中基督的成分更甚於歷史的成分。保羅這麼做只是基於簡單的事實，那就是他不知道耶穌生前是什麼樣子，而他也不在乎。保羅不只一次表示，他不是透過使徒或認識耶穌的人來認識耶穌。「既然〔神〕樂意將他兒子啟示在我心裡，叫我把他傳在外邦人中，我就沒有與屬血氣的人商量，也沒有上耶路撒冷去，見那些比我先作使徒的，」保羅說道。「惟獨往亞拉伯（阿拉伯）去，後又回到大馬色（大馬士革）」（加拉太書 1:15-17）。

在經過三年傳教之後——保羅堅稱他所受的訊息不是來自任何人（他指的顯然是雅各與使徒），而是直承自耶穌——保羅才勉為其難地到耶路撒冷拜訪曾經見過（保羅所認定的）主耶穌的男男女女（加拉太書 1:12）。

保羅為什麼要花這麼大的工夫擺脫耶路撒冷領袖的權威，甚至詆毀與否認他們，認為他們與基督毫無關連或違背基督的意旨？因為保羅對耶穌的看法太極端，早已超越猶太思想所能接受的範圍，唯有宣稱他的思想直承自耶穌，他才有傳布訊息的可能。保羅在書信上宣揚的，並非如當時為他辯護的人所言，只是理解猶太宗教的另一條取徑。相反地，保羅宣揚的是全新的教義。保羅說他直承自耶穌，但恐怕耶穌也無法理解他的教義。保羅解決了門徒的困境，使他們得以擺脫耶穌死在十字架上與猶太人對彌賽亞的期望之間的矛盾。保羅直接揚棄固有的彌賽亞觀念，將耶穌改頭換面，他幾乎創造出一個全新的耶穌：基督。

雖然「基督」這個詞嚴格來說是希臘文「彌賽亞」的意思，但保羅使用基督時不是把它當成彌賽亞來使用。保羅並未賦予「基督」任何《希伯來聖經》裡「彌賽亞」的意涵。他從未說過耶穌是「以色列的受膏者」。保羅也許承認耶穌是大衛王的後裔，但他並不遵循經文的說法，認為耶穌就是猶太人等待的如大衛王一般的解放者。保羅忽視所有彌賽亞的預言，反觀福音書在許多年後仍仰賴這些預言來證明耶穌是猶太人的彌賽亞（保羅曾引用希伯來先知的說法，舉例來說，以賽亞預言耶西的根日後將成為「外邦人的光」〔以賽亞書 11:10〕。但保羅認為先知預言的是他，不是耶穌）。更引人注目的是，與福音書作者不同（當然，約翰除外），保羅不稱耶穌為 the Christ（Yesus ho Xristos），也就是說，保羅不把基督當成耶穌的頭銜。保羅稱耶穌為 Jesus Christ，或只稱 Christ，彷彿基督是耶穌的姓。這是極不尋常的做法，與這種做法最相近的是羅馬皇帝採納 Caesar（原為凱撒，但日後成為羅馬皇帝的稱號）作為自己姓名中的第三個名字，例如 Caesar Augustus。

保羅的基督甚至不是凡人，雖然他擁有人的形貌（腓立比書2:7）。基督是無限的實體，他的存在先於時間。基督是上帝首創之物，萬物的創造都歸本於他（哥林多前書8:6）。基督是上帝生下的兒子，是上帝化為形體的後裔（羅馬書8:3）。基督是新亞當，但不是源於塵土，而是來自天上。由於第一個亞當成為有生命的人，因此「最後的亞當」（保羅這麼稱基督）成了「給予生命的靈」（哥林多前書15:45-47）。簡言之，基督是個全新的人。但他並不獨特，他只是初生子：「在許多兄弟中作長子」（羅馬書8:29）。凡是相信基督，如保羅一樣相信的（包括相信保羅的說法）——便是與主成為一靈（哥林多前書6:17）。他們的信仰，使他們的身體轉變成基督榮耀的身體（腓立比書3:20-21）。他們會與基督成為一靈，並且分享他的模樣，保羅提醒追隨者，基督的模樣就是上帝的模樣（羅馬書8:29）。因此，信仰者「就是神的後嗣，和基督同作後嗣」，信仰者也能成為神靈（羅馬書8:17）。他們可以效法基督的死（腓立比書3:10）——亦即，神聖而永恆——與基督一起負起審判世人與天使的責任（哥林多前書6:2-3）。

保羅描繪的耶穌即是基督的形象，當時的基督徒並不陌生——而這種形象也從此成為教會的標準教義，但耶穌的猶太追隨者肯定感到詭異。拿撒勒人耶穌變成神聖、先於一切存在、上帝所生的兒子，他的死亡與復活產生了嶄新而永恆的生命，日後且將審判世人。這樣的說法在保羅之前所有的文獻裡全無記載（這顯示保羅的基督很可能是他的創造物）。Q資料中找不到與保羅類似的說法，而Q資料的編纂時間與保羅撰寫書信的時間大致相同。保羅的基督顯然跟《馬可福音》裡的人子不同，而《馬可福音》是在保羅死後數年完成的。《馬太福音》與《路加福音》——完成於西元九〇年到一〇〇年之間——也未提到耶穌是上帝所生的兒子。《馬太福音》與《路加福音》使用「神的兒子」一詞，其用法與《希伯來聖經》完全一致：是一種王室頭銜，而非描述。直到最後一部正典化的福音書，也就是《約翰福音》（成書於西元一〇〇年到一二〇年之間），我們才看到保羅的耶穌基督出現：永恆的道，上帝的獨生子。當然，在當時，也就是耶路撒冷被毀的半個世紀後，基督教已經是徹底羅馬化的宗教，保羅的基督也抹去了耶穌僅存的一點猶太彌賽亞痕跡。然而，在西元五〇年代，當保羅撰寫書信時，耶穌即是基督的概念是令人震驚的，而且顯然屬於異端，這是為什麼在西元五十七年左右雅各與眾使徒要求保羅到耶路撒冷，希望他對於自己宣揚的違常內容作出解釋。

這不是保羅第一次出現在運動領袖面前。他在寫給加拉太基督徒的信中提到，改信三年後，大約西元四〇年，他在前往聖城的路上第一次遇見使徒，當時他與彼得與雅各見了面。這兩位領袖顯然很激動，因為「那從前逼迫我們的，現在傳揚他原先所殘害的真道」（加拉太書1:23）。他們因為保羅而將榮耀歸給神，並且派保羅到敘利亞與基利家（Cilicia）傳揚耶穌的訊息，還派了一名改信的猶太人陪他一同前往，這個改信者名叫巴拿巴（Barnabas），是雅各的親信。

保羅第二次去耶路撒冷是在十年後，大約西元五〇年左右，這次的氣氛就遠不如第一次友好。他接到通知要他前去參加使徒會議，他必須在會上為自己向外邦人傳教的行為作出解釋（保羅堅稱他不是接到命令才去耶路撒冷，他是基於自己的意志，因為是耶穌叫他去的）。在他的同伴巴拿巴與一名未受割禮的希臘改信者提多（Titus）陪伴下，保羅在雅各、彼得、約翰與耶路撒冷教會諸長老面前，為自己向外邦人傳道的行為辯護。

路加在四、五十年後描述這場會議，他營造了一幅和諧的景象，彼得甚至起而支持保羅。根據路加的說法，雅各身為耶路撒冷教會與使徒會議的領袖，他對保羅的傳道施予祝福，並且下令歡迎外邦人加入，外邦人可以不用遵守摩西律法，但必須「禁戒偶像的汙穢和姦淫，並勒死的牲畜和血」（使徒行傳15:1-21）。路加對這場會議的描述別有用心，企圖透過「主耶穌的弟弟」來賦予保羅傳教的正當性。如果我們閱讀保羅參加會議後不久寫給加拉太基督徒的信，會發現他的描述跟路加有很大的落差。

保羅宣稱他在使徒會議上遭到一群「假弟兄」（仍然認為聖殿與《摩西五經》居於首要地位）的伏擊，這些人之前曾祕密窺探他與他的傳教工作。雖然保羅沒有透露太多會議細節，但卻隱藏不住他遭到教會「有名望的領袖」苛待而產生的怒氣：雅各、彼得與約翰。「我們就是一刻的工夫，也沒有容讓順服他們」，他們或他們對傳道的意見，無論如何無法改變保羅的做法（加拉太書2:1-10）。

無論使徒會議上發生了什麼事，會議最後耶路撒冷教會的領袖雅各做出承諾，不會硬性要求保羅的外邦人追隨者接受割禮。然而，不久之後發生的事顯示保羅與雅各並未真的和解：保羅才剛離開耶路撒冷，雅各就派了傳教士前往加拉太、哥林多、腓立比與其他保羅建立會眾的地方，糾正保羅對耶穌的宣揚偏離正統。

保羅被母會派來的這些代表激怒，他認為（他的判斷是正確的）這些人威脅到他的權威。《新約》裡，幾乎所有保羅的書信都是在使徒會議之後寫的，而且書信寄送的對象都是耶路撒冷代表曾經拜訪過的會眾（保羅第一封信是寫給帖撒羅尼迦的會眾，時間大約在西元四十八到五〇年之間；最後一封信是寫給羅馬的會眾，寫於西元五十六年左右）。這是為什麼這些書信總是花極大的篇幅捍衛保羅的使徒地位，強調他與耶穌的直接連繫，以及埋怨耶路撒冷的領袖「裝作基督使徒的模樣」。事實上，在保羅眼中，這些領袖如同撒旦的僕人，想蠱惑保羅的追隨者（哥林多後書11:13-15）。

儘管如此，雅各的代表似乎對會眾產生了一定的影響，因為保羅不斷責罵他的會眾拋棄他：「我希奇你們這麼快離開那藉著基督之恩召你們的，去從別的福音」（加拉太書1:6）。保羅懇求他的追隨者不要聽從這些代表或諸如此類的人，只聽從他：「若有人傳福音給你們，與你們所領受的不同，他就應當被咒詛」（加拉太書1:9）。即使那福音來自「天上的使者」，保羅寫道，他的會眾也應該忽視它（加拉太書1:8）。他們應該遵從保羅，而且只遵從保羅：

「你們該效法我，像我效法基督一樣」（哥林多前書11:1）。

保羅感到苦澀，而且不想再受到耶路撒冷的雅各與使徒的權威束縛（「不管他們是誰，在我眼裡都是一樣的」），往後幾年，他自由地宣揚他的耶穌即是基督的教義。身處耶路撒冷的雅各與使徒是否充分瞭解保羅在這個時期的活動，這點有討論的空間。畢竟，保羅是用希臘文寫信，而雅各與使徒不懂希臘文。此外，巴拿巴——雅各只能靠他與保羅連繫——在使徒會議結束後不久也離開了保羅，原因不明（但值得一提的是，巴拿巴是利未人，因此他可能是個恪守猶太律法的人）。無論如何，到了西元五十七年，關於保羅傳道的傳聞已經到了令人無法忽視的地步。於是，他再次被召喚到耶路撒冷為自己答辯。

這回雅各直接面對保羅，雅各告訴他，他們注意到保羅教導信眾「離棄摩西」，「不要給孩子行割禮，也不要遵行條規」（使徒行傳21:21）。保羅並未回應指控，雖然他的教誨確實是如此。保羅甚至曾經表示，「若受割禮，基督就與你們無益了」（加拉太書5:2-4）。

為了不讓這樣的事再度發生，雅各強迫保羅與其他四人在聖殿接受嚴格的潔淨儀式——保羅相信，聖殿早已被耶穌的血取代——「這樣，眾人就可知道，先前所聽見你的事都是虛的，並可知道，你自己為人，循規蹈矩，遵行律法」（使徒行傳21:24）。保羅遵從雅各的命令；他似乎別無選擇。但是，當保羅完成儀式時，一群虔誠的猶太人認出他來。

「以色列人！」他們叫道。「來幫助，這就是在各處教訓眾人，糟蹋我們百姓和律法，並這地方的」(使徒行傳21:27-28)。於是一群暴民一擁而上，抓住保羅，把他拖到聖殿外面。正當他們打算把保羅活活打死時，突然出現了一群羅馬士兵。士兵驅散暴民，把保羅關進大牢。不是因為聖殿的騷動事件，而是他們誤將保羅當成另一個人。

「你莫非是從前作亂，帶領四千兇徒，往曠野去的那埃及人麼?」一名千夫長問保羅(使徒行傳21:38)。

西元五十七年，保羅抵達耶路撒冷時，他遇上的似乎是耶路撒冷近年來最混亂的時刻。前一年，希卡里派開始了他們的恐怖統治，他們暗殺了大祭司約拿單。現在，希卡里派恣意謀殺祭司貴族成員，焚燒他們的房舍，綁架他們的家人，而且在猶太人的心中播下恐懼的種子。耶路撒冷的彌賽亞熱潮正在沸騰。一個接一個自稱是彌賽亞的人，起而要求猶太人擺脫羅馬人的統治。行奇蹟的丟大已經因自稱彌賽亞遭羅馬人捕殺。加利利人猶大的兒子雅各與西門也被釘十字架。迪納厄斯之子以利亞撒蹂躪鄉野，以以色列上帝之名屠殺撒瑪利亞人，他最後被羅馬總督腓力斯斬首。然後埃及人突然出現在橄欖山，他誓言在他的領導下要讓耶路撒冷的城牆傾頹。

對耶路撒冷的雅各與使徒來說，騷亂只代表一件事：末日將近，因為耶穌即將再臨。他們原本以為耶穌生前會建立的上帝國度，現在終於要出現了——那些以耶穌之名傳布離經叛道說法的人，接下來也將重返正軌。

就這個角度來說，保羅在耶路撒冷被捕也許令人意外，但鑑於耶路撒冷的啟示預期，這個時間不能說不適切，也不能說不受歡迎。如果耶穌將重返人世，那麼讓保羅在監獄裡待一段時間也不是什麼壞事；至少，他與他的墮落觀點可以被圍堵起來，直到耶穌親自審判他為止。但是，由於逮捕的士兵以為保羅是埃及人，因此他們立刻將他送交羅馬總督腓力斯審問，而腓力斯此時剛好在濱海城鎮該撒利亞，他在當地處理城裡猶太人與敘利亞及希臘居民的紛爭。雖然腓力斯最終查明了保羅不是埃及人，但他還是將保羅關在該撒利亞的牢裡，讓保羅繼續受苦，直到菲斯圖斯取代腓力斯成為總督為止。菲斯圖斯上任後立刻命令將保羅送往羅馬。

菲斯圖斯允許保羅去羅馬，因為保羅宣稱他是羅馬公民。保羅生於大數，這個城市的居民在一個世紀前由於馬克．安東尼的准許而擁有羅馬公民身分。身為公民，保羅有權要求在羅馬審判，而菲斯圖斯——他擔任耶路撒冷總督的時間很短，而且正值當地爆發騷亂的時期——也樂於讓保羅回到羅馬，原因可能是希望丟開這個燙手山芋。

保羅想去羅馬，可能有更迫切的理由。他在聖殿遭受羞辱之後——他被迫放棄自己多年來傳布的訊息——就希望遠離耶路撒冷，而且愈遠愈好，以擺脫雅各與使徒套在他脖上愈勒愈緊的繩圈。此外，羅馬對保羅來說似乎是個完美的去處。這是帝國城市，是羅馬帝國的首都。選擇羅馬作為定居地的希利尼猶太人，一定能接受保羅非正統的耶穌基督訊息。羅馬已經有一群人數寡少但數量不斷增長的基督徒，他們與人數龐大的猶太人共居一處。保羅抵達羅馬之前十年，城內的基督徒與猶太人曾發生衝突，皇帝克勞狄因此將雙方都趕出羅馬。等到保羅來到羅馬時，大約西元六〇年代初期，羅馬城內的基督徒與猶太人又再度增加。羅馬似乎已經準備好等待保羅前來傳教。

雖然根據官方的安排，保羅在羅馬應該軟禁在家，但實際上他似乎能四處傳教，不受當局限制。儘管如此，保羅在讓羅馬猶太人改信上，成效不彰。猶太人不僅不接受他對彌賽亞的獨特詮釋，還公然敵視這種說法。就連外邦人也不見得歡迎保羅。這也許是因為保羅不是唯一在帝國城市傳揚耶穌訊息的「使徒」。彼得，十二門徒之首，也在羅馬。

彼得比保羅早幾年來羅馬，他可能是在雅各的指示下到羅馬帝國的中心，協助說希臘語的猶太信徒建立長存的社群，這個社群將接受耶路撒冷教會的影響，根據耶路撒冷的教義來傳道：簡言之，這是一個反保羅的社群。我們很難得知彼得在保羅抵達之前達成了多少任務，但根據《使徒行傳》的記載，羅馬的希利尼人不接受保羅傳布的訊息，保羅因此決定與猶太人劃清界線，因為「他們聽是要聽見，卻不明白，看是要看見，卻不曉得。」保羅發誓，從現在起，他只向外邦人傳教，「他們必聽受」（使徒行傳28:26-29）。

彼得與保羅這兩個人後來成為基督教最重要的人物，但他們最後幾年的情況卻無人記載。奇怪的是，路加記述保羅生平時，最後只提到保羅抵達羅馬，卻未提到彼得也在羅馬。

更奇怪的是，路加完全沒想到要將兩個人同時在羅馬這段時間最重要的大事記錄下來。因為在西元六十六年——同年，耶路撒冷爆發叛亂——尼祿皇帝在羅馬興起的一波迫害基督徒熱潮中逮捕了彼得與保羅，他認定這兩個人支持同一種信仰，因此將他們處死。

尼祿錯了。

第十五章
公義者

他們稱耶穌的弟弟雅各為「公義者雅各」。耶穌死後，雅各把耶路撒冷視為自己的家鄉。在耶路撒冷，雅各由於絕對的虔信以及極力為窮苦民眾喉舌，而獲得百姓的尊崇。雅各毫無財產，連身上穿的衣服也不是自己的。他穿著簡樸，布料是亞麻而非羊毛。他不喝酒，不吃肉，不洗澡。他從未理過頭，也從未在身上抹香油。據說雅各絕大多數的時間都跪俯在地上拜禱，懇求上帝寬恕猶太人，因此他的膝蓋長了像駱駝一樣的厚繭。

對耶穌的追隨者來說，雅各與彌賽亞有著活生生的連結，他與天主有著血脈關係；而對耶路撒冷其他居民來說，雅各是個「公義者」，就連猶太當局也讚美雅各的正直與奉公守法。雅各不是曾指責異端的保羅拋棄《摩西五經》嗎？他不是曾逼迫原是法利賽人的保羅為自己的觀點悔罪，並且要他到聖殿潔淨自己？當局雖然不認同雅各對耶穌的看法，就跟他們不接受保羅對耶穌的看法一樣，但當局認為雅各是個公義且值得尊敬的人。根據早期基督教史家黑格希波斯（Hegesippus, 110-180 C.E.）的說法，猶太當局不只一次希望雅各運用他的影響力，說服民眾不要再稱耶穌為彌賽亞。「懇求你，制止他們。他們把耶穌當成基督一樣，這是不對的，」當局提出請求。「我們知道，大家有目共睹，你是公義的，你不會偏袒任何人。因此，請你說服民眾不要對耶穌有錯誤的看法。」

當然，這項請求遭到忽視。雖然雅各是個奉公守法之人——這點耶路撒冷的百姓均可為證——但他也是忠誠的耶穌追隨者；他絕不會背叛兄長的教誨，即使這意味著他必須以身殉道。

關於雅各之死，可以查閱約瑟夫斯的《猶太古史》。那年是西元六十二年，巴勒斯坦全境陷入無政府狀態。饑荒與旱災嚴重破壞了鄉野地區，農田荒蕪，農民挨餓。希卡里派恣意殺人，到處搶掠，耶路撒冷陷入恐慌。猶太人的革命情緒日漸高張，眼看就要失控，就連羅馬用來維持猶太地區秩序的祭司階級也陷入分裂，耶路撒冷富有的祭司圖謀攫取什一稅，而什一稅是鄉村下級祭司賴以生活的收入來源。在此同時，偏偏連續數任的羅馬總督全是無能之輩——從易怒的庫馬努斯，到惡形惡狀的腓力斯，最後是運氣不佳的菲斯圖斯——他們的存在只是讓局勢更加惡化。

當菲斯圖斯突然死亡，羅馬未能立即派來繼任者時，耶路撒冷終於陷入混亂。尼祿皇帝知道情勢危急，趕緊命令菲斯圖斯的接替人選阿爾比努斯前來恢復秩序。但阿爾比努斯需要幾個星期才能抵達。這個延誤使新任命的大祭司，魯莽而易怒的阿納努斯有時間與機會來填補耶路撒冷的權力真空。

阿納努斯是極有權勢的前大祭司（也叫阿納努斯）之子，老阿納努斯另外還有四個兒子、一個女婿，他們都輪流擔任過大祭司。事實上，約瑟夫斯提到的「銀錢的大囤積者」指的是老阿納努斯，是他點燃了無恥的積攢熱潮，將下級教士賴以維生的什一稅據為己有。在沒有羅馬總督制衡他野心的狀況下，小阿納努斯開始大膽地採取行動，準備翦除他眼中的敵人。約瑟夫斯提到，小阿納努斯的第一步就是召開猶太公會，然後把雅各叫來。「雅各是耶穌的弟弟，而耶穌就是人稱彌賽亞的那個人」。阿納努斯指控雅各犯了褻瀆神明與違反摩西律法的罪名，判處他投石之刑。

雅各遭到處死，立即引發各界不滿。耶路撒冷有一群猶太人，約瑟夫斯說他們是「行事公正（……）恪守律法」之人，這些人對阿納努斯的行為感到憤怒。他們通知正從亞歷山卓前來耶路撒冷的阿爾比努斯，告訴他，他不在耶路撒冷這段時間發生了什麼事。阿爾比努斯於是寫了封信責問阿納努斯，他表示，他一到耶路撒冷就會要他以命償命。然而，等到阿爾比努斯進入耶路撒冷時，阿納努斯早已被革職，繼任的是達姆內斯之子耶穌（Jesus son of Damneus）。一年後，就在猶太叛亂爆發前夕，達姆內斯之子耶穌遭到罷黜。

約瑟夫斯這段關於雅各之死的文字非常有名，因為在提到耶穌的非聖經文獻中，這段文字是年代最早的。之前曾經提過，約瑟夫斯使用的稱號，「雅各，耶穌的弟弟，耶穌是人稱彌賽亞的那個人」，顯示到了西元九十四年，也就是《猶太古史》寫成之時，拿撒勒人耶穌已經被認定是重要且持續中的運動的建立者。然而，仔細閱讀這段文字會發現，約瑟夫斯的重點不是耶穌，因為他只是用「人稱彌賽亞的那個人」將耶穌輕輕帶過。約瑟夫斯的重點是雅各，他遭受大祭司不公義的對待而死，這才是約瑟夫斯講述故事的核心。約瑟夫斯提到耶穌，這點固然重要，但一個以羅馬讀者為對象的猶太史家，特別留意雅各的死，而且嚴厲批評他遭到處死這件事——不是從雅各身為耶路撒冷基督徒的角度談這件事，而是以他做為耶路撒冷最虔敬與最守法的猶太人身分談這件事——可以看出雅各在西元一世紀的巴勒斯坦是多麼重要的人物。事實上，雅各不只是耶穌的弟弟。如歷史證據顯示的，他是耶穌之後無可置疑的宗教運動領袖。

黑格希波斯屬於第二個世代的耶穌追隨者，他在他寫的五卷早期教會史中確認了雅各是基督教社群的領袖。「教會的控制權，」黑格希波斯寫道，「連同使徒，都交到了主耶穌的弟弟雅各手中。從主耶穌到我們這個時代，每個人都叫他『公義者』，因為叫雅各的有好幾位。」非正典作品《彼得書》提到，十二使徒的大使徒與領袖稱雅各為「神聖教會的主與主教」。羅馬的克雷芒（Clement of Rome, 30-97 C.E.）繼承了彼得在羅馬的位子，他在信裡稱雅各是

「主教中的主教，統治耶路撒冷，希伯來人的神聖教會，以及各地所有分會。」在《多馬福音》（Gospel of Thomas）中——成書於西元一世紀末與二世紀初——耶穌稱雅各為他的繼承者：「門徒對耶穌說，『我們知道你將離開我們。誰將是我們的領袖？』耶穌對他們說，『你們在此，就該奉公義者雅各為領袖，因為他的緣故，天與地才存在。』」

早期的教父亞歷山卓的克雷芒（150-215 C.E.）宣稱，耶穌將神祕的知識授予給「公義者雅各、約翰與彼得」，由他們依次「將這些知識授予給其他使徒」，不過克雷芒提到，在這三個領導者當中，雅各「最早——根據史料的說法——被選為耶路撒冷教會的主教」。將《聖經》翻譯成拉丁文（武加大譯本）的聖傑羅姆（Saint Jerome, 約 347-420 C.E.），在《名人傳》（*Lives of Illustrious Men*）中寫到，耶穌升天之後，雅各「立刻被使徒們任命為耶路撒冷主教。」事實上，傑羅姆認為雅各在民眾心目中非常神聖，名聲極高，因此「很多人相信，耶路撒冷被毀是雅各死亡造成的」。傑羅姆的說法引自約瑟夫斯，三世紀的基督教神學家俄利根（約 185-254 C.E.）採用這個說法，而後該撒利亞的優西比烏（約 260-339 C.E.）又將其記錄在《教會史》中。約瑟夫斯說，「這些事〔猶太叛亂與耶路撒冷被毀〕發生在猶太人身上，是為了公義者雅各復仇。雅各是人稱基督的耶穌的弟弟，他是最公義的人，卻遭猶太人處死。」優西比烏評論約瑟夫斯這段現已不存在的敘述，他寫道：「雅各是如此高潔，舉國上下都知道他的公義，因此最聰明的猶太人都知道，為什麼他殉道之後，耶路撒冷立刻被包圍」

（教會史2.23）。

就連《新約》也認定雅各是基督教社群的領袖：在雅各、彼得與約翰這三根「支柱」中，雅各經常排在第一位；雅各會親自派使者拜訪散居各地的社群（加拉太書2:1-14）；彼得離開耶路撒冷時，必須向雅各稟報（使徒行傳12:17）；當保羅來耶路撒冷為自己辯護時，由雅各率領長老們聆聽（使徒行傳21:18）；雅各主持使徒會議，在眾人提出意見後，最後由他提出看法，而他的裁判也是定案（使徒行傳15:13）。事實上，在使徒會議結束後，《使徒行傳》就再也沒提到使徒，但依然提到雅各。不僅如此，《使徒行傳》接下來提到雅各與保羅之間發生了重大爭論，雅各公然地羞辱保羅，譴責他傳布偏差的訊息，最後他要求保羅到聖殿行潔淨禮，因而帶來《使徒行傳》的高潮：保羅遭到逮捕，並且被解赴羅馬。

早期基督教與猶太教三百年來的文獻記載——更甭說當時的學者提出了近乎一致的見解——承認雅各，也就是耶穌的弟弟，是第一個基督教社群的領袖，認為他的地位高於彼得與其他十二使徒；也高於約翰，也就是「耶穌所愛的那個門徒」（約翰福音20:2）；最後更是遠高於保羅，而且雅各不只一次跟保羅發生衝突。那麼，為什麼雅各的事蹟幾乎完全從《新約》削除？在最近期的基督徒的想像中，為什麼雅各在早期教會的地位完全被彼得與保羅取代？

這當中有部分也許跟雅各是耶穌的弟弟有關。血統世襲是耶穌時代猶太人的傳統。猶太人的希律家族與哈斯蒙家族、大祭司與祭司貴族、法利賽人，甚至於強盜集團都重視世襲傳承。以耶穌推動的彌賽亞運動來說，親屬關係更是關鍵，因為這場運動的正當性在於耶穌是大衛王的子孫。因此，如果耶穌是大衛王的子孫，那麼雅各當然也不例外；在這種情況下，為什麼雅各無法在彌賽亞死後繼續領導大衛的社群？在早期教會，雅各不是耶穌家族中唯一被賦予權威的人。耶穌的堂弟克洛帕之子西緬（Simeon, son of Clopas）在雅各之後成為耶路撒冷教會的領袖，至於耶穌家族的其他成員，包括耶穌另一個弟弟猶大的兩個孫子，他們在西元一到二世紀的基督教裡都是活躍的領袖。

然而，到了西元三世紀與四世紀，基督教逐漸從異質而教派分歧的猶太運動，轉變成制度化與恪守正統的羅馬官方宗教。雅各身為耶穌的弟弟，這個身分反而對那些相信耶穌母親馬利亞童女生子的人構成障礙。有人想出幾個巧妙的方式來調和耶穌家族的不變事實以及教會缺乏彈性的教條。舉例來說，有一種陳腐而完全違反歷史的論點，認為耶穌的弟弟與妹妹是約瑟前一段婚姻的孩子，或者說，他的「弟弟」其實是「堂弟」。然而，最後的結果卻是逐漸沖淡雅各在早期教會的角色。

當雅各的影響力逐漸衰微時，彼得的影響力卻與日俱增。帝國的基督教，就像帝國本身一樣，需要一個容易做決策的權力結構，人們傾向於將總部設在羅馬，而非耶路撒冷，而且希望直接與耶穌建立連結。彼得身為第一任羅馬主教，以及他身為使徒之長的地位，使他成為樹立羅馬教會權威的理想人物。在羅馬繼承彼得地位的主教（這些人最終成無誤的教宗），他們引用《馬太福音》來合理化他們在不斷擴張的教會中用來鞏固權力的權威鏈鎖。耶穌對使徒說，「我還告訴你，你是彼得，我要把我的教會建造在這磐石上」（馬太福音16:18）。這段充滿爭議的文字，絕大多數學者都認為它並非史實，而且《新約》只有這一處指名彼得是教會領袖。事實上，不只是《新約》，在所有早期歷史文獻中——無論是《聖經》還是其他史料——也只有這段文字指名彼得是耶穌的繼承者與耶穌留下的社群的領袖。與此相比，歷史文獻中提到雅各是教會領袖的部分至少有十多處。歷史紀錄確實提到彼得在早期基督教的角色，也就是彼得是羅馬教會的領袖。羅馬教會雖然是重要的社群，但只是眾多社群中的一個，真正具有凌駕一切社群的權威的是耶路撒冷教會：也就是「母會」。換言之，彼得也許是羅馬主教，但雅各是「主教中的主教」。

然而，還有一個理由更能解釋雅各為什麼在早期基督教裡的地位日漸衰微。這個理由跟雅各身為耶穌的弟弟無關，也跟雅各與彼得之間的關係沒有太大關連，而主要是因為雅各與保羅在信仰上的對立。在早期基督教社群裡，雅各的主張可以從《使徒行傳》中看出，此外他與保羅的一些神學爭論也可從中看出端倪。但是，要更深入瞭解雅各的觀點，我們可以從他一封經常遭到忽略且遭到嚴重惡意中傷的書信著手，這封書信大約寫於西元八〇年到九〇年之間。

顯然，雅各並未親筆寫下這封書信；他就像他的兄長耶穌與絕大多數使徒一樣，是不識字的農民，沒有受過正式教育。雅各的書信或許是由他的親信代筆。當然，《新約》中幾乎每個篇章都是這樣寫成的，包括馬可、馬太與約翰的福音書，就連保羅的書信也是如此（歌羅西書、以弗所書、帖撒羅尼迦後書、提摩太前書、提摩太後書與提多書）。我們之前提過，以某個重要人物的姓名來為某書命名，是尊顯那個人與反映那個人觀點的常見做法。雅各也許未親自寫信，但這封書信無疑可以代表他所相信的事（一般認為，這封書信是將雅各在耶路撒冷的傳道經過編輯與擴充後的內容，傳道的時間就在他於西元六十二年死亡前不久）。這封書信提到的內容，我們確信可以追溯到公義者雅各，而這也是壓倒性的共識。這可能讓雅各的書信成為《新約》最重要的篇章。因為，想追尋耶穌的信仰，其中一個可靠的方式就是探究他弟弟雅各的信仰。

首先要說的是《雅各書》對窮人的困苦極為關注。這不令人驚訝。坊間的故事把雅各塑造成窮人的救助者；正因如此，他才贏得「公義者」的稱號。雅各秉持服務窮人的原則建立了耶路撒冷教會。甚至有證據指出，耶穌最初的追隨者後來接受雅各的領導，他們集體自稱為「窮人」。

《雅各書》比較令人驚訝的或許是對富人的嚴厲指責。「唷，你們這些富足人哪，應當哭泣、號咷，因為將有苦難臨到你們身上。你們的財物壞了，衣服也被蟲子咬了。你們的金銀都長了鏽，那鏽要證明你們的不是；又要喫你們的肉，如同火燒」（雅各書 5:1-3）。對雅各來說，富人找不到救贖之路，因為富人「在這末世，只知積儹錢財」，「在世上享美福，好宴樂」（雅各書 5:3, 5）。富人的命運是無法改變的。「富人必要過去，如同草上的花一樣。太陽出來，熱風颳起，草就枯乾，花也凋謝，美容就消沒了。那富足的人，在他所行的事上，也要這樣衰殘」（雅各書 1:11）。雅各甚至認為，除非真心喜愛窮人，否則不可能成為耶穌真正的追隨者。「你們信奉我們榮耀的主耶穌基督，便不可按著外貌待人〔……〕你們若按外貌待人，便是犯罪，被律法定為犯法的」（雅各書 2:1, 9）。

雅各對富人的猛烈批評，很可能是導致貪婪的大祭司阿納努斯對他充滿忌恨的原因。阿納努斯的父親曾經圖謀剝削鄉村的祭司，他偷走了他們的什一稅。但事實上，雅各只是呼應了他兄長的說法：「你們富足的人有禍了，因為你們受過你們的安慰。你們飽足的人有禍了，因為你們將要饑餓。你們喜笑的人有禍了，因為你們將要哀慟哭泣」（路加福音 6:24-25）。其實，雅各的書信有許多地方反映了耶穌說過的話，無論主題是窮人（「神豈不是揀選了世上的貧窮人，叫他們在信上富足，並承受他所應許給那些愛他之人的國麼？」雅各書 2:5；「你們貧窮的人有福了，因為神的國是你們的。」路加福音 6:20），還是發誓（「不可起誓，不可指著天起誓，也不可指著地起誓；你們說話，是就說是，不是就說不是。」雅各書 5:12；「什麼誓都不可起，不可指著天起誓，因為天是神的座位，不可指著地起誓，因為地是祂的腳凳

〔……〕你們的話，是就說是，不是就說不是。」馬太福音5:34-37）；還是將信仰付諸行動的重要性（「你們要行道，不要單單聽道，自己欺哄自己。」雅各書1:22；「凡聽見我這話就去行的，好比一個聰明人，把房子蓋在磐石上〔……〕凡聽見我這話不去行的，好比一個無知的人，把房子蓋在沙土上。」馬太福音7:24, 26）。

雅各與耶穌最明顯一致的地方，在於他們對摩西律法的角色與功能的看法。「無論何人廢掉這誡命中最小的一條，又教訓人這樣作，他在天國要稱為最小的」，耶穌在《馬太福音》中說道（馬太福音5:19）。「凡遵守全律法的，只在一條上跌倒，他就是犯了眾條，」雅各在書信裡呼應耶穌的話（雅各書2:10）。

《雅各書》的主要關切，是如何在《摩西五經》以及相信耶穌是彌賽亞這兩者之間取得平衡。雅各在信中不斷勉勵耶穌的追隨者，要忠實於律法。「惟有詳細察看那全備使人自由之律法的，並且時常如此，這人既不是聽了就忘，乃是實在行出來，就在他所行的事上必然得福」（雅各書1:25）。雅各認為那些在改信耶穌運動後就放棄律法的人，「就像人對著鏡子看自己本來的面目〔……〕走後，隨即忘了他的相貌如何」（雅各書1:23）。

雅各這席話針對的是誰，大家應該心知肚明。事實上，雅各的書信很可能是為了糾正保羅傳道而寫，因此他才在書信一開頭寫著，「離散各地的以色列十二支派」。雅各書信對保羅神學的敵意相當明顯。保羅貶低摩西律法，認為「那用字刻在石頭上屬死的職事」（哥林多後書3:7），但雅各卻尊崇摩西律法是「自由之律法」。保羅主張「人稱義，不是因行律法，乃是因信耶穌基督」（加拉太書2:16）。雅各顯然反對保羅所認為的，光憑信仰就能獲得救贖。「信心能救他麼？」雅各反駁說。「鬼魔也信，卻是戰驚！」（雅各書2:14, 19）。保羅寫信給羅馬會眾，他說，「人稱義是因著信，不在乎遵行律法」（羅馬書3:28）。雅各認為這種想法是「沒有靈魂」，他反駁說，「信心沒有行為也是死的」（雅各書2:26）。

這兩個人說「行律法」時，是指把猶太律法應用在信仰者的日常生活上。簡言之，保羅認為行律法與救贖無關，但雅各認為行律法是信仰耶穌基督的條件。為了證明這點，雅各舉了一個明顯的例子，用來證明他在書信中已經駁倒了保羅。「我們的祖宗亞伯拉罕，把他兒子以撒獻在壇上，豈不是因行為稱義麼？」雅各說道，暗示亞伯拉罕差點在上帝的命令下將以撒獻祭（創世記22:9-14）。「可見信心是與他的行為並行，而且信心因著行為纔得成全。這就應驗經上所說，『亞伯拉罕信神，這就算為他的義。』他又得稱為神的朋友」（雅各書2:23）。

這個例子之所以特出，是因為保羅在自己的書信也用了相同的例子，但支持的論點卻完全相反。「我們的祖宗亞伯拉罕，憑著肉體得了什麼呢？」保羅寫道。「倘若亞伯拉罕是因行為稱義，就有可誇的，只是在神面前並無可誇。經上說什麼呢？說，『亞伯拉罕信神，這就算為他的義。』」（羅馬書4:1-3；也可見加拉太書3:6-9）。

雅各也許讀不懂保羅的書信，但他顯然熟悉保羅如何傳揚耶穌的訊息。雅各生前最後幾年，曾經派傳教士到保羅的會眾前，將他認為保羅犯的錯誤一一予以糾正。對雅各來說，傳道（後來成為他的書信）只是另一種嘗試，為的是減低保羅的影響力。從保羅的書信來看，雅各的努力是成功的，因為有許多會眾背棄了保羅，轉而支持耶路撒冷的夫子。

保羅對於這些「假使徒、行事詭詐」的人感到憤怒與痛苦，這些「撒旦的奴僕」被派來滲透到他的會眾裡。保羅憤怒地稱那個人是教會裡「有名望的領袖」——他宣稱此人對他「毫無幫助」——那人就像毒一樣滲透他晚期書信的紙面（哥林多後書11:13；加拉太書2:6）。保羅嘗試說服他的會眾不要放棄他，然而此舉終究證明是徒勞。當前法利賽人與活生生的基督血肉之間發生爭論時，社群的忠誠會偏向哪邊是無庸置疑的。無論希利尼人與離散猶太人變成什麼樣子，他們對母會領袖的忠誠度是不會變的。雅各、彼得、約翰——這些是教會的支柱。當人們說起耶穌的故事時，這三個人總是在當中扮演著重要角色。他們與耶穌同行，和耶穌說話。他們是最早看見耶穌死後復活的人；他們將是最早看見耶穌駕著天上的雲降臨的人。雅各與使徒終其一生在社群裡都維持一定的威望。就連保羅也無法逃脫，西元五十七年，保羅親身體會到這一點，當時雅各逼迫他必須公開為自己的信仰悔罪，並且到耶路撒冷聖殿進行嚴格的潔淨儀式。

路加的《使徒行傳》在描述雅各與保羅的最後會議時，與數年後他對使徒會議的敘述一樣，他呈現的是保羅遵從指示接受聖殿儀式，抹除了任何暗示衝突與惡意的內容。然而，即使是路加也無法隱藏現場明顯的緊張氣氛。在路加的敘述中，雅各命令保羅前往聖殿在耶路撒冷教會面前證明自己「循規蹈矩、遵守律法」之前，首先釐清兩件事的不同，一方面，「神用他〔保羅〕傳教，在外邦人中間所行之事」，另一方面，「猶太人中信主的有多少萬，並且都為律法熱心」（使徒行傳21:20）。之後雅各為保羅找了「四個人，都有願在身」，並且指示保羅「與他們一同行潔淨的禮，替他們拿出規費，叫他們得以剃頭」（使徒行傳21:24）。

路加在這段話裡提到了「拿細耳人的願」（Nazirite vow，民數記6:2）。拿細耳人嚴格遵守摩西律法，他們不喝酒，不剃鬚髮，不靠近死亡一段時間的屍體。這種行為要不是表現虔信，就是為了實現願望，例如祈求孩子健康或旅途平安（雅各很可能是拿細耳人，因為關於拿細耳人起誓的描述與古代史對雅各的描述完全一致）。保羅向來反對摩西律法與耶路撒冷聖殿，被迫參加這類儀式，想必令他頗為困窘。這個儀式的目的，是要在耶路撒冷教會面前顯示，保羅已不再相信他十年前傳的道。關於保羅參與拿細耳人的願這個儀式，所有的文字資料都只提到他隆重地棄絕了過去傳的道，以及雅各公開展示了他的權威凌駕於保羅之上——正因如此，我們更有理由懷疑路加對保羅的描述，他只提到保羅參與了儀式，既無評論也無怨言。

耐人尋味的是，這件重要的大事似乎不只《路加福音》有記載。在一部集結各種著作的作品集《偽克雷芒文獻》中（Pseudo-Clementines），也收錄了類似的怪異故事。《偽克雷芒文獻》雖然編纂於西元三〇〇年左右（比《新約》被教會列為正典的時間早了近一個世紀），但裡頭包含了兩套彼此獨立的作品，其寫作時間可以追溯到更早的時期：第一套作品是《講道集》（Homilies），包含兩封書信：一封是使徒彼得的書信，另一封是彼得在羅馬的繼承者克雷芒（Clement）的書信。第二套作品是《認可集》（Recognitions），以年代更古老的作品《雅各升天》（Ascent of James）為基礎寫成，絕大多數學者認為《雅各升天》完成於西元二世紀中葉，或許比《約翰福音》成書的時間晚二、三十年。

《認可集》裡有一篇不可思議的故事，提到耶穌的弟弟雅各與某個被稱為「敵人」的人發生了激烈爭吵。文中提到，雅各與敵人在聖殿裡彼此吵鬧叫囂，突然間，敵人在盛怒之下攻擊雅各，並且將他推下聖殿階梯。雅各摔成重傷，但他的支持者很快趕過來救他，把他送到安全的地點。令人矚目的是，攻擊雅各的敵人後來被認出原來就是大數人掃羅。（認可集1:70-71）。

與路加的版本一樣，《認可集》裡雅各與保羅爭吵的故事也有瑕疵。文中把保羅稱為掃羅，顯示作者認為這起事件發生在保羅改信之前（雖然《認可集》從未提到改信的事）。但無論這則故事的歷史真實性如何，保羅被稱為教會之「敵」這件事，不僅出現在《認可集》，也出現在《偽克雷芒文獻》其他作品中。舉例來說，《彼得書》提到使徒長抱怨「某些外邦人拒絕了我的合法傳道，反而相信某個與我為敵之人進行的非法且內容無關緊要的傳道」（彼得書2:3）。在其他作品中，彼得直接表示這名「假先知」就是保羅，他要人「廢掉律法」。彼得警告他的追隨者，「不要相信任何老師，除非那老師身上帶著耶路撒冷主耶穌的弟弟雅各或繼承雅各之人發的證明狀」（認可集4:34-35）。

《偽克雷芒文獻》提到的是（《新約》也清楚確認過）雅各、彼得、約翰與其他使徒就算未公開嘲弄保羅，至少也對他懷有戒心，因此他們想盡辦法反對保羅的教誨，檢查他的言語，警告其他人不要追隨他，甚至自己派出傳教士向保羅的會眾傳教。難怪保羅在西元五十七年的聖殿事件之後急著逃往羅馬。他顯然不是如路加說的，想爭取由皇帝來審判他的罪。保羅去羅馬是因為他想逃避雅各的權威。但當保羅抵達羅馬後才發現，彼得早就在羅馬建立了組織，想擺脫雅各與耶路撒冷可沒那麼容易。

當保羅在羅馬度過他的晚年，並且對自己的訊息乏人問津感到挫折時（或許猶太人注意到彼得疾呼的，「不要相信任何老師，除非那老師身上帶著耶路撒冷主耶穌的弟弟雅各的證明狀」），耶路撒冷教會在雅各領導下卻是欣欣向榮。當然，耶路撒冷的希伯來人不一定能免於宗教當局的迫害。他們經常遭到逮捕，有時甚至因傳道而被殺。西庇太的兒子雅各，也就是最初的十二使徒之一，甚至遭到砍頭（使徒行傳12:3）。但這些每隔一段時間就會發生的迫害，終究相當罕見，而且發生的原因也不是希伯來人違反了律法，這跟當初希利尼人被逐出耶路撒冷不太一樣。顯然，希伯來人已經找到與猶太祭司當局和平共處的方式，否則的話，他們不可能繼續待在耶路撒冷。從各方面來看，這些人都是遵守律法的猶太人，他們依照祖先留下來的慣例與傳統行事，而且在偶然間相信一個名叫拿撒勒人耶穌的加利利猶太農民是應許的彌賽亞。

這不是說雅各與使徒對於向外邦人傳教不感興趣，也不表示他們認為外邦人不可能加入他們的運動。從雅各在使徒會議上的決策可以看出，他可以接受外邦改信者不行割禮與不用承受其他「猶太律法的負擔」。雅各不想強迫外邦人必須先成為猶太人，而後才能成為基督徒。他只是堅持外邦改信者不能完全脫離猶太教，他們既然宣稱要追隨耶穌，那麼在某種程度上還是要遵守耶穌的信仰與實踐（使徒行傳 15:12-21）。否則的話，這場運動可能會變成全新的宗教，而這不是雅各與他的哥哥耶穌願意見到的。

雅各一直在耶路撒冷教會擔任領袖，直到西元六十二年，他被大祭司阿納努斯處死為止。他被處死不是因為他是耶穌的追隨者，當然也不是因為他違反律法（否則的話，那些「行事公正（……）恪守律法」之人也不會起而對這場不公正的處決發動抗爭）。雅各是因為他盡心盡力做的事而被殺：護衛窮人與弱者，對抗富人與強者。阿納努斯想剝奪下級祭司的財產，偷竊他們的什一稅，公義者雅各一定不會坐視此事發生。因此，阿納努斯利用羅馬耶路撒冷總督短暫懸缺的機會，除掉雅各這個眼中釘。

我們不知道保羅在羅馬得知雅各死訊時心中做何感想。但是，如果他以為耶穌弟弟的過世，將使耶路撒冷放鬆對其他社群的控制，那麼他就錯了。耶路撒冷教會的領導權很快就交給另一名耶穌家族成員，也就是耶穌的堂弟克洛帕之子西緬。耶路撒冷教會持續不輟，直到雅各死後四年，猶太人突然對羅馬人發動叛亂為止。

暴亂爆發時，有些希伯來人從耶路撒冷逃到佩拉。但沒有證據顯示母會的核心領導人物放棄耶路撒冷。相反地，他們堅持留在耶穌死亡與復活的城市，他們熱切等待耶穌再臨，直到提圖斯的大軍抵達，夷平聖城，掃滅所有居民為止，包括基督徒與猶太人。隨著耶路撒冷被毀，散布各地的分會與植根於上帝之城的母會之間的連結，就此永遠斷絕；連帶斷絕的還有基督教社群與猶太人耶穌的有形連結，以及狂熱派分子耶穌。

拿撒勒人耶穌。

後記
從真神所出之真神

西元三二五年夏天，一群禿頂白鬚的老人，身負確立基督教信仰與儀式的重任，首次在拜占庭城市尼該亞（Nicaea，位於今土耳其伊茲密特湖東岸）開會。皇帝君士坦丁召集這些人，命他們商討基督教（皇帝最近才皈依基督教）教義，以達成共識。身穿紫金袍服，頭戴金色桂冠，羅馬帝國第一位皈依基督教的皇帝召開這場大會，其規模宛如羅馬的元老院。而這點不難理解，皇帝在尼該亞召集近兩千名主教，由他們來永久確立基督教的教義，這些主教毫無例外，每一位都是羅馬帝國的臣民。

在主教們化解彼此的神學歧見之前，這場宗教會議絕不解散。會議中爭議最大的就是耶穌的本質以及耶穌與上帝的關係。耶穌釘十字架之後的數百年間，教會領袖為了耶穌是人還是神的問題，吵得不可開交。耶穌是否如亞歷山卓的亞他那修（Athanasius of Alexandria）

所言，是上帝的化身，抑或如阿里烏（Arius）的弟子所言，只是個凡人——他或許是一個完美的人，但他仍是個凡人？

經過幾個月的熱烈協商，會議將所謂的尼該亞信條（Nicene Creed）呈獻皇帝，這是基督教會第一次出現官方批准的正統信條。尼該亞信條宣示，耶穌是上帝的兒子。耶穌是從光所出之光，從真神所出之真神，是降生而非受造，與聖父同體。不同意這項信條的人——例如阿里烏派（Arians）認為「有一段時間耶穌不與聖父同體」——將立即被帝國流放，他們的教義也遭到嚴厲的壓制。

有人認為尼該亞信條是一場政治操作，它打壓了早期教會原本具正當性的異議見解。不可否認，尼該亞公會議的決定確實導致往後一千多年各種以基督教正統之名行迫害之實的流血事件。但事實上，參加公會議的成員只是將當時的主流意見編纂成法典而已，這些主流意見並非只來自聚集於尼該亞的主教，而是來自於整個基督教社群。簡單地說，耶穌是神這項見解，早在尼該亞公會議之前幾百年就已經成為主流，而這完全是受到廣受信眾信從的保羅書信的影響。

在聖殿被毀，聖城被夷為平地，耶路撒冷教會殘餘的信眾離散各地之後，保羅歷經一段辛苦的基督教社群重建期。除了Q文件這個可能的例外（畢竟這是假設性的文件），在西元七〇年時唯一談及耶穌的作品就是保羅書信。這些書信大約從西元五〇年代開始流傳。保羅書信是為了各離散社群而寫，耶路撒冷被毀之後，這些離散社群是唯一存在於羅馬帝國境內的基督教社群。沒有母會為耶穌的追隨者提供指引，加上基督教運動與猶太教的連結已經斷絕，保羅因此成為基督教會的重要媒介。透過保羅書信，新一代的基督徒得以認識耶穌基督。就連福音書也深受保羅書信的影響。我們可以在《馬可福音》與《馬太福音》中發現保羅神學的蛛絲馬跡。但從保羅的忠實門徒路加寫的《路加福音》，還是最能看出保羅觀點的全面影響，至於《約翰福音》則宛如保羅神學的敘事體。

在西元七〇年之前，保羅的基督教概念還不受歡迎。但在西元七〇年之後，他倡導的新宗教觀，例如擺脫聖殿權威（聖殿已不存在）、放棄律法（律法已無法約束）以及與猶太教分離（猶太教遭到輕賤），獲得羅馬帝國各地皈依者的熱烈支持。因此，到了西元三九八年，據說另一群主教在希波（Hippo Regius，位於今阿爾及利亞）召開公會議，準備將一些作品列為正典編為《新約》。這些主教選錄了耶穌的弟弟與繼承者雅各寫的一封信，十二使徒中排名首位的大使徒彼得寫的兩封信，耶穌所愛的門徒與教會支柱約翰寫的三封書信，遭耶路撒冷領袖拒絕與輕視的異議者與流放者保羅的十四封書信，他們將這些書信編入基督教《聖經》之中。事實上，在《新約》的二十七個篇章中，超過一半是保羅所寫或與保羅有關的作品。

我們毋須感到驚訝。耶路撒冷被毀之後，基督教幾乎已成為外邦人的宗教；它需要外邦人的神學。這正是保羅所提供的。雅各的猶太宗教觀點依然以摩西律法為基礎，而且從猶太民族主義者承繼了對羅馬的仇恨；反觀保羅的羅馬宗教觀點已完全脫離了猶太教偏狹的地方主義，主張救贖的來源是信仰耶穌基督。對於第二代與第三代的耶穌追隨者來說，要選擇雅各還是保羅，答案再清楚不過。

兩千年後，保羅創造的基督已完全吞沒歷史的耶穌。而耶穌的真實事蹟則完全堙滅於歷史之中，這名狂熱派的革命分子走遍加利利，聚集一批門徒，計劃在世間建立上帝的國度；這名充滿魅力的傳道者敢於冒犯耶路撒冷聖殿祭司的權威；這名激進的猶太民族主義者勇於挑戰羅馬占領者而終告失敗，世人對於這位集革命、傳道與民族主義於一身的人物，卻似乎毫無記憶。這真是可恥。因為，凡是深刻考察歷史耶穌的人都會發現，與耶穌基督相比，拿撒勒人耶穌——凡人耶穌——毫不遜色，他與基督一樣令人折服、充滿魅力與值得欽敬。簡言之，他是個值得信仰的人。

致謝

本書是我歷經二十年研究《新約》與基督教運動之根源的成果，在這段期間，我先後在聖塔克拉拉大學、哈佛大學與加州大學聖塔芭芭拉分校從事研究工作。我要感謝所有教導過我的教授，其中尤其感謝極有耐心的希臘文教授 Helen Moritz；我在聖塔克拉拉大學時的指導教授，已故的 Catherine Bell，她是個非常出色的老師；此外還有哈佛大學的 Harvey Cox 與 Jon Levinson，以及加州大學聖塔芭芭拉分校的 Mark Juergensmeyer。我要感謝編輯 Will Murphy 與藍燈書屋全體團隊的支持。我特別要感謝 Elyse Cheney，她是世上最優秀的文學經紀人，還有 Ian Werrett，他不僅翻譯了本書所有希伯拉文與亞拉姆文的段落，而且還看過初稿，給予我許多寶貴意見。最後，我最感謝的是我的愛妻與最好的朋友 Jessica Jackley，她對我的愛與奉獻，使我成為自己想成為的人。

最後剪下頭髮。路加沒有說明保羅許了什麼願，然而如果他許的是平安到達敘利亞的願，那麼他顯然還沒抵達目的地，因此，他的願還沒實現。此外，保羅不是在聖殿許下拿細耳人之願，因此與祭司沒有關係。

潘特概述了《偽克雷芒文獻》裡所有反保羅的資料，包括保羅與雅各在聖殿爭吵，見 "Who Was James?" 38–39。潘特也提到耶穌擴張了摩西律法，見 55–57。

在耶路撒冷被毀之後，在往後的數百年間，仍有社群持續遵行雅各的教誨。這個社群自稱為伊便尼派（Ebionites）或「貧窮派」，這是為了表彰雅各對窮人的關注。這個社群也許早在雅各時代就已經稱為伊便尼派，因為這個名稱出現在《雅各書》第二章。伊便尼派堅守割禮與恪守律法。到了西元四世紀，伊便尼派把耶穌視為凡人。西元三二五年尼該亞會議後，伊便尼派就成了異端社群而遭受排擠與迫害，反觀保羅的基督教卻成了羅馬帝國的正統宗教。

撒冷教會的領導地位。彼得唯一具有領導地位的是在羅馬教會。見 Painter, "Who Was James?" 31。

有些學者認為，彼得在被迫逃離耶路撒冷之前，已經是教會的領袖。例見 Oscar Cullman, *Peter: Disciple. Apostle. Martyr* (London: SCM Press, 1953)。然而這個觀點的產生，主要是因為錯誤解讀了《使徒行傳》第十二章第十七節。彼得在被迫逃離耶路撒冷之前，要約翰馬可通知雅各，他將逃往羅馬。克爾曼（Cullman）與其他學者認為，就在此時，耶路撒冷教會的領導權，從彼得轉移到雅各身上。然而，如潘特所言，這段文字真正的意思其實是彼得在逃離耶路撒冷之前向雅各報告（你也可以說，向他的「老闆」報告）。從這段文字裡，我們完全看不出來彼得是耶路撒冷教會的領袖。見 Painter, "Who was James?" 31–36。

克爾曼也主張，在彼得領導時期，教會在律法的執行上要比雅各時期來得寬鬆。這個觀點的唯一證據來自於彼得讓羅馬人哥尼流改信的故事。然而，這則故事的真實性值得懷疑，而且它也無法證明彼得時期律法變得比較寬鬆，甚至也無法證明彼得是耶路撒冷教會的領導人。《使徒行傳》清楚地顯示，耶穌最早的追隨者對於律法的寬嚴有著各種不同的看法。在談到誰比較恪守律法時，彼得也許比雅各來得寬鬆一點，但這又如何？如伯恩海姆指出的：「我們沒有理由認為耶路撒冷教會在四十八年與四十九年時要比初始的三〇年代來得自由。」*James, Brother of Jesus,* 209。

波普克斯（Wiard Popkes）詳列證據，認定《雅各書》的完成年代在西元一世紀，見 "The Mission of James in His Time," *The Brother of Jesus,* 88–99。迪貝里歐斯不認為完成年代在一世紀。他認為這封書信實際上是猶太基督教傳道的大雜燴，完成於西元二世紀。見 Martin Dibelius, *James* (Philadelphia: Fortress Press, 1976)。雅各的書信是寫給「離散各地的以色列十二支派」，這點相當耐人尋味。雅各似乎相信以色列各支派將會恢復到原來的數目，而以色列也將獲得解放。學者認為《雅各書》與《馬太福音》有許多相互呼應的地方，可能是因為有個傳統潛藏在《馬太福音》之中，而這個通常被稱為M的傳統可以追溯到雅各。

柴爾頓探討保羅被迫參加的「拿細耳人的願」，見 "James in Relation to Peter, Paul, and Jesus," *The Brother of Jesus,* 138–59。柴爾頓相信不僅雅各是拿細耳人，連耶穌也是拿細耳人。事實上，他相信把耶穌說成是拿撒勒人，很可能是拿細耳人的訛音。注意《使徒行傳》第十八章第十八節提到保羅做了一些類似拿細耳人的願的事。保羅搭船前往敘利亞之後，他在堅革哩，也就是哥林多東部的港口上岸。在那裡，路加寫道，「他因為許過願，就剪了頭髮。」雖然路加明顯指的是拿細耳人之願，但他似乎搞錯了這個願的性質與做法。這個儀式的整個重點是在誓願的引用的文字見《多馬福音》第十二章。順帶一提，「公義者雅各」的姓氏也出現在《希伯來福音》中；這兩部福音的完整內容見 *The Nag Hammadi Library*。亞歷山卓的克雷芒，轉引自Eusebius, *Ecclesiastical History* 2.1.2–5。把主教的頭銜套在雅各身上顯然是時代倒錯，但這個詞的意涵很清楚。傑羅姆《名人傳》的英譯本見Ernest Cushing Richardson in *A Select Library of the Nicene and Post-Nicene Fathers of the Christian Church*, vol. 3 (Edinburgh: T&T Clark, 1892)。約瑟夫斯責難耶路撒冷被毀是由於雅各遭到不公義的處死，這段文字現已不存，但轉引自Origen in *Contra Celsus* 1.47, Jerome in *Lives* and in his *Commentary on Galatians*與 Eusebius in *Ecclesiastical History* 2.23。

雅各在使徒會議中擁有主導的權威，這一點可以從以下事實得到證明，雅各是最後發言者，他決定時會使用「krino」這個字，也就是「我裁決」。見Bernheim, *James, Brother of Jesus,* 193。此外，伯恩海姆也正確指出，保羅提到教會三大支柱時，總是把雅各放在首位，這證明了雅各的權威。日後的編輯者在改動文本時，抄寫員故意調換位置，將彼得放在雅各前面，以顯示彼得是教會的領袖，這恰可證明原本的文件所顯示的雅各地位。雅各的地位高於彼得的問題，在《加拉太書》第二章第十一節到第十四節中有答案。在這段文字中，雅各派使者到安提阿，要求彼得停止與外邦人共餐，之後彼得與保羅的衝突則導致巴拿巴離開保羅返回雅各身邊。

伯恩海姆概述了早期基督教會裡家族繼承的角色與功用，見*James, Brother of Jesus,* 216–17。優西比烏提到繼承雅各的克洛帕之子西緬：「在雅各殉教與隨後而來的耶路撒冷被毀之後，據記載，主的使徒與門徒仍在世者從各方聚集起來，『連同主的血肉親族（他們絕大多數都平安無事）』，共同商議，取得共識，決定由誰來繼承雅各；眾人最後一致同意由克洛帕之子西緬（諸福音書均已提及）繼承教會的領袖地位。他是主的堂弟——無論如何他們是這麼說的；事實上，黑格希波斯曾說克洛帕是約瑟的兄弟」（教會史3.11）。關於耶穌另一個弟弟猶大的孫子，黑格希波斯表示，他們「統治教會，因為他們是殉教者與主的家族成員」（教會史3.20）。

耶穌有一句著名的話，他稱彼得為磐石，並且要將自己的教會建立在這磐石之上，這句話已被絕大多數學者認定為捏造。例見Pheme Perkins, *Peter, Apostle for the Whole Church* (Philadelphia: Fortress Press, 2000); B. P. Robinson, "Peter and His Successors: Tradition and Redaction in Matthew 16:17–19," *Journal for the Study of the New Testament* 21 (1984), 85–104; and Arlo J. Nau, *Peter in Matthew* (Collegeville, Minn.: Liturgical Press, 1992)。約翰・潘特證明沒有任何根據可以支撐彼得在耶路

督不在耶路撒冷時召開猶太公會是非法的，這顯示他們反對的是審判過程，而非判決本身。然而，我同意約翰．潘特（John Painter）的說法，他指出，「有人認為猶太人反對的是阿納努斯擅權亂法，在羅馬總督不在時執行死刑（見約翰福音18:31），然而，這無法說明一些『行事公正……恪守律法之人』為什麼也起而反對……我們應該這麼說，這些行事公正、恪守律法之人認為雅各與其他人也許逾越了法律，但他們受的判決是不公正的。」見John Painter, "Who Was James?" in *The Brother of Jesus: James the Just and His Mission*, Bruce Chilton and Jacob Neusner, eds. (Louisville, Ky.: Westminster John Knox Press, 2001), 10–65; 49。

伯恩海姆（Pierre-Antoine Bernheim）同意潘特的看法，他認為：「約瑟夫斯指出『恪守律法之人』的不同意，或許是想強調擅自召開猶太公會也許違反了羅馬人的法律，但未遵循律法專家對摩西律法的詮釋，而妄下不公正的判決，這才是引發眾怒的原因……」*James, the Brother of Jesus* (London: SCM Press, 1997), 249。

雖然有些學者——舉例來說Craig C. Hill, *Hellenists and Hebrews* (Minneapolis: Fortress Press, 1992)——不同意潘特與伯恩海姆的看法，認為猶太人的陳情與雅各毫無關係，但絕大多數的學者（我也包括在內）還是深信，猶太人的陳情針對的就是判決不公，而非審判程序；也可見F. F. Bruce, *New Testament History* (New York: Doubleday, 1980)，特別是頁372–73。

黑格希波斯對雅各權威的描述，見Eusebius, *Ecclesiastical History* 2.23.4–18。黑格希波斯是說教會的控制權交給使徒與雅各，還是說教會對使徒的控制權也交給雅各，這點並不清楚。然而，無論是哪一種狀況，雅各的領導地位是無庸置疑的。盧德曼（Gerd Ludemann）認為「連同使徒」並非原初版本，而是優西比烏添加的，用來符合主流的觀點，也就是認同使徒的權威性。見*Opposition to Paul in Jewish Christianity* (Philadelphia: Fortress Press, 1989)。

羅馬的克雷芒的資料，引自所謂的《偽克雷芒文獻》。這份文獻雖然編纂於西元三百年左右，卻反映了更早的猶太基督教傳統，這點可以從當中收錄的兩份主要文件看出：《講道集》與《認可集》。《講道集》包含兩篇書信：《彼得書》，人們稱雅各為「神聖教會的主與主教」就是從這邊來的；《克雷芒書》，當中稱雅各為「主教中的主教，統治耶路撒冷，希伯來人的神聖教會，以及各地所有分會。」《認可集》本身或許是以年代更早的文獻為基礎，這份文獻稱為《雅各升天》，絕大多數學者認為成書於西元二世紀中葉。斯特雷克（Georg Strecker）認為《雅各升天》是在佩拉寫成的，佩拉是以耶路撒冷為據點的基督徒在耶路撒冷被毀後另尋的新據點。見斯特雷克的 "The Pseudo-Clementines," in *New Testament Apocrypha,* vol. 2, Wilhelm Schneemelker, ed. (London: Cambridge University Press, 1991), 483–541。

而死亡；但他轉了個身，跪坐在地，說道：我懇求你，主耶和華，原諒他們，因為他們不知道他們在做什麼。」

這則故事令人嘖嘖稱奇的地方，在於它如同《使徒行傳》中司提反殉教的翻版，而司提反本身的故事似乎又呼應著《馬可福音》當中耶穌對大祭司該亞法的回應。此外，我們也可以注意到雅各死前說的話與耶穌在十字架上說的話有異曲同工之妙（路加福音23:24）。

黑格希波斯的雅各殉教故事是這麼結尾的：「其中有一個人，一名漂洗工，他拿起敲打衣服的棍子，敲打義人的頭。雅各因此殉教。他們就地掩埋雅各，就在聖殿旁，他的紀念碑依然位於聖殿旁。他成了真正的見證者，不僅對猶太人，對希臘人也是如此，他見證耶穌就是基督。而維斯帕先馬上圍攻他們」（優西比烏，教會史2.23.1-18）。雖然學者幾乎一致認為約瑟夫斯對雅各死亡的描述要比黑格希波斯來得可靠，但值得一提的是，黑格希波斯的描述呼應了亞歷山卓的克雷芒的作品，克雷芒寫道：「有兩個雅各，一個是公義者，他從〔聖殿〕牆上被扔了下來，並且被漂洗工用棍子打死，另一個是〔西庇太之子〕雅各，他被砍頭」（克雷芒，希波提波希斯，卷七）。

約瑟夫斯在《猶太古史》（20.180-81）提到富有的祭司貴族攫取了下級祭司的什一稅：「但是，對於大祭司阿納尼亞斯來說，他的榮耀一天天增加，而且以單一的作法就獲得民眾的愛戴與尊重；因為他是囤積銀錢的大戶：他因此與阿爾比努斯相善，而對於大祭司達姆內斯之子耶穌，他也送上禮物；阿納尼亞斯有僕人，這些僕人素行不良，他們與最大膽的人為伍，然後到打穀場，用暴力搶走下級祭司的什一稅，對於反抗者，則予以無情的毆打。於是，其他的大祭司也有樣學樣，而那些大祭司的僕人也肆無忌憚地強劫，沒有人能阻止他們；一些老祭司沒有收入維持生活，便活活餓死。」這個阿納尼亞斯或許就是老阿納努斯，也就是殺死雅各的阿納努斯的父親。

約瑟夫斯對雅各殉教的描述見《猶太古史》（20.9.1）。不是每個人都相信雅各是因為身為基督徒而被處死。舉例來說，莫里斯．戈格爾（Maurice Goguel）認為，如果跟雅各一起被處死的人也是基督徒，那麼他們的名字將永遠保存在基督教的傳統裡；Goguel, *Birth of Christianity* (New York: Macmillan, 1954)。有些學者（我也包括在內）認為，雅各遭到處死，與他指責阿納努斯奪取下級祭司的什一稅很有關係；見S.G.F. Brandon, "The Death of James the Just: A New Interpretation," *Studies in Mysticism and Religion* (Jerusalem: Magnus Press, 1967): 57–69。

從約瑟夫斯的描述，我們很難看出猶太人是被非法的審判程序還是被不公正的判決激怒。從猶太人向阿爾比努斯陳情的內容來看，他們認為阿納努斯在總守猶太飲食規定所引起——也就是說，不能吃外邦人的食物——而巴拿巴在這場爭吵中站在彼得這一邊。

路加說，保羅被送往羅馬，躲過了猶太人殺他的陰謀。他也宣稱羅馬的護民官派了五百名士兵護送保羅回到該撒利亞。這種說法荒謬無稽，可以直接加以忽視。

史家蘇埃托尼烏斯說，克勞狄將猶太人逐出羅馬，「因為羅馬的猶太人在克雷斯托斯煽動下，持續地鼓譟暴亂。」一般認為蘇埃托尼烏斯說的克雷斯托斯，指的是基督的意思。在克雷斯托斯的煽動下，羅馬的基督徒與非基督徒的猶太人產生了衝突爭吵。如布魯斯（F. F. Bruce）所指出的，「我們必須提醒自己，我們以後見之明觀看時，可以清楚辨識出克勞狄統治時代猶太人與基督徒有何不同，但對克勞狄當時的羅馬當局來說，用來判別他們的標準幾乎是不存在的。」F. F. Bruce, "Christianity Under Claudius," *Bulletin of the John Rylands Library* 44 (March 1962): 309–26。

第十五章　公義者

對雅各的描述以及猶太人的懇求，都是取材自巴勒斯坦猶太基督徒黑格希波斯（110-180 C.E.）的作品。我們今日看到的黑格希波斯五卷本早期基督教會史，都是轉引自西元三世紀該撒利亞的優西比烏（約206-339 C.E.）的《教會史》。優西比烏是君士坦丁皇帝時代教會的大主教。

黑格希波斯的史料可靠性，一直廣受爭論。一方面，黑格希波斯的一些陳述，其歷史真實性已獲得絕大多數學者的承認，這些陳述包括他斷言「教會的控制權連同使徒，都交到了主耶穌的弟弟雅各手中。從主耶穌到我們這個時代，每個人都叫他『公義者』，因為叫雅各的有好幾位，但只有這一位從出生就臻於神聖」（優西比烏，教會史2.23）。這項主張獲得許多文件的支持（見以下），甚至可以追溯到保羅的書信與《使徒行傳》。然而，黑格希波斯也有一些混淆的部分，甚至出現明顯的錯誤，包括他說雅各獲准「獨自一人進入聖所」。如果黑格希波斯用「聖所」來表示「至聖所」（關於他到底指的是什麼，也是一項爭議），那麼這段陳述明顯是錯的；只有大祭司才能進入至聖所。黑格希波斯記述雅各的死，也與約瑟夫斯《猶太古史》所記不同，但學者絕大多數認為後者較為可信。根據《教會史》的說法，猶太人要求雅各說服信眾不要將耶穌視為彌賽亞，雅各的回應為他惹來了殺身之禍：「雅各大聲地回答說：你們為什麼要我擔心人子耶穌呢？他坐在有大權柄者的右邊，即將駕著天雲而來！民眾於是上前將這名義人扔下來，他們交頭接耳地說：讓我們對公義者雅各投石。於是他們對他丟擲石塊。雅各並未因此跌落

Christianity。最近也有學者認為保羅是忠誠的猶太人，他只是想把猶太教轉介給外邦人，這些學者包括L. Michael White, *From Jesus to Christianity*，以及我的前指導教授Marie-Éloise Rosenblatt, *Paul the Accused* (Collegeville, Minn.: LiturgicalPress, 1995)。

終究來說，兩種觀點都掌握了部分事實。相信保羅是我們所知的基督教的創立者的人，或相信保羅完全脫離了猶太教另建新信仰的人，通常不會考慮到離散猶太教的折衷性或說希臘語的希利尼人的影響。保羅自己就是說希臘語的希利尼人，他最初肯定是透過離散猶太教與希利尼人而得知拿撒勒人耶穌。但必須說明的是，希利尼人也許在傳教過程中刻意淡化摩西律法，但他們不會將摩西律法妖魔化；他們也許不把割禮當成改信的必要條件，但他們不會像保羅一樣，把行割禮的視為犬類或為惡者，並且認為那些不同意的人都應該送去閹割（加拉太書5:12）。無論保羅是從希利尼人那裡採納了教義，還是自創教派，那些堅定支持保羅的人都無法否認一件事，那就是保羅的觀點已經完全偏離了耶路撒冷教會的路線，即使是當時最具實驗性的猶太運動恐怕也無法接受保羅的看法。

當保羅引用《以賽亞書》第十一章第九節，談到「耶西的根作萬民的大旗，外邦人必尋求他」時，保羅明顯說的就是自己。保羅甚至承認耶穌未能向外邦人傳道。（羅馬書15:12）。

達爾（N. A. Dahl）進行的研究顯示保羅使用Xristos（基督）的方式有多麼不尋常。達爾指出，對保羅來說，Xristos絕不是述詞，絕不能加上屬格，它不是頭銜。Xristo是稱號，但不能當成同位語，如Yesus ha Xristos或Jesus the Christ。見N. A. Dahl, *Jesus the Christ: The Historical Origins of Christological Doctrine* (Minneapolis: Fortress Press, 1991)。

在古猶太教，被稱為神的兒子不是什麼稀罕事。上帝稱大衛是他的兒子：「我今日生你」（詩篇2:7）。上帝甚至稱以色列是他的「長子」（出埃及記4:22）。但在這些例子裡，神的兒子只是頭銜而非形容。保羅把耶穌實際看成神的兒子，這在第二聖殿時代的猶太教裡找不到前例。

路加宣稱保羅與巴拿巴之所以分道揚鑣，是因為兩人之間為了是否在下次傳教時帶路加一起上路而發生「激烈爭吵」，然而事實並非如此。真正的原因恐怕與使徒會議後不久在安提阿發生的事有關。當彼得與保羅在安提阿時，他們在公開場合發生激烈爭吵，根據保羅的說法，當雅各派來的使者一來到安提阿，彼得馬上就不再與外邦人同桌吃飯，因為彼得「怕奉割禮的人」（加拉太書2:12）。當然，保羅是這起事件唯一的史料來源，而我們有許多理由懷疑這則故事的真實性，特別是與外邦人同桌吃飯根本不在猶太律法禁止之列。這場爭吵比較可能是因為遵

第十四章　我不是使徒麼？

《新約》的保羅書信中，可以肯定是保羅親筆寫的只有七封：《帖撒羅尼迦前書》、《加拉太書》、《哥林多前書》、《哥林多後書》、《羅馬書》、《腓立比書》與《腓利門書》。可以算是保羅書信，但不是他親筆寫的有《歌羅西書》、《以弗所書》、《帖撒羅尼迦後書》、《提摩太前書》、《提摩太後書》與《提多書》。

關於保羅改信的時間，存在一些爭議。混淆起因於保羅自己在《加拉太書》第二章第一節的陳述，他說他「過了十四年」前往耶路撒冷參加使徒會議。假定會議是在西元五〇年左右舉行的，那麼保羅的改信應該是在西元三十六或三十七年左右。James Tabor, *Paul and Jesus* (New York: Simon and Schuster, 2012) 支持這個說法。然而，有些學者認為，保羅說「過了十四年」，是指他「第一次」參加使徒會議後過了十四年，而他提到自己第一次參加會議是在改信的三年之後。這會讓他的改信時間往前挪到西元三十三年，這種說法的支持者有Martin Hengel, *Between Jesus and Paul,* 31。Adolf Harnack, in *The Mission and Expansion of Christianity in the First Three Centuries* (New York: Harper and Row, 1972) 估計保羅是在耶穌死後十八個月改信，但我認為這個時間太早。我同意塔伯爾（Tabor）與其他學者的說法，也就是保羅的改信可能是在西元三十六年或三十七年，也就是使徒會議舉行前十四年。

保羅在寫給加拉太各教會的信裡，提到「所謂的教會支柱」，他指的是耶路撒冷的使徒們，而不是一些觀點他不贊同但毫無名氣的猶太基督徒。這一點已經獲得Gerd Ludemann的明確證明，見他的重要作品*Paul: The Founder of Christianity* (New York: Prometheus Books, 2002)，尤其是頁69與頁120；and, with M. Eugene Boring, *Opposition to Paul in Jewish Christianity* (Minneapolis: Fortress Press, 1989)。也可見Tabor, *Paul and Jesus,* 19; and J.D.G. Dunn, "Echoes of the Intra-Jewish Polemic in Paul' s Letter to the Galatians," *Journal of Biblical Literature* 112/3 (1993): 459–77。

近來，關於保羅在創立我們所謂的基督教上面扮演何種角色，引發了熱烈討論，許多學者為保羅辯護，認為他是虔信的猶太人，不僅忠於猶太遺產，也忠於摩西的律法與慣例。保羅只是認為自己必須在彌賽亞猶太教與外邦信眾之間進行調和。基督教學者對保羅抱持的傳統看法，或許總結得最好的是Rudolf Bultmann, *Faith and Understanding* (London: SCM Press, 1969)。巴爾特曼認為保羅的基督教義「基本上已是全新的宗教，與原始巴勒斯坦基督教大不相同。」或多或少支持巴爾特曼的學者有Adolf Harnak, *What Is Christianity?* (New York: G. P. Putnam' s Sons, 1902); H. J. Schoeps, *Paul: The Theology of the Apostle in the Light of Jewish History* (Philadelphia: Westminster Press, 1961); and Gerd Ludemann, *Paul: The Founder of*

回應外在世界與他們的宗教心靈之間的衝突，亦即，因自身的重要信仰無法獲得認同而產生苦惱與懷疑」(39)。費斯廷格(Festinger)在自己隨後的研究*A Theory of Cognitive Dissonance* (Stanford: Stanford University Press, 1957) 裡提到：「無法產生共鳴，會對信眾產生壓力，但這種壓力會迫使信眾採取作法來減輕或消除這種無法產生共鳴的現象」(18)。

「希利尼人」是什麼，引發了熱烈的討論。希利尼人可以指那些改信基督教的外邦人，如鮑爾(Walter Bauer)在*Orthodoxy and Heresy in Earliest Christianity* (Mifflintown, Pa.: Sigler Press, 1971) 中說的。卡德伯里(H. J. Cadbury)同意鮑爾的說法。他認為希利尼人是外邦的基督徒，他們可能來自加利利或其他外邦地區，而他們可能不是特別樂於遵守律法。見 "The Hellenists," *The Beginnings of Christianity,* vol. 1, ed. K. Lake and H. J. Cadbury (London: Macmillan, 1933), 59–74。然而，希利尼人最可能指稱的是說希臘語的離散猶太人，亨格爾在*Between Jesus and Paul* (Eugene, Ore.: Wipf and Stock, 1983) 中提出了頗具說服力的觀點。馬塞爾・賽門(Marcel Simon)同意亨格爾的說法，不過他也認為(這點與亨格爾相反)希利尼人一詞對猶太地區的猶太人來說是帶有貶義的詞彙，因為居住在聖地的猶太人認為離散猶太人受到希臘文化的影響，簡言之，希利尼人被異教文化汙染了。賽門提到，希利尼派也列在殉教者游斯丁的異端名單裡，見*Trypho* (80.4)。也可見*St. Stephen and the Hellenists in the Primitive Church* (New York: Longmans, 1958)。

七人是早期教會裡某個獨立社群的領袖，這些人各自傳教、治病，甚至可以施法術與行奇蹟。他們並非如路加在《使徒行傳》第六章第一節到第六節所言，只是負責糧食分配而已。

亨格爾提到，「社群裡說亞拉姆語的信眾，幾乎沒有受到希利尼人被迫害的影響」。鑑於希伯來人一直在耶路撒冷待到西元六十六年猶太戰爭爆發為止，我們可以推論，這些人肯定與祭司當局達成某種程度的妥協。「在猶太巴勒斯坦，唯有恪守律法的社群，才能長期生活在當地」; *Between Jesus and Paul,* 55–56。

耶穌被釘十字架後的那幾年，耶穌運動成為完全專屬於猶太人的傳教活動，其中一項證據是使徒們做的第一件事就是讓馬提亞取代加略人猶大成為第十二位使徒(使徒行傳1:21-26)。這顯示在耶穌釘十字架後，重建以色列十二支派依然是首要之務。事實上，門徒看到復活的耶穌之後，最初問的問題就是——既然耶穌又重回人世——耶穌是否還想「恢復以色列王國」。也就是說，你是否要重新履行你之前在世時未能履行的彌賽亞任務？耶穌不理會他們的提問，只是說道：「父憑著自己的權柄，所定的時候日期，不是你們可以知道的」(使徒行傳1:7)。

日降臨。」耐人尋味的是，《禧年書》也提到《摩西五經》由摩西寫下，這是提到《摩西五經》作者的作品中年代最早的一部。

「神的右邊」一詞的意義，相關條目見David Noel Freedman et al., *Eerdmans Dictionary of the Bible* (Cambridge: Eerdmans, 2000)。根據弗里德曼（Freedman）的說法，帶印的戒指戴在國王的右手上（耶利米書22:24）；右手按在長子頭上，給予最大的祝福（創世記48:14）；榮耀的位置在右邊（詩篇110:1）；上帝的右手能拯救（出埃及記15:6）、獲勝（詩篇20:6）與施展大能（以賽亞書62:8）。托馬斯·阿奎那的陳述引自《神學大全》第五十八問。

第十三章　基督若沒有復活

有兩道縵子隔開至聖所與聖殿其他地方：外縵掛在內殿的入口，內縵則掛在聖所內，用來區隔內殿大門與聖靈居住的小房間。哪一道縵子是福音書說的縵子，這並不重要，因為這則故事只是個傳說。不過我們必須說明的是，一般人頂多只能看到外縵，內縵只有大祭司才能得見。見Daniel Gurtner, *Torn Veil: Matthew's Exposition of the Death of Jesus* (Cambridge: Cambridge University Press, 2007).

雖然歷史證據與《新約》都清楚顯示耶穌的追隨者在耶穌釘十字架後仍留在耶路撒冷，但有趣的是，馬太的福音書卻提到耶穌在復活之後告訴門徒在加利利相會（馬太福音28:7）。

Oscar Cullman, *The State in the New Testament* (New York: Charles Scribner' s Sons, 1956); *The Christology of the New Testament* (Philadelphia: Westminster Press, 1959); John Gager, *Kingdom and Community: The Social World of the Early Christians* (Englewood Cliffs, N.J.: Prentice Hall, 1975); and Martin Dibelius, *Studies in the Acts of the Apostles* (New York: Charles Scribner' s Sons, 1956) 這些作品都顯示耶穌早期的追隨者無法成功說服其他耶路撒冷居民加入他們的運動。蓋格（Gager）正確地指出，一般而論，「早期改信者無法代表猶太社會的主流」(26)。迪貝里歐斯（Dibelius）認為，耶路撒冷社群甚至對於到耶路撒冷以外地區傳教興趣缺缺，他們寧可待在耶路撒冷過著寧靜生活與冥想，等待耶穌二度降臨。

蓋格解釋了早期耶穌運動雖然教義充滿矛盾但最後終獲成功的原因，他援引了令人感興趣的社會學研究成果，例如L. Festinger, H. W. Riecken, and S. Schachter titled *When Prophecy Fails: A Social and Psychological Study of a Modern Group That Predicted the Destruction of the World* (New York: Harper and Row, 1956)。蓋格認為這部作品顯示出，「在某些條件下，宗教社群的基本信仰如果不獲外在世界認同，也不必然面臨崩潰或解散。相反地，宗教社群可能充滿熱誠地進行傳教活動，以

是，我認為亨格爾的說法更有說服力，亨格爾指出，在羅馬帝國時期興起的對「神祕宗教」的熱潮，以及隨之產生的猶太教與早期基督教的融合，是西元二世紀發生的事。換言之，也許是基督教影響了諾斯底主義與神祕宗教死後復活的概念，而不是反過來基督教受它們影響。見Martin Hengel, *The Son of God* (Eugene, Ore.: Wipf and Stock, 1976), 25–41。

關於上古時代復活觀念的歷史與文化研究，重要作品包括Geza Vermes, *The Resurrection: History and Myth* (New York: Doubleday, 2008) and N. T. Wright, *The Resurrection of the Son of God* (Minneapolis: Fortress Press, 2003)。

毫無疑問，《詩篇》第十六章是一部自我指涉的作品，它從一開始就使用第一人稱單數的形式：「神阿，求你保佑我，因為我投靠你。」這裡的「godly one」是從希伯來文chasid翻譯過來的。大衛自稱是「godly one」，在我來看，這明顯是表達自己對上帝的虔誠與投入，而不是神化自己（這實在難以想像）或神化未來的大衛型人物。當然，路加使用的是七十士譯本的《詩篇》第十六章第八節到第十一節。這個版本把希伯來文chasid翻譯成希臘文的hosion，意思是指「holy one」。從《詩篇》的脈絡與意義來看，這個字應該視為「godly one」的同義字。如果把這個字想成彌賽亞，那是想像力過於豐富，而用來詮釋成對耶穌死後復活的預言更是荒謬。

《使徒行傳》中，司提反的長篇辯護顯然出自路加之手；這篇文章寫於司提反死後六十年。儘管如此，這篇辯護之詞依然禁得起考驗，因為路加自己也是離散的猶太人——一名來自安提阿，說希臘語的敘利亞改信者——他眼中的耶穌，與司提反應該是一致的。

司提反籠統地講述《聖經》故事，裡面充滿了令人吃驚的錯誤：司提反說亞伯拉罕在示劍買了墳地，做為埋葬他孫子雅各的地方，然而《聖經》說，是雅各在示劍買了墳地（創世記50:13），而雅各自己卻與亞伯拉罕一起葬在希伯侖（創世記50:13）。司提反爭論說，摩西在西奈山看到荊棘火燄，事實上，地點應該在何烈山，而何烈山的地點儘管有很多說法，但終究不在西奈（出埃及記3:1）。司提反又說，天使將律法交給摩西，但實際上律法是上帝親自授予給摩西。當然，路加可能受到禧年傳統的影響，這個傳統主張摩西是從上帝面前的天使取得律法。《禧年書》第四十五章第十五節到第十六節提到，「以色列在死前祝福他的兒子們，告訴他們埃及日後將降臨的所有事；他告訴他們末日時將降臨的一切，他祝福他們，然後給了約瑟兩分地。然後他與他的祖先同睡，他葬在迦南地的雙人穴裡，在他父親亞伯拉罕附近，這是他在希伯侖雙人穴裡為自己挖的。他把自己的書與祖先所有的書給了兒子利未，利未會保存這些書，然後傳給子孫，直到末

後的天啟作品；*Resurrection and the Restoration of Israel* (New Haven: Yale University Press, 2006)。李文森指出，耶路撒冷被毀之後，拉比階級愈來愈相信以色列的得救仰賴死者血肉的復活。但是，李文森也坦承，猶太教死後復活的傳統絕大多數與個人提升無涉，而與民族復興有關。換言之，猶太教的死後復活是隱喻性的，指猶太民族的復活，而不是實際上真的有人死後復活。事實上，查爾斯沃斯（Charlesworth）指出，如果「死後復活」指的是「上帝讓死後的屍體與靈魂獲得嶄新而永恆的生命（不只是成為活人而已，而是獲得永生）」，那麼在整部《希伯來聖經》中只有一段話符合這個概念——《但以理書》第十二章第二節與第三節：「睡在塵埃中的，必有多人復醒，其中有得永生的，有受羞辱永遠被憎惡的。」許多段落被詮釋成死後復活，但這些說法都禁不起考驗。舉例來說，《以西結書》第三十七章——「主耶和華對這些骸骨如此說，我必使氣息進入你們裡面，你們就要活了……」——明白表示這些骸骨是「全體以色列人」。《詩篇》第三十章——大衛寫道，「我曾呼求你，你醫治了我。耶和華阿，你曾把我的靈魂從陰間救上來，不至於下坑」（30:2-4）——很明顯與治病有關，而不是真的死後復活。同樣的狀況如以利亞讓死者復活的故事（列王記上17:17-24）或耶穌讓拉撒路復活（約翰福音11:1-46），這兩則故事屬於治病，而非復活，因為「復活」的人最後還是會死。然而，查爾斯沃斯真的在《死海古卷》找到死後復活獲得永生的信仰證據，特別是〈論復活〉（4Q521）一卷提到上帝透過彌賽亞讓死者重返人世。有趣的是，這似乎與保羅的信仰相符，他認為相信基督復活的信眾日後也能復活：「在基督裡死了的人必先復活」（帖撒羅尼迦前書4:15-17）。見James H. Charlesworth et al., *Resurrection: The Origin and Future of a Biblical Doctrine* (London: T&T Clark, 2006)。《死海古卷》看似認為庫姆蘭的公義導師將死而復活，實際它指的不是字面上的死而復活，而是一種隱喻說法，指與聖殿斷絕關係的人，終有一天能重新與聖殿建立關係。在偽經中，也有類似復活的觀念——舉例來說，在《以諾一書》第二十二章到第二十七章，或在《馬加比二書》第十四章，拉奇斯撕開自己的內臟，而上帝又讓他的身體恢復原狀。此外，《猶大之約》（*The Testament of Judah*）暗示亞伯拉罕、以撒與雅各將再度復活（25:1）。談到《米什拿》的復活觀念，查爾斯沃斯正確指出，這類記載的年代太晚（在西元二世紀之後），因此不能做為西元七〇年之前猶太教有復活信仰的例證，不過他坦承，「《米什拿》猶太公會傳統有可能界定了西元七〇年以前法利賽人的信仰」。

巴特曼在所謂的羅馬神祕宗教中找到了子神死而復生概念的證據。他表示，「諾斯底主義尤其具有這種上帝之子化身為人的觀念——由天上降臨到人世的救世主。」見*Essays: Philosophical and Theological* (New York: Macmillan, 1995), 279。但後」。在《使徒行傳》第十二章第一節到第四節中，彼得在逾越節期間被捕，但直到節慶過後，他才被帶到公會面前受審。不過蔡特林（Solomon Zeitlin）卻提出例外，顯示猶太公會還是有在安息日前一晚聚會的情況；Zeitlin, *Who Crucified Jesus?* (New York: Bloch, 1964)。我們可以在這裡發言支持約翰所排定的事件次序，也就是猶太公會是在逮捕耶穌之前的白天開會，但考量到在約翰的福音書中，耶穌凱旋進入耶路撒冷以及他潔淨聖殿的行為——所有學者都同意這是耶穌遭到逮捕的理由——居然排在傳道初期，約翰的邏輯也因此遭受質疑。

在羅馬占領時期，猶太人是否有權利將罪犯處死，見Raymond Brown, *Death of the Messiah,* vol. 1, 331–48。對此，卡奇波爾的結論依我來看是正確的：「猶太人可以做出死刑判決，但他們沒有權力執行。」見 "The Historicity of the Sanhedrin trial," *The Trial of Jesus,* 63。蘭普（G.W.H. Lampe）認為，彼拉多審理耶穌的官方紀錄有可能保存下來，因為有些基督教殉教者的行傳就是這樣流傳下來。顯然，有幾名基督教作家提到西元二到三世紀存在的《彼拉多行傳》。然而即使這些文件是真的（但其實很可能是假的），我們也沒有理由相信這樣的文件可以代表什麼，它充其量就是一本基督教的論戰冊子。見G.W.H. Lampe, "The Trial of Jesus in the *Acta Pilati,*" *Jesus and the Politics of His Day*, 173–82。

普魯塔克寫道，「每個犯人都要揹著自己的十字架前往處決地點」。

第三部　序言　擁有肉身的神

司提反是離散猶太人，其證據在於他被指定為七人的領袖。希利尼人與希伯來人的衝突，見《使徒行傳》第六章（或參見以下希利尼人的部分）。對司提反投擲石塊的人是自由人，他們本身是希利尼人，但近年來又遷回耶路撒冷，在神學立場上與耶路撒冷領袖一致。見Marie-Éloise Rosenblatt, *Paul the Accused* (Collegeville, Minn.: Liturgical Press, 1995), 24。

關於死後復活的信仰，我們目前所知最早的源頭是烏加里特（Ugaritic）與伊朗的傳統。談到末日時人死而復活（亞斯納54），祆教的《聖經》——主要是《迦薩》（Gathas）——呈現了最早或許也是發展最完全的個人復活概念。埃及人相信法老會復活，但他們不相信一般民眾也能死而復活。

斯坦利．波特（Stanley Porter）在希臘與羅馬宗教中找到死後復活的例子，但在猶太思想中幾乎找不到相關證據。見Stanley E. Porter, Michael A. Hayes, and David Tombs, *Resurrection* (Sheffield, U.K.: Sheffield Academic Press, 1999)。李文森（Jon Douglas Levenson）不同意波特的看法，他認為死後復活的信仰植根於《希伯來聖經》，而非如有些人主張的，只是第二聖殿時代的產物或西元七〇年之約瑟夫斯提到，當耶路撒冷被提圖斯圍攻時，企圖逃離耶路撒冷的猶太人會先被處決，再釘十字架；*The Jewish War* 5.449–51。馬丁．亨格爾（Martin Hengel）寫道，雖然釘十字架是非羅馬公民受的刑罰，但有例子顯示，羅馬公民也會被釘十字架。但這些都是針對叛國罪。換言之，藉由對公民施予「奴隸才有的懲罰」，來傳達一項訊息，那就是這項罪名如此重大，使得罪犯喪失了羅馬公民的身分。見Hengel, *Crucifixion in the Ancient World and the Folly of the Message of the Cross* (Philadelphia: Fortress Press, 1977), 39–45。西塞羅轉引自Hengel, 37。也可見J. W. Hewitt, "The Use of Nails in the Crucifixion," *Harvard Theological Review* 25 (1932): 29–45。

關於福音書裡耶穌在該亞法面前受審，馬太與馬可主張耶穌被帶到大祭司的院子裡，而非猶太公會。與馬可不同，馬太明確提到大祭司該亞法的名字。約翰宣稱耶穌一開始先被帶去見前任大祭司阿納努斯，然後再被送到阿納努斯的女婿家裡，也就是現任大祭司該亞法。耐人尋味的是，馬可認為有人做假見證，誣指耶穌要破壞聖殿，並且要不靠人手另造一座聖殿。反觀馬太、路加（使徒行傳）與約翰都表示，這就是耶穌威脅要做的事（馬太福音26:59-61；使徒行傳6:13-14；約翰福音2:19）。事實上，這段陳述的另一版本可以參看《多馬福音》:「我要摧毀這間屋子，沒有人能重建它。」就連馬可也藉由一名經過十字架嘲弄耶穌的人的口中說出耶穌的威脅。如果這段陳述如馬可所言是假的，那麼這名路人是由何處得知的？從猶太公會關起門進行的夜間審判得知的？不可能。事實上，這類陳述似乎成了西元七〇年後教會基督學基礎的一部分，教會認為基督徒社群就是「不靠人手所造的聖殿」。無疑地，無論耶穌實際上說了什麼話，他一定以某種方式威脅了聖殿。馬可自己見證了這點：「你看見這大殿宇麼？將來在這裡沒有一塊石頭留在石頭上，不被拆毀了」（馬可福音13:2）。關於更多耶穌對聖殿的威脅，見Richard Horsley, *Jesus and the Spiral of Violence,* 292–96。這一切了然於心之後，馬可在猶太公會審判中的隱晦描述就顯得荒謬可笑了，他想顯示有人做假見證誣陷耶穌，卻不承認這些指控全是真的，而耶穌也確實做了這些事。

雷蒙．布朗列出了耶穌在猶太公會的審判與日後拉比程序的差異，總共二十七處；*Death of the Messiah,* 358–59。卡奇波爾（D. R. Catchpole）檢視了這個違反審判歷史真實性的論點，"The Historicity of the Sanhedrin Trial," *Trial of Jesus,* 47–65。夜間審判是很罕見的，這點可以從《使徒行傳》第四章第三節到第五節看出，彼得與約翰在夜裡被捕，卻必須等到第二天天亮，才由猶太公會加以審判。路加在《使徒行傳》裡寫下這段話，試圖修補其他福音書作者犯的錯誤，並且為兩次猶太公會會議說話：一次是在耶穌被捕的那天夜裡，另一次則在「天亮之

Response and Greco-Roman Readers," *Catholic Biblical Quarterly* 49 (1987): 581– 96。

第十二章　除了該撒，我們沒有王

雖然這個話題特別令人感興趣，但我們仍認為加略人猶大的背叛不過是一種敘事手法。事實上，四名福音書作者都詳述了過程，不過每個作者對於猶大為什麼背叛各自做出不同的推論。

馬可與馬太提到，「那夥人」全是猶太公會找來的，這提供了一項理由。而路加補充說，守殿官在負責抓拿耶穌的人當中出現，這又提供了另一項更清楚的理由。只有約翰的福音書提到負責抓拿耶穌的人裡面有羅馬士兵。約翰的說法極不可能成立，除非總督下令，否則羅馬士兵不可能在抓拿罪犯之後把罪犯押往猶太公會，而我們也沒有理由認為彼拉多在耶穌被帶到他面前之前就已介入此事。雖然馬可表示拿刀的人不是耶穌的門徒，他只是「旁邊站著的人」(馬可福音14:47)，但其他三部福音書都表示，此人確實是耶穌的門徒，他拔刀砍下大祭司僕人的耳朵。事實上，約翰說這個拿刀的人是西門彼得（約翰福音18:8-11）。路加對於描述耶穌拒捕的情節感到不自在，因此事後又描述耶穌制止打鬥、治療那名可憐僕人的耳朵，然後任由自己被帶走（路加福音22:49-53）。然而，路加在此之前卻特別提到，耶穌命他的門徒帶「兩把刀」到客西馬尼（路加福音22:35-38）。

關於優西比烏，見Pamphili Eusebius, *Ecclesiastical History* III.3, quoted in George R. Edwards, *Jesus and the Politics of Violence* (New York: Harper and Row, 1972), 31。優西比烏的說法受到今日一些學者的挑戰，包括L. Michael White, *From Jesus to Christianity* (New York: HarperOne, 2004), 230。

雷蒙·布朗（Raymond Brown）概述了福音書之前出現的受難敘事，參見他的百科全書式兩卷本作品 *The Death of the Messiah* (New York: Doubleday, 1994), 53–93。反對布朗說法的是所謂的培林學派，他們反對馬可派的受難敘事，並且主張審判與釘十字架的敘事受到馬可的塑造與其他正典化的福音書改編，包括約翰。見 *The Passion in Mark: Studies on Mark 14-16,* ed. W. H. Kelber (Philadelphia: Fortress Press, 1976)。

猶太人對釘十字架的使用，見Ernst Bammel, "Crucifixion as a Punishment in Palestine," *The Trial of Jesus,* ed. Ernst Bammel (Naperville, Ill.: Alec R. Allenson, 1970), 162–65。約瑟夫·布林茨勒（Josef Blinzler）指出，到了羅馬時代，釘十字架的過程出現了某種統一性，特別是將手與腳釘上十字架橫柱時。在釘十字架之前，通常會先施予鞭刑，至少就羅馬人來說，罪犯通常要扛著自己的十字架前往受刑的地點。見Blinzler, *The Trial of Jesus* (Westminster, Md.: Newman Press, 1959)。

Commentary and Textual Notes (Leiden, Netherlands: Brill, 1985)。也可見David Suter, "Weighed in the Balance: The Similitudes of Enoch in Recent Discussion," *Religious Studies Review* 7 (1981): 217–21, and J. C. Hindly, "Towards a Date for the Similitudes of Enoch: A Historical Approach," *New Testament Studies* 14 (1967–68): 551–65。辛德利（Hindly）提出的〈比喻之章〉完成日期在一一五年到一三五年之間，我認為有點晚。無論如何，我們對〈比喻之章〉完成日期所能做的最精確推測是在西元七〇年耶路撒冷被毀之後，西元九〇年《馬太福音》成書前。

《以諾書》的人子與福音書的人子有類似之處，但《馬太福音》有著獨特的資料，見Burkett, *The Son of Man Debate,* 78；也可見John J. Collins, "The Heavenly Representative: The 'Son of Man' in the Similitudes of Enoch," in *Ideal Figures in Ancient Judaism: Profiles and Paradigms,* ed. John J. Collins and George Nickelsburg (Chico, Calif.: Scholars Press, 1980), 111–33。在第四福音書中，人子來自天上，先於萬物存在，見Delbert Burkett, *The Son of the Man in the Gospel of John* (Sheffield, U.K.: Sheffield Academic Press, 1991) and R. G. Hamerton-Kelly, *Pre-Existence, Wisdom, and the Son of Man* (Cambridge: Cambridge University Press, 1973)。必須指出的是，無論是〈比喻之章〉還是《以斯拉四書》，「人子」都不是當頭銜使用，而這顯然不是耶穌使用「人子」的方式。

耶穌站在該亞法前，這裡引用的不只是《但以理書》第七章第十三節，還有《詩篇》第一一〇章第一節（「耶和華對我主說，你坐在我的右邊，等我使你仇敵做你的腳凳」）。耶穌在回應大祭司時，把《但以理書》第七章第十三節與《詩篇》第一一〇章第一節合併起來，起初聽來讓人覺得有點錯愕。但根據格拉森（T. F. Glasson）的說法，耶穌的連結順理成章。格拉森認為，在《但以理書》，人子「駕著天雲而來」，象徵上帝的國度在人世間建立。因此，一旦耶穌被尊崇，坐在上帝的右邊，他在第一章第十五節宣揚的國度將會出現，成為「新的聖人社群」。根據格拉森的說法，引用《詩篇》顯示耶穌個人受到尊崇，引用《但以理書》顯示上帝國度的到來——這個事件肯定始於他的死亡與復活。這個觀念與耶穌對人子的三重解釋相符。換言之，格拉森相信，就在這個時刻，這兩個頭銜彌賽亞與人子將在耶穌身上合而為一。見Thomas Francis Glasson, "Reply to Caiaphas (Mark 14:62)," *New Testament Studies* 7 (1960): 88–93。畢維斯（Mary Ann L. Beavis）指出，耶穌受該亞法審問與之前彼得透露耶穌是彌賽亞，這兩件事有類似之處。兩個場景都從質疑耶穌的身分開始（8:27, 14:60），兩個場景都以人子的論述作結。此外，在這兩個例子裡，耶穌對彌賽亞頭銜的再詮釋都遭遇巨大的責難（8:32-33, 14:63-64）；見Mary Ann L. Beavis, "The Trial Before the Sanhedrin (Mark 14:53–65): Reader

認為耶穌把他人稱為人子，而這種說法不乏傑出的學者支持，如威爾豪森（Julius Wellhausen）與巴爾特曼（Rudolf Bultmann）。然而，這種說法實在不太可能成立，從耶穌提到人子時的脈絡來看，顯然指的是自己，當他拿自己與施洗約翰相比時：「約翰來了，也不吃，也不喝。人就說他是被鬼附著的。人子來了，也吃，也喝。人就說他是貪食好酒的人」（馬太福音11:18-19｜路加福音7:33-34）。認為「人子」是亞拉姆語慣用的表現方式，指一般的「人」或更特定的「像我這樣的人」，這樣的學者如Barnabas Lindars, *Jesus Son of Man,* and Reginald Fuller, "The Son of Man: A Reconsideration," *The Living Texts: Essays in Honor of Ernest W. Saunders,* ed. Dennis E. Groh and Robert Jewett (Lanham, Md.: University Press of America, 1985), 207–17。這些學者指出，上帝稱先知以西結為ben adam，也就是人的意思，但或許暗示著理想的人的意思。猶太人對「人子」概念缺乏統一的看法，見Norman Perrin, "Son of Man," *Interpreter's Dictionary of the Bible* (Nashville: Abingdon, 1976), 833–36, and Adela Yarbro Collins, "The Influence of Daniel on the New Testament," *Daniel,* ed. John J. Collins (Minneapolis: Fortress Press, 1993), 90–123。

雖然「有一位像人子的」不能等同於彌賽亞，但西元一世紀的猶太學者與拉比似乎是這樣理解的。是否耶穌也把但以理說的「有一位像人子的」理解成彌賽亞，我們不得而知。不是所有學者都同意但以理在使用「人子」一詞時，指的是明確的人格或特定的個人。但以理也許是用這個詞來象徵以色列戰勝敵人。以西結的例子也是如此，「人子」也許不是明確的一個名叫以西結的個人，而是理想之人的象徵代表。事實上，莫里斯．凱西（Maurice Casey）認為，即使在《以諾書》裡，「人子」也不是明確的個人，而是「人」的通稱；見 "The Use of the Term 'Son of Man' in the Similitudes of Enoch," *Journal for the Study of Judaism* 7.1 (1976): 11–29。我不同意這個立場，但我確實認為，在通稱的用法，如《耶利米書》第五十一章第四十三節「他的城邑，變為荒場、旱地、沙漠、無人居住、無人經過之地」，與《但以理書》第七章第十三節指稱單一人物的用法之間，的確有重大差異。

《以諾書》與《以斯拉四書》明白將人子等同於彌賽亞，但在《以斯拉四書》中，耶穌也被上帝稱為「我的兒子」：「我的兒子彌賽亞，將和他的隨行者一同出世，世人將有四百年的喜悅。之後，我的兒子彌賽亞與所有人類都將死去」（以斯拉四書7:28-29）。無疑地，《以斯拉四書》成書於一世紀末或二世紀初。然而，〈比喻之章〉的年代長久一直爭論不斷。因為在庫姆蘭發現的眾多《以諾書》抄本中，唯獨沒有〈比喻之章〉，絕大多數學者深信該章是在西元七〇年聖殿被毀之後完成的。見Matthew Black, *The Book of Enoch or 1 Enoch: A New English Edition with*

雖然當代許多學者同意我的看法，人子頭銜的使用可以追溯到歷史耶穌本身，但人子的說法中究竟有多少是耶穌自己的說法，關於這點，引發了熱烈討論。馬可指出，耶穌在詮釋這個模糊的頭銜時顯示了三種主要功能。首先，它用來描述未來在審判時出現的人物（馬可福音8:38, 13:26, 14:62）。其次，它用在提到耶穌預期中的受難與死亡時（馬可福音8:31, 9:12, 10:33）。最後，在一些段落中，人子被呈現為世俗的統治者，擁有赦罪的權威（馬可福音2:10, 2:28）。在這三種當中，或許第二種在《馬可福音》中是最具影響力的。有些學者，包括Hermann Samuel Reimarus, *The Goal of Jesus and His Disciples* (Leiden, Netherlands: Brill, 1970)，認為唯有在排除末世論的狀況下，人子的說法才有歷史真實性，也就是所謂的平庸說法。其他學者，包括Barnabas Lindars, *Jesus Son of Man* (London: SPCK Publishing, 1983)，認為符合「傳統說法」（Q資料與馬可福音）的才算是耶穌自己的說法，重述最基本的bar enasha用法（有九處），也就是自稱的模式。還有一些人相信，只有天啟的說法才是耶穌自己的說法：「真正屬於耶穌自己的說法是那些帶有天啟意義，可以追溯到《但以理書》的說法，見Albert Schweitzer, *The Quest of the Historical Jesus* (New York: Macmillan, 1906), 283。當然，還有一些學者全盤否認上述的說法，認為這些都不是耶穌自己的說法，見著名的 "Jesus Seminar" conducted by Robert W. Funk and Roy W. Hoover, *The Five Gospels: The Search for the Authentic Words of Jesus* (New York: Polebridge Press, 1993)。針對數世紀的辯論作了全盤分析，見Delbert Burkett in his indispensable monograph *The Son of Man Debate* (New York: Cambridge University Press, 1999)。伯克特（Burkett）作了有趣的評論，認為諾斯底派顯然完全從字義上瞭解「子」這個字，該派主張耶穌是在陳述自己與諾斯底的「aeon」或god Anthropos或「人」的子女關係。

維梅斯（Geza Vermes）認為bar enasha絕對不是亞拉姆文史料中出現的頭銜；"The Son of Man Debate," *Journal for the Study of the New Testament* 1 (1978): 19–32。必須指出的是，有些學者支持維梅斯的說法，認為「人子」在亞拉姆語中只是「我」的一種謙詞——一個間接而謙恭的說法，就像耶穌說「狐狸有洞，天空的飛鳥有窩，人子〔亦即，我身為人〕卻沒有枕頭的地方」（馬太福音8:20｜路加福音9:58）。也可見P. Maurice Casey, *Son of Man: The Interpretation and Influence of Daniel 7* (London: SPCK Publishing, 1979)。但是，如伯克特指出的，這個謙詞理論的基本問題在於，「這個用語需要指示代名詞（「這個人」），而福音書中並沒有這種表現方式。」*The Son of Man Debate,* 96。其他學者則採取相反的看法，主張「人子」指的不是耶穌，而是其他人，某個耶穌期望來追隨他的人。「當人子在他榮耀裡，同著眾天使降臨的時候，要坐在他榮耀的寶座上」（馬太福音25:31）。這個理論

之，馬可只是說了一個早期教會大家耳熟能詳的觀念，耶穌是新摩西，這是《申命記》第十八章第十五節所承諾的。也可見Morna D. Hooker, "'What Doest Thou Here, Elijah?' A Look at St. Mark's Account of the Transfiguration," *The Glory of Christ in the New Testament,* ed. L. D. Hurst et al. (Oxford: Clarendon Press, 1987), 59–70。胡克（Hooker）看到一項特具意義的內容，馬可的福音書先呈現以利亞，然後說摩西與他一起。

「彌賽亞的祕密」這個詞，譯自德文Messiasgeheimnis，最早出現在威廉・維雷德（William Wrede）的經典研究*The Messianic Secret,* trans. J.C.G. Greig (London: Cambridge University Press, 1971)。彌賽亞祕密的理論可以分成兩個學派：一派認為這個祕密源自於歷史耶穌，另一派認為這個祕密與馬可或早期馬可社群有關。維雷德認為，彌賽亞的祕密是馬可社群的產物，是編輯福音書的過程當中產生的。他主張，彌賽亞的祕密源自於馬可想融和兩種說法，其中一種說法是西元一世紀原始基督教信仰認為耶穌是在復活之後才成為彌賽亞，另一種說法則認為耶穌終其一生以及在傳道期間已然是彌賽亞。維雷德理論的問題在於，在《馬可福音》第十六章第一節到第八節當中（馬可福音原始版本的最末章），除了令人難解的從墓中消失，其他沒有任何文字顯示耶穌身分出現變化。無論如何，要以復活——在西元一世紀的巴勒斯坦，民眾無法將復活這個觀念與彌賽亞連繫起來——這個觀念來推論出耶穌是彌賽亞是有困難的。維雷德研究的重點在於，以「彌賽亞的祕密」來顯示「耶穌一生中從未說自己是彌賽亞」，這是個耐人尋味但或許可說是正確的假說。反對維雷德的見解，並且認為彌賽亞的祕密實際上可以追溯到歷史耶穌身上的有Oscar Cullman, *Christology of the New Testament* (Philadelphia: Westminster Press, 1963), 111–36, and James D. G. Dunn, "The Messianic Secret in Mark," *The Messianic Secret,* ed. Christopher Tuckett (Philadelphia: Fortress Press, 1983), 116–36。更一般性的彌賽亞祕密說明，見James L. Blevins, *The Messianic Secret in Markan Research, 1901–1976* (Washington, D.C.: University Press of America, 1981), and Heikki Raisanen, *The "Messianic Secret" in Mark* (Edinburgh: T&T Clark, 1990)。萊薩能（Raisanen）正確指出許多理論在討論「彌賽亞祕密」時，總是預設「《馬可福音》的神學觀點是根據『單一』的祕密神學。」他認為，而最近期的學者也同意他的見解，「彌賽亞的祕密」只能在祕密概念被「拆解成……好幾個部分，讓各部分只剩下鬆散的連繫時」才能獲得理解；Raisanen, *Messianic Secret,* 242–43。

西元一世紀巴勒斯坦眾多彌賽亞典範的簡要介紹，見Craig Evans, "From Anointed Prophet to Anointed King: Probing Aspects of Jesus' Self-Understanding," *Jesus and His Contemporaries,* 437–56。

Baker Book House, 1981)。也可見Matthew 11:12 in *Thayer's Greek-English Lexicon of the New Testament* (Ann Arbor: University of Michigan Press, 1996) and *Greek-English Lexicon of the New Testament,* ed. Johannes P. Louw及Eugene A. Nida (Grand Rapids, Mich.: United Bible Societies, 1988). Louw and Nida正確指出「在許多語言中，要說出kingdom of heaven『suffering violent attacks』要不是極為困難，就是不可能做到」，但他們坦承「有些主動形式還是可以運用的」，舉例來說，『and violently attack the kingdom of heaven』或『…the rule of God』」。

第十一章　你們說我是誰？

西元一世紀巴勒斯坦猶太人對以利亞重返人世以及彌賽亞時代來臨的期盼，見John J. Collins, *Apocalypticism in the Dead Sea Scrolls* (London: Routledge, 1997)。耶穌刻意模仿以利亞，見John Meier, *Marginal Jew,* vol. 3, 622–26。

馬太與路加提到耶穌變了形貌（馬太福音17:2；路加福音9:29），與馬太和路加不同，馬可提到耶穌改變外貌時，只提到他的衣物變了（9.3）。福音書對形貌變化的描述與《出埃及記》明顯類似：摩西領著亞倫、拿答與亞比戶到西奈山，摩西被雲霧圍繞，然後他被賜予了律法與上帝帳幕的建造方法。與耶穌一樣，上帝現身時，摩西在山上也變了形貌。但這兩則故事有明顯的不同。摩西從上帝手中得到了律法，但耶穌只看見摩西與以利亞，而未得到任何東西。這兩則故事的差異，可以凸顯耶穌地位高於摩西。摩西之所以變了形貌是因為他面對著上帝的榮耀，但耶穌變了形貌卻是由於他自身的榮耀。這個論點由史密斯繼續加以延伸，他認為摩西與以利亞，律法與先知，其實地位都在耶穌之下。見 "The Origin and History of the Transfiguration Story," *Union Seminary Quarterly Review* 36 (1980): 42。以利亞也來到了山上，他感受聖靈經過他的身旁。「耶和華說，『你出來站在山上，在我面前。那時耶和華從那裡經過。』在他面前有烈風大作，崩山碎石，耶和華卻不在風中，風後地震，耶和華卻不在其中。地震後有火，耶和華也不在火中，火後，有微小的聲音」（列王記上19:11-12）。必須指出的是，史密斯認為改變形貌的故事是「來自於法術世界」。他的文章呈現出耶穌是術士的概念，耶穌就跟「其他術士沒什麼兩樣」。因此，史密斯相信，形貌改變是一種透過催眠而導致的神祕事件，整個過程必須沉默無聲；結果，彼得一說話，咒語就失效了。馬可想用這個故事來肯定耶穌是彌賽亞，然而對史密斯來說，福音書作者顯然搞錯了。這一切都顯示馬可的觀念，他認為耶穌的地位超越了摩西與以利亞。當然，在《新約》的基督論述裡，這並不是什麼新的說法。保羅公開表示耶穌的地位高於摩西（羅馬書5:14；哥林多前書10:2），《希伯來書》的作者也這麼認為（3:1-6）。換言

Dominic Crossan, *Jesus: A Revolutionary Biography*, 54–74; Marcus J. Borg, *Jesus: A New Vision* (New York: HarperCollins, 1991),1–21；當然，我也不同意邁爾。In the words of Werner Kelber, "the Kingdom spells the ending of an older order of things." See *The Kingdom in Mark* (Philadelphia: Fortress Press, 1974), 23。

關於拿撒勒人耶穌的「猶太性」，見Amy-Jill Levine, *The Misunderstood Jew* (New York: HarperOne, 2006)。耶穌反外邦人的陳述可以相當肯定是歷史事實，考慮到早期基督徒主動討好外邦人要他們改信，但福音書裡卻能看出進展非常有限。誠然，耶穌認為外邦人終究能進入上帝的國度。但邁爾指出，耶穌似乎認為只有以色列的歷史走到了盡頭時，外邦人才准進入上帝的國度，成為猶太人的下屬。*Marginal Jew*, vol. 3, 251。

我同意霍斯利的說法，《路加福音》提到誡命要求「愛你的仇敵」，「另一邊的臉也由人打」，這些與原始Q資料的相似度更高於《馬太福音》。《馬太福音》把耶穌的誡命與《希伯來聖經》的「以眼還眼」並列。見*Jesus and the Spiral of Violence,* 255–65。

關於《馬太福音》第十一章第十二節，我在這裡引用的是不同的版本——「the Kingdom of Heaven has been coming violently」——因為我深信它是最原初的版本，而這個版本也比較適合我行文的脈絡。標準版本是：「From the days of John the Baptist until now the Kingdom of Heaven operates by force, and forceful men snatch it away.」這是奧托在 *The Kingdom of God and the Son of Man,* 78中的翻譯。要注意的是，這個版本經常被不精確地譯成「From the days of John the Baptist until now the Kingdom of Heaven *suffers violence,* and *violent men* snatch it away」，這些譯文其實都包括了我在譯文裡想表現的主動態度。問題出在動詞biazomai，意思是「使用暴力或力量」。在現在完成式裡，biazomai指的是「將暴力加諸於某人身上」，但在這段文字裡使用的並非完成式。同樣地，如果表現的是被動的態度，那麼biazomi可以指「蒙受暴力」，但還是一樣，《馬太福音》第十一章第十二節表現的並不是被動的態度。根據UBS Lexicon，biazomi這個字實際上在希臘文是屬於並不主動也不被動的中立詞語，因此它指的是「行使暴力」。翻譯《馬太福音》第十一章第十二節的祕訣因此在於比對《路加福音》第十六章第十六節。路加或許為了避免爭議，他刻意把經文的前半段省略——「the Kingdom of God operates through force/violence」。然後，經文後半段他卻使用完全一樣的字biazetai，而且在用詞上是主動的，「everyone uses violence in entering it」。最後，通常的翻譯「the kingdom of heaven suffers violence」既與耶穌說話的時代不符，又跟耶穌生存的背景不符。背景脈絡是一切。見*Analytic Greek New Testament* (Grand Rapids, Mich.:

第十章　願你的國降臨

《新約》的神國觀念，簡明的解釋見Joachim Jeremias, *New Testament Theology: The Proclamation of Jesus* (New York: Charles Scribner's Sons, 1971)。耶利米亞（Joachim Jeremias）把神國稱為「耶穌公開發言的核心主題」。也可見Norman Perrin, *The Kingdom of God in the Teaching of Jesus* (Philadelphia: Westminster Press, 1963) and *Rediscovering the Teachings of Jesus* (New York: Harper and Row, 1967)。培林（Norman Perrin）認為神國是耶穌訊息的核心：「耶穌其他的教誨都從這個核心、令人敬畏——或令人感到荒謬的，這全看每個人的立場——信仰而來。」

根據邁爾的說法，「除了對觀福音書與耶穌自己，西元一世紀初的猶太人或基督徒很少使用神國一詞」；*Marginal Jew,* vol. 2, 239。《希伯來聖經》從未使用「神國」，但卻使用過「耶和華的國」（歷代志上28:5），大衛提到所羅門坐在耶和華的國位上。我認為可以放心地認定，耶和華的國與神的國應該是相同的東西。也就是說，「神國」這個詞只出現在偽經《所羅門智訓》（10:10）。上帝是王與上帝統治的權利，在《希伯來聖經》裡相當常見。舉例來說，「耶和華必作王，直到永永遠遠」（出埃及記15:18）。培林認為在主禱文裡使用「國」這個詞，其背後隱含的動力可以從以色列古猶太會堂裡發現的亞拉姆語卡迪什（Kaddish）禱文看出。培林宣稱卡迪什禱文在耶穌在世時就已經存在，這篇禱文是這麼寫的：「祂的大名莊嚴神聖，祂以自己的意志創造這個世界。願祂的國在你有生之年，在以色列家族存在之時，在可期不遠的將來，在人世間建立」見*Kingdom of God in the Teaching of Jesus,* 19。

與許多學者一樣，培林深信耶穌是從末世的角度來使用「神國」這個詞彙。但霍斯利指出，雖然上帝建立王國的行動可能被視為「最終的」，但這不一定表示上帝的國度是末日事件。「環繞著神國的象徵並未指涉『最後』、『最終』、『末日』與『改變一切的』上帝『行為』，」霍斯利寫道。「如果『人子駕著天雲而來』這句話的核心意義……源自於耶穌，那麼，就像《但以理書》第七章第十三節的意象一樣，這些文字就成了受迫害與受苦的義人獲得平反的象徵。」霍斯利認為，神國也許可以從末日的角度來適當理解，但這意味著上帝將在人世間進行最終而確定的行動。霍斯利正確地認識到，一旦我們放棄耶穌傳布上帝國度指的是末日來臨的觀念，那麼我們就能放棄耶穌認為的上帝國度是現在還是未來的歷史爭論。見*Jesus and the Spiral of Violence: Popular Jewish Resistance in Roman Palestine* (Minneapolis: Fortress Press, 1993), 168–69。儘管如此，對那些對「現在還是未來」的辯論感興趣的人來說，邁爾——他認為神的國是末日事件——提出的論點，對兩派都有助益，見*Marginal Jew,* vol. 2, 289– 351。不同意邁爾的學者，如John

命令那個人的力量。施法術的人經常從被詛咒或被祝福的人的姓名獲得力量。巴爾特曼（Bultmann）說：「知道魔鬼的名字，就能產生駕馭魔鬼的力量，這個觀念在當時普遍流行。」見*History of the Synoptic Tradition,* 232。魯茲（Ulrich Luz）引用了孔斯（Chonsu）的故事做為希臘化時代的例子，見 "the God who drives out demons"；"The Secrecy Motif and the Marcan Christology," *The Messianic Secret*, ed. Christopher Tuckett (Philadelphia: Fortress Press, 1983), 75–96。

鮑姆加騰（Joseph Baumgarten）討論疾病與惡鬼附身的關係，並且提供了許多參考書目 "The 4Q Zadokite Fragments on Skin Disease," *Journal of Jewish Studies* 41 (1990): 153–65。

關於上古時代法術的研究，格外有用的見Matthew W. Dickie, *Magic and Magicians in the Greco-Roman World* (London: Routledge, 2001); Naomi Janowitz, *Magic in the Roman World* (London: Routledge, 2001); and Ann Jeffers, *Magic and Divination in Ancient Palestine and Syria* (Leiden, Netherlands: Brill, 1996)。「magic」這個字源自於希臘文mageia，其根源可以追溯到波斯文magos，也就是祭司的意思，等同於Magi。

與一般的認知不同，耶穌行奇蹟不是為了表明他的彌賽亞身分。《聖經》裡提到彌賽亞的預言，不會特別指名彌賽亞是行奇蹟者或驅魔師；彌賽亞是王，他的任務是恢復以色列的光榮，消滅以色列的敵人，不是治病與驅魔（事實上，在《希伯來聖經》中完全沒提到魔鬼）。

殉教者游斯丁、俄利根與愛任紐轉引自Anton Fridrichsen, *The Problem of Miracle in Primitive Christianity* (Minneapolis: Augsburg Publishing House, 1972), 87–95。關於耶穌是術士的問題，最著名的論點或許可見Morton Smith's controversial thesis, *Jesus the Magician* (New York: Harper and Row, 1978)。史密斯（Morton Smith）的論點其實很簡單：福音書記載的耶穌行奇蹟的事，與當時的「法術書」內容極為相似，這顯示在當時猶太人與羅馬人眼中，耶穌不過是個術士。其他學者，其中最有名的是克羅桑（John Dominic Crossan）也同意史密斯的分析。見Crossan, *Historical Jesus,* 137–67。史密斯的論點很完整，但在學界卻遭受不少惡評，我認為這不太公允，不過我自己也未必贊同他的看法。福音書與拉比作品中的奇蹟故事頗為類似，見Craig A. Evans, "Jesus and Jewish Miracle Stories," in *Jesus and His Contemporaries,* 213–43。

關於潔淨痲瘋病人的律法，必須說明的是《摩西五經》允許窮人用兩隻斑鳩或雛鴿來代替兩隻羊羔（利未記14:21-22）。

75–112; and R. P. Meyer, *Jesus and the Twelve* (Grand Rapids, Mich.: Eerdmans, 1968)。

更多耶穌的反教士訊息，見John Meier, *Marginal Jew,* vol. 1, 346–47。邁爾指出，寫作福音書時，猶太教已經沒有祭司。聖殿被毀之後，法利賽人（拉比階級）的精神子嗣成為新基督教運動的主要猶太教對手，因此很自然地，福音書把法利賽人寫成耶穌的主要敵人。因此，福音書中提到耶穌與聖殿祭司的衝突，其實未必可信。梅克爾擴大了耶穌與聖殿祭司的不合，見 "The Opposition Between Jesus and Judaism," *Jesus and the Politics of His Day,* 129–44。有趣的是，耶穌被發現只與撒都該人談過一次話，而且還是在最後一天復活的時候（馬可福音12:18-27）。

第九章　上帝的手指

耶穌個人的奇蹟，完整的研究見H. van der Loos, *The Miracles of Jesus* (Leiden, Netherlands: Brill, 1965)。

侯尼與哈尼那・本・多撒，見Geza Vermes, "Hanina ben Dosa: A Controversial Galilean Saint from the First Century of the Christian Era," *Journal of Jewish Studies* 23 (1972): 28–50, and *Jesus the Jew* (Minneapolis: Fortress Press, 1981), 72–78。耶穌時代行奇蹟者的通論研究，見William Scott Green, "Palestinian Holy Men: Charismatic Leadership and Rabbinic Tradition," *ANRW* 19.2 (1979): 619–47。針對研究哈尼那的學界作品做出精采的批判，見Baruch M. Bokser, "Wonder-Working and the Rabbinic Tradition: The Case of Hanina ben Dosa," *Journal of Jewish Studies* 16 (1985): 42–92。

最早介紹阿波羅尼歐斯的作品出現在西元三世紀，Philostratus of Athens titled *The Life of Apollonius of Tyana*。英譯本見F. C. Conybeare, ed., *Philostratus: The Life of Apollonius of Tyana* (London: Heinemann, 1912)。科尼比爾（Conybeare）的書也包括日後一些介紹阿波羅尼歐斯的作品，Hierocles titled *Lover of Truth*，這本書比較了阿波羅尼歐斯與拿撒勒人耶穌。也可見Robert J. Penella, *The Letters of Apollonius of Tyana* (Leiden, Netherlands: Brill, 1979)。阿波羅尼歐斯與耶穌的類似之處，見Craig A. Evans, "Jesus and Apollonius of Tyana," in *Jesus and His Contemporaries,* 245–50。

哈洛德・雷穆斯（Harold Remus）的研究顯示異教徒與早期基督徒描述奇蹟與行奇蹟者的方式沒什麼不同；"Does Terminology Distinguish Early Christian from Pagan Miracles?" *Journal of Biblical Literature* 101.4 (1982): 531–51；也可見Meier, *Marginal Jew,* vol. 2, 536。關於驅魔師以利亞撒，見Josephus, *Antiquities* 8.46–48。

第二聖殿時期法術與反法術的律法調查，見Gideon Bohak, *Ancient Jewish Magic: A History* (London: Cambridge University Press, 2008)。與倫佩爾斯提爾斯金（Rumpelstiltskin）的寓言故事一樣，當時的民眾認為，知道他人的姓名就能產生

抵抗的歷史，甚至包括了加利利在「政治、經濟與宗教上附屬於耶路撒冷哈斯蒙大祭司的時期」，見*Galilee: History, Politics, People* (Valley Forge, Pa.: Trinity Press International, 1995)。霍斯利寫道，「聖殿本身，聖殿規費與大祭司的統治，這些對加利利人來說全屬外邦之物，加利利人的祖先數百年前就曾反抗所羅門王與聖殿的統治。因此加利利人就像以東人一樣，他們認為猶太人的律法是強加在他們習俗之上的外邦之物，這些律法只是用來正當化耶路撒冷對他們的統治的工具」（51）因此，路加說耶穌的父母每年逾越節都會來聖殿朝聖，這句話顯然是路加自己的想像，加利利人實際上不會這麼做（路加福音2:41-51）。也可見Sean Freyne, *Galilee, Jesus, and the Gospels* (Dublin: Gill and MacMillan, 1988), 187–89。

關於加利利人的口音，見Obery M. Hendricks, *The Politics of Jesus* (New York: Doubleday, 2006), 70–73。「土地之民」的意思，完整的研究見Aharon Oppenheimer, *The 'Am Ha-Aretz: A Study in the Social History of the Jewish People in the Hellenistic-Roman Period* (Leiden, Netherlands: Brill, 1977)。

耶穌的家人起而追隨他，見John Painter, *Just James: The Brother of Jesus in History and Tradition* (Columbia: University of South Carolina Press), 14–31。

「門徒」的希臘文是*hoi mathetai*，可以指男性也可以指女性。顯然，看見沒有伴侶的女性跟隨巡迴的傳教士及其大多數為男性的門徒，走過一個又一個鄉鎮，不免在加利利引起非議，事實上，福音書中有不少段落提到耶穌被指控與這些「放蕩的女性」為伍。不同版本的《路加福音》提到耶穌有七十名而非七十二名門徒。這種數字上的差異並不重要，因為《聖經》裡的數字——特別是好記的數字如三、十二、四十與七十二——只需要象徵性地閱讀，而不能當成實情。十二門徒是例外，這裡的十二不只是象徵，也是實際的數量。

無疑地，耶穌刻意以十二個人來代表以色列十二支派。然而，十二門徒實際的姓名與生平卻經常遭到混淆。感謝約翰・邁爾，他充分說明了十二門徒的相關資訊，見*Marginal Jew,* vol. 3, 198–285。十二門徒是獨特的，與其他門徒不能混為一談，這點相當清楚：「到了天亮，叫他的門徒來，就從他們中間挑選十二個人，稱他們為使徒」（路加福音6:13）。有些學者堅持十二門徒是早期教會創造的，但這不太可能。若是如此，為什麼猶大會是十二門徒之一？見Craig Evans, "The Twelve Thrones of Israel: Scripture and Politics in Luke 22:24–30," in *Luke and Scripture: The Function of Sacred Tradition in Luke-Acts,* ed. Craig Evans and J. A. Sanders (Minneapolis: Fortress Press, 1993), 154–70; Jacob Jervell, "The Twelve on Israel's Thrones: Luke's Understanding of the Apostolate," in *Luke and the People of God: A New Look at Luke-Acts,* ed. Jacob Jervell (Minneapolis: Augsburg Publishing House, 1972),

二章第七節。上帝在大衛於耶路撒冷登基為王時對他這麼說（蒙愛者是大衛的別名）。約翰．邁爾正確指出，這個時刻「並未反映出耶穌當時的內在經驗；它反映的是第一個世代的基督教會的渴望，他們希望在原始福音書故事開始時就界定耶穌的地位——這一點極為重要，因為他們必須仰賴這個定義來扭轉世人的印象，那就是耶穌的地位比約翰次一等的，因為前者接受後者施洗。」*Marginal Jew*, vol. 2, 107。

有些學者提出具信服力的論點，認為耶穌一開始是以約翰門徒的身分傳教，P. W. Hollenbach, "Social Aspects of John the Baptizer' s Preaching Mission in the Context of Palestinian Judaism," *Aufstieg und Niedergang der römischen Welt (ANRW)* 2.19.1 (1979): 852–53, and "The Conversion of Jesus: From Jesus the Baptizer to Jesus the Healer," *ANRW* 2.25.1 (1982): 198–200, as well as Robert L. Webb, "Jesus' Baptism: Its Historicity and Implications," *Bulletin for Biblical Research* 10.2 (2000): 261–309。韋布簡要總結了約翰與耶穌的關係：「耶穌接受約翰施洗，或許追隨他一段時間，成為他的門徒。之後，耶穌與約翰合作，參與了後者的運動，耶穌自己也在約翰附近從事施洗與傳道。雖然耶穌仍是約翰的門徒，但他或許可以視為約翰的左右手。雖然約翰的門徒與耶穌的門徒彼此間存在緊張關係，但約翰與耶穌依然合作無間。直到約翰被捕之後，才出現轉變，耶穌在某些方面開始超出約翰運動的概念框架。但耶穌總是感謝約翰最初提供給他的框架所立下的基礎。」

談到耶穌住在曠野時，我們必須記住「曠野」不只是個地理位置。它也是亞伯拉罕與上帝立約，摩西接受上帝律法，以色列人漂泊一個世代的地方；它是上帝居住的地方，是尋找以及與上帝溝通的地方。福音書說的「四十天」——據說是耶穌待在沙漠的時間——不能解讀成實際的天數。在《聖經》裡，「四十」是「許多」的代稱，例如「四十晝夜降大雨在地上」。因此真正的意思是耶穌在曠野待了很長一段時間。

我不同意魯道夫．奧托（Rudolf Otto）的說法，他認為「約翰並未傳布天國將至的訊息，而是傳布憤怒的審判將至」；*The Kingdom of God and the Son of Man*, 69。奧托認為約翰主要關心的是上帝審判將至，也就是他所謂的「耶和華日」，而耶穌關注的則是神的國降臨人世時的救贖性質。然而，即使是耶穌也認為約翰的傳道是為神國降臨人世開啟序幕：「律法和先知，到約翰為止，從此，神國的福音傳開了」（路加福音16:16）。

第八章　跟從我

約瑟夫斯對加利利人的描述，見 *The Jewish War* 3.41–42。霍斯利詳述加利利

Ritual Purity and the Dead Sea Scrolls (Leiden, Netherlands: Brill, 2007)。

相信施洗約翰是艾賽尼派成員的學者，Otto Betz, "Was John the Baptist an Essene?" *Understanding the Dead Sea Scrolls,* ed. Hershel Shanks (New York: Random House, 1992), 205–14; W. H. Brownlee, "John the Baptist in the New Light of Ancient Scrolls," *The Scrolls and the New Testament*, ed. Krister Stendahl (New York: Harper, 1957), 71–90; and J.A.T. Robinson, "The Baptism of John and the Qumran Community: Testing a Hypothesis," *Twelve New Testament Studies* (London: SCM Press, 1962), 11–27。不同意施洗約翰是艾賽尼派成員的學者，H. H. Rowley, "The Baptism of John and the Qumran Sect," *New Testament Essays: Studies in Memory of Thomas Walter Manson, 1893–1958,* ed. A.J.B. Higgins (Manchester: Manchester University Press, 1959), 218–29; Bruce D. Chilton, *Judaic Approaches to the Gospels* (Atlanta: Scholars Press, 1994), 17–22; and Joan E. Taylor, *The Immerser: John the Baptist Within Second Temple Judaism* (Grand Rapids, Mich.: Eerdmans, 1997)。

必須說明的是，雖然《以賽亞書》第四十章第三節可以適用在約翰與艾賽尼派身上，但兩者的詮釋卻有重大的區別。關於約翰「在曠野中」的童年，更多資料見Jean Steinmann, *Saint John the Baptist and the Desert Tradition* (New York: Harper, 1958)。無論約翰是不是艾賽尼派成員，兩者顯然存在共通點，包括背景、苦行、祭司家系、浸禮與財產共有。從個別的共同點來看，這些類似處無法確切證明兩者間有連結，然而將所有共同點總結起來，就會發現兩者極為近似，我們無法輕易否認兩者之間的連結。無論如何，約翰就算不是艾賽尼派的成員，也會受到他們的教義與理念影響，他們的觀點已經融入當時的猶太教精神領域中。

雖然約翰施洗的次數從未公開規定每人只限一次，但我們可以推論實際上確實如此，理由有二：首先，因為洗禮需要主持者，如約翰，這與其他絕大多數水儀式不同，其他水儀式都是自己實施；其次，因為約翰的洗禮以末日將臨為前提，我們至少可以這麼說，它的二次實施是有困難的。見John Meier, *Marginal Jew,* vol. 2, 51。

約翰．邁爾提出具說服力的例子，證明「洗禮是為了悔罪」的歷史真實性。見*Marginal Jew,* vol. 2, 53–54。約瑟夫斯提出相反的主張，見*Antiquities* 18.116。羅伯特．韋布（Robert L. Webb）認為約翰的洗禮是「悔罪的洗禮，其功能是引介〔猶太人〕加入已做好準備的民族團體，也就是真以色列人，」這意味著約翰確實組織了自己的特定教派；見*John the Baptizer and Prophet,* 197 and 364.。布魯斯．柴爾頓（Bruce Chilton）完全拆解了韋布的論點，見 "John the Purifier," 203–20。

來自上天的肯定，「這是我的愛子，我所喜悅的」，這句話源自《詩篇》第

Rabbinic Conversion Ceremony," *Journal of Jewish Studies* 41 (1990): 177–203。在西元一世紀的巴勒斯坦，有幾個著名的人士施行浸禮，其中最知名的苦行者是班納斯（Bannus）。此人隱居於沙漠，早上與晚上各泡一次冷水，做為一種潔淨儀式；見Josephus, *Life* 2.11–12。

約瑟夫斯在《猶太古史》與《猶太戰爭》中對艾賽尼派著墨甚多，但最早關於艾賽尼派的資料是亞歷山卓的斐洛（Philo of Alexandria）的《假說》（*Hypothetica*），寫於西元三十五年到四十五年之間。老普林尼（Pliny of Elder）也在他的《自然史》（*Natural History*，成書於西元七十七年左右）提到艾賽尼派。普林尼提到艾賽尼派居住在恩格迪（Engeddi，位於死海西岸）附近，不過大多數學者相信艾賽尼派居住在庫姆蘭。普林尼的錯誤也許是因為他是在猶太戰爭與耶路撒冷被毀後寫作，當時庫姆蘭已經是遭人遺棄的聚落。儘管如此，學界仍對庫姆蘭社群是否實際上就是艾賽尼派的聚居處引發激烈論戰。諾曼．戈布（Norman Golb）或許是反對庫姆蘭假說的最知名學者。戈布認為庫姆蘭不是艾賽尼社群，而是哈斯蒙王朝的要塞。他認為在庫姆蘭附近洞穴發現的文件——所謂的《死海古卷》——不是艾賽尼派的作品，而是為了安全起見從耶路撒冷帶到當地保存。見Norman Golb, *Who Wrote the Dead Sea Scrolls? The Search for the Secret Qumran* (New York: Scribner, 1995), and "The Problem of Origin and Identification of the Dead Sea Scrolls," *Proceedings of the American Philosophical Society* 124 (1980): 1–24。戈布與同時代的學者提出了有效的觀點，我們必須坦承，在庫姆蘭洞穴發現的一些文件確實不是艾賽尼派的作品，而且也未反映艾賽尼派的神學觀。事實上，我們也不確定艾賽尼派是否真的住在庫姆蘭。這意思是說——我在這方面傾向於同意偉大的弗蘭克．摩爾．克羅斯（Frank Moore Cross）的看法，他認為舉證的責任不在主張艾賽尼派與庫姆蘭有關的人身上，而在主張兩者無關的人身上。摩爾寫道，「對於庫姆蘭教派與艾賽尼派是否屬於同一教派抱持『審慎』看法的學者，會發現自己的立場令人咋舌」；「他必須認真地提出有兩個教派同在死海沙漠地區一起共居近兩個世紀，都提出了共產宗教理念，提出類似詭異的觀點，實施類似或甚至完全相同的潔淨儀式、聖餐禮與典禮的教派。他必須假定其中一個教派——古典作者審慎地加以描述——消失不見，未留下任何建築遺跡或任何一塊陶器破片；另一個教派——古典作者有系統地忽略這個教派——留下大量的遺跡，事實上，他們留下了一座大型圖書館。我傾向於大膽而直接地認定庫姆蘭的居民就是那群長期定居於此的客人，艾賽尼派。」Frank Moore Cross, *Canaanite Myth and Hebrew Epic: Essays in the History of the Religion of Israel* (Cambridge, Mass.: Harvard University Press, 1973), 331–32。你想知道艾賽尼派的一切以及他們的潔淨儀式，見Ian C. Werrett,

Press, 1964), 50–51, and Walter Wink, *John the Baptist in the Gospel Tradition* (Eugene, Ore.: Wipf and Stock, 2001), 59–60。然而，溫克（Wink）認為只有一部分資料源自於約翰的獨特史料。他認為約翰與耶穌的幼年敘事可能是在相同時期出現的。也可見Catherine Murphy, *John the Baptist: Prophet of Purity for a New Age* (Collegeville, Minn.: Liturgical Press, 2003)。

根據《馬太福音》，雖然約翰警告猶太人「天國」已近，但這只是馬太對於神的國的委婉說法。事實上，馬太在福音書中處處使用「天國」一詞，就連他借用馬可的句子也是如此。換言之，我們可以相當確定，「神的國」與「天國」指的是同一件東西，兩者都源自於施洗約翰的教誨。

福音書在描述約翰遭處死時，有許多不精確的地方（馬可福音6:17-29；馬太福音14:1-12；路加福音9:7-9），例如，福音書作者說希羅底是腓力的妻子，但她其實是希律的妻子。腓力的妻子是撒羅米。保守的基督教評釋者試圖彌縫這個明顯的錯誤——舉例來說，把安提帕的同父異母弟稱為「希律・腓力」(這個名字從未出現在任何史料上）——但終告失敗。福音書也搞錯了約翰被處決的地點（馬卡魯斯要塞），誤以為是在安提帕的宮廷，當時是在提比里亞。最後，必須說明的是，王室的公主在安提帕的賓客面前表演，這實在是難以想像的事，而且在那個時代，猶太女性無論是何種地位，都要謹守嚴格的規範。當然，有許多辯護者試圖挽救約翰被斬首的福音書故事，並且主張它的歷史性（舉例來說，Geza Vermes, *Who's Who in the Age of Jesus*, 49），但我同意Rudolf Bultmann, *History of the Synoptic Tradition* (San Francisco: Harper and Row, 1968), 301–2, and Lester L. Grabbe, *Judaism from Cyrus to Hadrian*, vol. 2, 427–28，兩人都認為福音書故事太虛幻而且出現太多錯誤，無法當成歷史。

馬可對約翰處決的描述與《以斯帖記》裡的敘述，兩者之間的類似處，見Roger Aus, *Water into Wine and the Beheading of John the Baptist* (Providence: Brown Judaic Studies, 1988)。這則故事也呼應了以利亞與亞哈王妻子耶洗別的衝突（列王記上19-22）。

約瑟夫斯對施洗約翰的生平描述，見《猶太古史》18.116-19。國王阿瑞塔四世是安提帕第一任妻子法撒莉絲的父親，安提帕後來為了迎娶希羅底而與法撒莉絲離婚。我們不清楚是否安提帕是否真如約瑟夫斯在《猶太戰爭》2.183所提的，後來流亡到西班牙，還是如約瑟夫斯在《猶太古史》18.252所言，流亡到了高盧。

猶太聖經與典禮記載的洗禮與水儀式可見R. L. Webb, *John the Baptizer and Prophet: A Socio-Historical Study* (Sheffield, U.K.: Sheffield Academic Press, 1991), 95–132。更多關於猶太改信儀式裡水的使用方式，見Shaye J. D. Cohen, "The

字的意義，而我也引用了他對這個動詞所做的分析。赫爾穆特．梅克爾（Helmut Merkel）認為耶穌回答宗教當局的話根本不是回答，許多學者跟他的見解相同；"The Opposition Between Jesus and Judaism," *Jesus and the Politics of His Day,* 129–44。梅克爾引用德國學者愛德華．洛塞（Eduard Lohse）的說法，反對布蘭登與其他學者（包括我在內）的說法，也就是耶穌的回答洩露了他的狂熱派情感：「耶穌並未在誘惑下將神聖地位授予既有的權力結構，他也未同意革命分子的看法，要改變現有的秩序與運用武力讓上帝的國度到來。」首先，必須說明的是，武力的使用並非重點。耶穌是否同意加利利人猶大的追隨者，也就是唯有使用武力才能讓猶太人擺脫羅馬人的統治，這個問題並非這段文字的重點。這裡的重點是，耶穌對於當時最重要的議題（而這個議題剛好成了狂熱派最根本的測試）有何看法：猶太人應該繳貢金給羅馬嗎？有些學者認為耶穌對宗教當局所做的回應，不具有政治意涵。我認為這些學者完全不瞭解耶穌時代的政治與宗教脈絡，更重要的是，他們也不瞭解當局提出貢金問題顯然是為了與耶穌挑釁地進入耶路撒冷連結起來，說這當中沒有政治意味實在難以想像。

基於某種理由，放在耶穌頭上的titulus（牌子）被學者與基督徒視為某種笑話，是羅馬帶有嘲諷意味的幽默感。羅馬人在很多方面聞名於世，但幽默感並不包括在內。與往常一樣，這種詮釋很浮面地把耶穌解讀成沒有政治野心的人。這是荒謬的。所有被處死刑的犯人都會有一個牌子，讓每個人知道他們因為犯了什麼罪而被懲罰，並且因此受到威嚇而不敢從事類似的行為。耶穌牌子上的用語相當真實，約瑟夫．費茲傑羅提到，「如果牌子是基督徒創造的，他們會用Christos這個字，因為早期基督徒很少稱他們的主『猶太人的王』」。見*The Gospel According to Luke I– IX* (Garden City, N.Y.: Doubleday, 1981), 773。我在往後各章會更詳細地說明耶穌的「審判」，但在這裡我可以說，一個無名的猶太農民怎麼可能獲得羅馬總督彼拉多的聆聽，況且這名總督光是那天就簽下了十幾份處決令。彼拉多聆聽耶穌只是一種古怪的說詞，不值得採信。

奇怪的是，路加提到在耶穌兩邊被釘十字架的這兩個人，說他們不是lestai，而是kakourgoi或「為惡者」（路加福音23:32）。

第七章　曠野中呼喊的人聲

四部福音書對施洗約翰的描述各不相同（馬太福音3:1-17；馬可福音1:2-15；路加福音3:1-22；約翰福音1:19-42）。一般認為福音書的資料絕大部分，包括《路加福音》中關於約翰幼年的敘事，都是源自於獨立的「施洗傳統」，由約翰的追隨者保留下來。關於這點，見Charles Scobie, *John the Baptist* (Minneapolis: Fortress

Press, 1988)。這似乎又是學者拒絕接受明顯的現實的典型例子，這些現實無法與預先構思的基督教概念相符，即耶穌是誰與耶穌是什麼意思。麥可（Mack）的論文被克雷格·伊凡斯駁斥，後者不只證明聖殿潔淨事件可以追溯到歷史耶穌，而且也說明這件事要從政治意義來解讀才能理解。見Evans, *Jesus and His Contemporaries* (Leiden, Netherlands: Brill, 1995), 301–18。不過，在耶穌預言聖殿將毀一事上，伊凡斯與我的觀點不同。他不僅相信預言可以追溯到耶穌（我則認為這純粹是福音書作者透過耶穌的嘴巴說出來的），而且認為可能有重要的因素使大祭司決定反對他。見Craig Evans, "Jesus and Predictions of the Destruction of the Herodian Temple in the Pseudepigrapha, Qumran Scrolls, and Related Texts," *Journal for the Study of the Pseudepigrapha* 10 (1992): 89–147。

約瑟夫斯與巴比倫的《塔木德》顯示動物祭品一般都放在橄欖山祭拜，但在西元三〇年左右，該亞法把祭品運到外邦人之庭。布魯斯·柴爾頓（Bruce Chilton）認為該亞法的創新使耶穌在聖殿採取行動，也是大祭司想讓耶穌被逮與處決的主要理由；見Bruce Chilton, "The Trial of Jesus Reconsidered," in *Jesus in Context*, ed. Bruce Chilton and Craig Evans (Leiden, Netherlands: Brill, 1997), 281–500。

向耶穌提出繳納貢金給羅馬皇帝是否合法的問題，見Mark 12:13–17, Matthew 22:15–22, and Luke 20:20–26。這段插曲並未出現在《約翰福音》裡，因為潔淨事件屬於耶穌早期的行為，而不是生命結束前的行為。見Herbert Loewe, *Render unto Caesar* (Cambridge: Cambridge University Press, 1940)。猶太當局試圖陷害耶穌，因此問他繳納貢金的問題。在對觀福音書中，則是被描述成法利賽人與希律黨（馬可福音12:13；馬太福音22:15），或是「文士與祭司長」(路加福音20:20)。迥然不同的當局被湊在一起，顯示福音書作者對於西元一世紀巴勒斯坦的猶太教科層驚人的無知（他們在他們描述的事件發生後四十到六十年才寫下這些敘述）。文士是下層或中間階級的學者，祭司長則是貴族階級；法利賽人與希律黨則在經濟、社會與（如果馬可的希律黨是指撒都該人）神學上有著極大的差異。福音書作者似乎不管其中的差異，而想直接用「猶太人」來稱呼他們。

耶穌要求的錢幣，迪那厄斯，也是用來繳納貢金給羅馬的錢幣，這一點的證明見H. St. J. Hart, "The Coin of 'Render unto Caesar,'" *Jesus and the Politics of His Day*, 241–48。

耶穌針對貢金的回答，許多學者試圖去除其中的政治意義，見J.D.M. Derrett, *Law in the New Testament* (Eugene, Ore.: Wipf and Stock, 2005) and F. F. Bruce, "Render to Caesar," *Jesus and the Politics of His Day*, 249–63。至少布魯斯承認apodidomi這個

kleptai（見馬可福音11:17）。雖然在這個例子裡，耶穌顯然不是為了這個字的政治意涵（強盜，指具有狂熱派傾向的人）而使用這個字，但有些學者仍相信耶穌事實上是刻意使用這個字。有些人把耶穌潔淨聖殿的舉動與約略發生於同時的巴拉巴在聖殿的暴動連結起來（見馬可福音15:7）。主張此說的人論點如下：由於巴拉巴一直被冠上lestai這個名稱，耶穌用這個字，必定是用來指稱巴拉巴在聖殿發動暴亂與屠殺的事。因此，耶穌這段話的最佳翻譯顯然不是「賊窩」，而應該是「強盜窟」，意思是指「狂熱派據點」，所以他指的應該就是巴拉巴暴亂的事。見George Wesley Buchanan, "Mark 11:15–19: Brigands in the Temple," *Hebrew Union College Annual* 30 (1959): 169–77。這是個耐人尋味的論點，但還有個更簡單的說法可以解釋耶穌為什麼使用lestai而非kleptai。福音書作者引用的可能是七十士譯本（希臘文）裡先知耶利米（7:11）說的話：「這稱為我名下的殿，在你們眼中，豈可看為賊窩麼？我都看見了，這是耶和華說的！」這段譯文用了spaylayon laystoun來代表賊窩，這合理解釋了七十士譯本是在lestai成為「強盜」的代稱之前寫成的——事實上，這比猶太或加利利出現強盜之前還要早出現。在這裡，希臘文lestai是從希伯來文paritsim翻譯過來的，後者在《希伯來聖經》甚少出現，頂多出現過兩次。paritsim這個字的意思近似於「暴力者」，不過在《以西結書》第七章第二十二節中也使用了希伯來文paritsim，七十士譯本將這個字翻譯成希臘文時，選擇了afulaktos這個字，意思是「無防備的」。希伯來文paritsim對七十士譯本的譯者來說，顯然是問題重重。而想把paritsim或afulaktos的意義限制在特定範圍內或完全限制在語意範圍內，毋寧是相當困難的。因此，當耶穌使用lestai這個字時，他可能指的只是「賊」這樣一個簡單的字，他就是這樣看待聖殿裡的商人與兌幣者。

聖殿當局與羅馬之間的複雜關係。以及一方被攻打，視為另一方也遭攻打，這部分的論點見S.G.F. Brandon, *Jesus and the Zealots* (Manchester: Manchester University Press, 1967), 9。布蘭登（Brandon）也正確指出，羅馬人並不是不知道潔淨事件，因為位於安東尼亞要塞的羅馬駐軍可以居高臨下俯瞰聖殿庭院。對布蘭登的分析持反對觀點，見Cecil Roth, "The Cleansing of the Temple and Zechariah XIV.21," *Novum Testamentum* 4 (1960): 174–81。羅斯（Roth）似乎否認了任何民族主義或狂熱派的重要性，無論是耶穌進入耶路撒冷時，還是他潔淨聖殿時。羅斯的詮釋是「精神上與基本上都沒有政治意涵」，他主張耶穌的主要關切是把聖殿的「商業運作」清除乾淨。其他學者把這個論點更推進一步，宣稱「潔淨」事件從未發生，或至少不像福音書作者說的那樣，因為這與耶穌和平的訊息矛盾。見Burton Mack, *A Myth of Innocence: Mark and Christian Origins* (Philadelphia: Fortress

(London: Bernard Quaritch, 1864)。梅登（Madden）指出，約瑟夫斯提到舍克勒相當於四枚阿提克德拉克馬，意思是說，二德拉克馬相當於半舍克勒（238）。也可見J. Liver, "The Half-Shekel Offering in Biblical and Post-Biblical Literature," *Harvard Theological Review* 56.3 (1963): 173–98。

有些學者提出不太可信的說法，他們主張羅馬人對猶太人的態度並未出現明顯可見的轉變；例見Eric S. Gruen, "Roman Perspectives on the Jews in the Age of the Great Revolt," *First Jewish Revolt,* 27–42。關於在凱旋式上陳列《摩西五經》做為一種象徵，我認為馬丁・古德曼（Martin Goodman）在《羅馬與耶路撒冷》（*Rome and Jerusalem*）中說得最好：「應該沒有比這更好的展示方式，它顯示羅馬不僅征服了猶太地區，也征服了猶太教」（453）。聖殿被毀後，猶太教的發展，見Michael S. Berger, "Rabbinic Pacification of Second-Century Jewish Nationalism," *Belief and Bloodshed*, ed. James K. Wellman, Jr. (Lanham, Md.: Rowman and Littlefield, 2007), 48。

必須說明的是，我們目前擁有的《馬可福音》最早手稿，其第一句經文的末尾寫的是Jesus the Christ。日後才由編纂者添上了the Son of God。福音書以希臘文寫成，其所具有的意義不可忽視。相較之下，《死海古卷》這份與耶路撒冷被毀的時代最接近且順利保存下來的文獻，其主題與《新約》非常接近，而且寫作的語言完全是希伯來文與亞拉姆文。

第二部　序言　我為你的殿，心裡焦急

耶穌凱旋進入耶路撒冷與潔淨聖殿的故事，見Matthew 21:1–22, Mark 11:1–19, Luke 19:29–48, and John 2:13–25。值得注意的是，《約翰福音》把這個事件擺在耶穌傳道初始之時，而對觀福音書則是擺在耶穌傳道末尾。耶穌進入耶路撒冷時顯露出稱王的念頭，這一點十分清楚。回想所羅門也曾騎在驢上被眾人歡呼為王（列王記上1:32–40），此外還有與父親大衛爭位的押沙龍（撒母耳記下19:26）。根據大衛・卡奇波（David Catchpole）的說法，耶穌進入耶路撒冷與幾個故事完全符合，「英雄人物在眾人簇擁下進城，等於宣示了他的凱旋。」卡奇波指出，這個「固定的凱旋進城模式」，不僅以色列諸王如此（例見列王記上1:32-40），亞歷山大、阿波羅尼歐斯、西門・馬加比、馬庫斯・阿格里帕與其他人進入耶路撒冷也是如此。見David R. Catchpole, "The 'Triumphal' Entry," *Jesus and the Politics of His Day,* ed. Ernst Bammel and C.F.D. Moule (New York: Cambridge University Press, 1984), 319–34。

耶穌明白地使用lestai這個字來指名「賊窩」，而不是使用更常用來稱賊的字

以理解為受民眾擁戴的『彌賽亞』及其運動的具體例證。」Horsley, "Menahem in Jerusalem," 340。

勝利的猶太叛軍鑄造了一些錢幣，其中著名的例子見Ya' akov Meshorer, *Treasury of Jewish Coins from the Persian Period to Bar Kokhba* (Jerusalem and Nyack, N.Y.: Amphora Books, 2001)。

希卡里派領袖西門之子以利亞撒發表的演說見Josephus, *The Jewish War* 7.335。塔西佗描述這個時代在羅馬「災難不斷」，引自Goodman, *Rome and Jerusalem,* 430。

狂熱黨由革命的祭司西門之子以利亞撒領導。有些學者認為這位以利亞撒就是叛亂之初控制聖殿、禁止為皇帝獻祭的那位以利亞撒。關於這個觀點，見Rhoads, *Israel in Revolution*；也可見Geza Vermes, *Who's Who in the Age of Jesus,* 83。維姆斯（Vermes）主張就是這位以利亞撒攻擊並且殺死米拿現。但這不可能。聖殿領袖的名字是阿納里亞斯之子以利亞撒，而且理查・霍斯利與默頓・史密斯都認為，這位以利亞撒與西元六十八年接掌狂熱黨的西門之子以利亞撒並非同一人。見Smith, "Zealots and Sicarii," *Harvard Theological Review* 64 (1971): 1–19, and Horsley, "The Zealots:Their Origin, Relationship and Importance in the Jewish Revolt," *Novum Testamentum* 28 (1986): 159–92。

我們對吉夏拉的約翰的理解，絕大多數資料來自約瑟夫斯，而約瑟夫斯總是用極不友善的詞彙形容約翰。因此，約瑟夫斯作品中描繪的約翰往往是一副瘋狂的暴君模樣，他對權力與血的渴望，使全耶路撒冷陷入危險。現代學者沒有人認真看待這段描述。對約翰更詳盡的描述，見Uriel Rappaport, "John of Gischala: From Galilee to Jerusalem," *Journal of Jewish Studies* 33 (1982): 479–93。提到約翰的熱誠與他的末世理想，拉帕波特（Rappaport）正確地指出，雖然我們很難瞭解約翰確切的宗教政治理念，但至少從他與狂熱黨結盟可以看出，他對於狂熱黨的意識形態是帶著同情的。無論如何，約翰最後還是奪取了狂熱黨的權力，控制了聖殿內庭，但他還是允許西門之子以利亞撒至少在名義上繼續領導狂熱黨，直到提圖斯進攻耶路撒冷為止。

提圖斯圍城期間，耶路撒冷出現饑荒，關於這方面的描述，見Josephus, *The Jewish War* 5.427–571, 6.271–76。約瑟夫斯為這場戰爭的勝利者寫下了這段戰爭史，他筆下的提圖斯，努力防止士兵恣意殺人與毀壞聖殿。這種說法簡直荒謬。這只是約瑟夫斯為了迎合羅馬讀者而添加的情節。約瑟夫斯也把耶路撒冷猶太人的死亡數量說成是一百萬人。這無疑是誇大其詞。

西元一世紀巴勒斯坦的古代通貨匯率，完整的介紹見Fredric William Madden的經典作品，*History of Jewish Coinage and of Money in the Old and New Testament*

派是狂熱黨當中更加狂熱的分支；Martin Hengel, *The Zealots* (Edinburgh: T&T Clark, 1989)，他不同意舒勒（Schurer）的看法，主張希卡里派不過是更加殘暴的強盜分支團體；Solomon Zeitlin, "Zealots and Sicarii," *Journal of Biblical Literature* 81(1962): 395–98，他認為希卡里派與狂熱黨是兩個彼此獨立而「相互仇視」的團體；Richard A. Horsley, "Josephus and the Bandits," *Journal for the Study of Judaism* 10(1979): 37–63，他認為希卡里派只是猶太鄉野盛行的「社會型盜匪」這個巨大運動的地方性現象；Morton Smith, "Zealots and Sicarii: Their Origins and Relation," *Harvard Theological Review* 64 (1971): 7– 31，他認為希卡里派與狂熱派並非靜態的名稱，而是一種一般性與廣泛的對《聖經》教義的熱誠，這個觀點為本書所採用。

在《猶太古史》中——寫作時間在《猶太戰爭》之後——約瑟夫斯認為，是羅馬總督腓力斯慫恿希卡里派殺死大祭司約拿單，以滿足自己的政治目的。有些學者，尤其是Martin Goodman, *The Ruling Class of Judea* (Cambridge: Cambridge University Press, 1987)，仍持續主張這個觀點，認為希卡里派與受僱的刺客及傭兵無異。此說並無憑據；首先，《猶太古史》提出的解釋與約瑟夫斯在《猶太戰爭》中提出的更早期但更可靠的說法矛盾。當時約瑟夫斯並未提到腓力斯介入這起刺殺事件。事實上，《猶太古史》裡的約拿單遇刺事件完全未提到希卡里派。相反地，約瑟夫斯說行刺者是「強盜」。無論如何，《猶太戰爭》描述約拿單被殺死，刻意強調希卡里派的意識形態與宗教動機（以及他們的口號，「上帝是唯一的主人」），並且認為這是日後殺死大祭司小阿納努斯（西元六十二年）與迦瑪列之子耶穌的序幕，並且最終導致與羅馬開戰。

塔西佗作品中腓力斯的話，轉引自Geza Vermes, *Who's Who in the Age of Jesus* (London: Penguin, 2005), 89。約瑟夫斯的那句「每個人都時時刻刻想著死亡」，引自 *The Jewish War* 7.253。

羅馬實際上又派了一個人來接替弗羅魯斯的位子：尤里安努斯（Marcus Antonius Julianus）。但在猶太叛亂期間，這個人似乎從未踏進耶路撒冷。

亞基帕的演說引自 *The Jewish War* 2.355–78。儘管演說很感人，但內容其實是約瑟夫斯的創作。

第六章　元年

更多關於馬薩達及其在希律時代變遷的歷史，見Solomon Zeitlin, "Masada and the Sicarii," *Jewish Quarterly Review* 55.4 (1965): 299–317。

約瑟夫斯似乎有意避免使用「彌賽亞」這個詞來稱呼米拿現，但他提到米拿現被眾人公認為「受膏的王」。根據理查．霍斯利的說法，約瑟夫斯形容的現象「可夫斯未能看出這些自稱彌賽亞的人其實做的事就是「稱王」(「埃及人」除外)，因此這些與其說是彌賽亞，其實應該說是「提出預兆的先知」。但巴內特也表示，這些提出預兆的先知也「期待未來會出現末世救贖的偉大行為」，而這一點正是彌賽亞固有的權利。見P. W. Barnett, "The Jewish Sign Prophets," *New Testament Studies* 27(1980): 679–97。詹姆斯・麥克拉倫(James S. McLaren)試圖(但依我看是失敗了)避免過度強調猶太人期望「神助」的觀念，也就是仰賴神的力量打拜羅馬人：此外，麥克拉倫也不想強調猶太人受到彌賽亞的熱情感召才發動叛亂，「過度樂觀地以為自己終將勝利」，就像德國人以為自己可以打敗英國人一樣。然而，西元一世紀的巴勒斯坦，所謂的「樂觀」，指的難道不就是對上帝的信心嗎？見"Going to War Against Rome: The Motivation of the Jewish Rebels," in *The Jewish Revolt Against Rome: Interdisciplinary Perspectives,* ed. M. Popovic, *Supplements to the Journal for the Study of Judaism* 154 (Leiden, Netherlands: Brill, 2011), 129–53。

必須說明的是，雖然「撒瑪利亞人」自稱為「彌賽亞」，但他口中的彌賽亞與猶太人所說的彌賽亞，意義未盡相同。撒瑪利亞人的彌賽亞，指的是Taheb，然而，Taheb卻又與彌賽亞直接相關。事實上，這兩個字是同義字，證據是《約翰福音》中一名撒瑪利亞婦女對耶穌說，「我知道彌賽亞要來，他來了，必將一切的事都告訴我們」(約翰福音4:25)。

約瑟夫斯是最早使用拉丁文Sicarii的人(約瑟夫斯，《猶太戰爭》2.254-55)，不過顯然這個字借用自羅馬人。Sicarii這個字出現在《使徒行傳》第二十一章第三十八節，用來指稱被叫做「假先知」的「埃及人」(但這是保羅弄錯了)。《使徒行傳》說埃及人有四千名追隨者，這個數字比約瑟夫斯《猶太戰爭》第二卷247-70的三萬人來得可信(雖然約瑟夫斯在《猶太古史》20.171中提出的人數較少)。

雖然約瑟夫斯形容希卡里派(Sicarii)是「不同類型的強盜」，但他在《猶太戰爭》中卻是將希卡里派與強盜當成同義詞，交替使用。事實上，約瑟夫斯有時還會用希卡里派來稱呼那些不使用短劍的強盜。約瑟夫斯之所以把希卡里派特別分別出來，也許不是基於類別的不同，而是單純配合敘事的需要。不過，在米拿現叛亂的第一年，希卡里派卻成了可以清楚辨識的獨立團體——奪占馬薩達的正是希卡里派。見Shimon Applebaum, "The Zealots: The Case for Revaluation," *Journal of Roman Studies* 61 (1971): 155–70。我認為，關於希卡里派，研究成果最好也最新的首推Mark Andrew Brighton, *The Sicarii in Josephus's Judean War: Rhetorical Analysis and Historical Observations* (Atlanta: Society of Biblical Scholarship, 2009)。

其他有關希卡里派的研究，包括Emil Schurer, *A History of the Jewish People in the Time of Jesus Christ,* 3 vols. (Edinburgh: T&T Clark, 1890)，對他來說，希卡里

構成的王朝，從加利利人猶大（至少他自己的彌賽亞野心昭然若揭）、米拿現開始，不禁讓人懷疑『第四教派』的彌賽亞基礎早在創立者時期就已奠定。」見*The Zealots* (London: T&T Clark, 2000), 299。然而，我不同意亨格爾說的，第四哲學的成員可以稱為狂熱黨。我認為這些人是把狂熱的行為視為《聖經》的教義，他們希望將外邦人完全驅離聖地，因此我用狂熱派來形容他們。約瑟夫斯對「詭辯派」一詞的用法，見惠斯頓翻譯的《猶太戰爭》第二卷第一章第三節注71。

第五章　你們哪來的艦隊在海上掃滅羅馬人？

彼拉多在擔任耶路撒冷總督之前的生平，甚少留下紀錄，但安．洛（Ann Wroe）寫了一本有趣的作品，題為*Pontius Pilate* (New York: Random House, 1999)，此書雖非學術作品，卻生動易讀。prefect與procurator這兩個字有何差異，簡單地說，沒有差異，至少在偏遠的猶太行省來說是如此。約瑟夫斯在《猶太古史》18.5.6中稱彼拉多為procurator，但菲羅則稱他是prefect。這兩個字在當時應該是互通的。我則使用governor來代表prefect與procurator。

關於彼拉多把盾送進耶路撒冷聖殿，我推薦G. Fuks, "Again on the Episode of the Gilded Roman Shields at Jerusalem," *Harvard Theological Review* 75 (1982): 503–7, and P. S. Davies, "The Meaning of Philo' s Text About the Gilded Shields," *Journal of Theological Studies* 37 (1986): 109–14.

猶太人為什麼反叛羅馬，原因甚多。無疑地，社會、經濟、政治與宗教的苦況結合起來，終於引發了猶太戰爭，但大衛．羅德斯（David Rhoads）提出了六個主要的原因，見他的作品*Israel in Revolution: 6–74* C.E. (Philadelphia: Fortress Press, 1976)：（1）猶太人維護上帝的律法；（2）猶太人相信上帝會引導他們獲得勝利；（3）猶太人想把外邦人趕出聖地；（4）猶太試圖維護上帝的城市耶路撒冷，使其免遭褻瀆；（5）猶太人想潔淨聖殿；（6）猶太人希望此舉能招來末日，使彌賽亞降臨。然而，有些學者（我自己也是如此）強調猶太人的末日動機，認為這才是最重要的理由。例見A. J. Tomasino, "Oracles of Insurrection: The Prophetic Catalyst of the Great Revolt," *Journal of Jewish Studies* 59 (2008): 86–111。另一些人則持保留看法，他們不認為天啟的狂熱足以觸發猶太人反叛。例見Tessa Rajak, "Jewish Millenarian Expectations," *The First Jewish Revolt,* ed. Andrea M. Berlin and J. Andrew Overman (New York: Routledge, 2002), 164–88。拉雅克（Rajak）寫道：「期待末日將近……這不是西元一世紀猶太教的正常心態。」然而，我認為相反的觀點較有道理，彌賽亞主義與猶太叛亂的連繫，清楚地展現在約瑟夫斯的《猶太戰爭》中。

猶太戰爭前出現一連串自稱彌賽亞的人物，巴內特（P. W. Barnett）認為約瑟把塞佛里斯改名為Autocratoris，意思是帝國之城。

耶穌在塞佛里斯的生活，見Richard A. Batey, *Jesus and the Forgotten City: New Light on Sepphoris and the Urban World of Jesus* (Grand Rapids, Mich.: Baker Book House, 1991)。艾瑞克·邁爾的考古工作使人懷疑過去普遍認為的瓦魯斯曾經掠奪該城的說法，約瑟夫斯曾經在*War* 2:68提出瓦魯斯掠奪該城的說法。見“Roman Sepphoris in the Light of New Archeological Evidence and Research,” *The Galilee in Late Antiquity*, ed. Lee I. Levine (New York: Jewish Theological Seminary of America, 1992), 323。

雖然猶大來自於戈蘭的加瑪拉，但他卻被稱為加利利人猶大。關於希西家與加利利人猶大之間的關係有許多討論，雖然我們無法確定加利利人猶大就是希西家的兒子強盜猶大，而且這一點只能說是約瑟夫斯的假設（跟之前的瓦魯斯一樣），但我不認為有充分理由懷疑約瑟夫斯。見*War* 2.56 and *Antiquities* 17.271–72.。猶大與希西家的系譜關係，相關條目見Geza Vermes, *Who's Who in the Age of Jesus* (New York: Penguin, 2006), 165–67; also J. Kennard, “Judas the Galilean and His Clan,” *Jewish Quarterly Review* 36 (1946): 281–86。反對的觀點，見Richard A. Horsley, “Menahem in Jerusalem: A Brief Messianic Episode Among the Sicarii—Not ‘Zealot Messianism,’” *Novum Testamentum* 27.4 (1985): 334–48。加利利人猶大的創新以及他對追隨的革命團體的影響，見Morton Smith, “The Zealots and the Sicarii,” *Harvard Theological Review* 64 (1971): 1–19.

《聖經》的熱誠概念，最好的定義是「嫉妒的憤怒」，它來自於上帝的神聖性格。《聖經》稱上帝是「烈火，是忌邪的神」（申命記4:24）。《聖經》中有關熱誠最著名的例子是非尼哈，他是亞倫（摩西的兄長）的孫子，他自發性的個人行為是上帝嫉妒憤怒的表現，也是猶太民族贖罪的象徵。非尼哈因此成為《聖經》中個人稱義的例證（民數記25）。見我的*How to Win a Cosmic War*, 70–72.。相關條目也可見*The Anchor Bible Dictionary*, 1043–54。

理查·霍斯利還是反對加利利人猶大帶有彌賽亞野心的觀點。他反對的理由基於兩個假定：首先，加利利人猶大不是強盜頭子希西家的子孫，我們之前已對此提出質疑：其次，約瑟夫斯未直接稱猶大為「國王」或「彌賽亞」，而是稱他「詭辯派」，這個詞不帶有彌賽亞的含意。見*Menahem in Jerusalem,* 342–43。然而，約瑟夫斯明顯嘲弄猶大「稱王的野心」。約瑟夫斯這麼做還會有什麼意思？顯然是認為猶大具有彌賽亞（也就是稱王）的野心，不是嗎？更甚者，約瑟夫斯也使用「詭辯派」來形容瑪他提亞（猶太古史17.6），此人在馬加比叛亂期間明顯以彌賽亞自居；此外還有米拿現（猶太戰爭2.433-48），他偽稱彌賽亞的行為毫無爭議。關於這點，我同意馬丁·亨格爾（Martin Hengel）的說法，他表示，「這是一群領袖所伯來聖經》中，被稱呼為自己母親的兒子的人只有一例，那就是洗魯雅的兒子——約押、亞比篩與亞撒黑——他們是大衛王麾下的士兵（撒母耳記上26:6；撒母耳記下2:13）。這三個人一直被人稱為「洗魯雅的兒子」。見Meier, *Marginal Jew*, vol. 1, 226.

關於耶穌是否已婚的更多討論，見William E. Phipps, *Was Jesus Married?* (New York: Harper and Row, 1970) and *The Sexuality of Jesus* (New York: Harper and Row, 1973)。哈佛大學教授凱倫．金（Karen King）最近挖掘出一小片莎草紙，她推測年代大約是西元四世紀，裡面包含了科普特的文字，意思是說，「耶穌對他們說，我的妻子……」。在我寫作本書時，這段文字的真偽仍未確定。不過就算不是贗品，這段文字頂多只能告訴我們西元四世紀的人相信耶穌已婚。諾斯底福音書記載了不少耶穌幼年時期的故事，特別是《多馬的幼兒福音》提到任性的耶穌隨意顯現奇蹟，讓黏土捏成的鳥兒獲得生命，將無禮的鄰居孩童擊死。最好與最完整的英文版諾斯底福音書，見 *The Nag Hammadi Library*, ed. Marvin W. Meyer (New York: Harper and Row, 1977)。

關於塞佛里斯，相關條目見Z. Weiss in *The New Encyclopedia of Archaeological Excavations in the Holy Land,* ed. Ephraim Stern (New York: Simon and Schuster; Jerusalem: Israel Exploration Society, 1993), 1324–28。塞佛里斯是加利利的重要商業中心，關於這點，見Arlene Fradkin, "Long-Distance Trade in the Lower Galilee: New Evidence from Sepphoris," in *Archaeology and the Galilee*, Douglas R. Edwards and C. Thomas McCollough, eds. (Atlanta: Scholars Press, 1997), 107–16。塞佛里斯發現的儀式池，是否真的是儀式池，這點仍有爭議；巴伊蘭（Bar Ilan）的漢娜．艾舍爾（Hanan Eshel）持反對看法。見 "A Note on 'Miqvaot' at Sepphoris," *Archaeology and the Galilee,* 131–33。也可見Eric Meyers, "Sepphoris: City of Peace," in *The First Jewish Revolt: Archaeology, History, and Ideology*, ed. Andrea M. Berlin and Andrew J. Overman (London: Routledge, 2002), 110–20。我認為艾舍爾的說法相當可信，不過絕大多數學者與考古學者不這麼認為。

安提帕宣示與重建塞佛里斯做為王城的明確年代已不可考。艾瑞克．邁爾認為，安提帕在羅馬於西元前六年夷平該城後，就立即搬進塞佛里斯；見Eric M. Meyers, Ehud Netzer, and Carol L. Meyers, "Ornament of All Galilee," *The Biblical Archeologist*, 49.1 (1986): 4–19。然而，雪莉．傑克森．凱斯（Shirley Jackson Case）所認定的年代稍晚，在西元十年左右，見 "Jesus and Sepphoris," *Journal of Biblical Literature* 45 (1926): 14–22。不管怎麼樣，我們認定安提帕進入塞佛里斯的時間在西元元年前後不久。值得一提的是，安提帕成功把這座城市營建為都城之後，就

（2）為什麼耶穌閱讀的以賽亞卷軸基本內容是希臘文的七十士譯本，七十士譯本不是有時會與標準的馬所拉文本有所出入？」見 Meier, *Marginal Jew*, vol. 1, 303。儘管如此，邁爾認為耶穌並不是不識字，他甚至可能受過一點正式教育，而邁爾在這個問題上，對於正反兩方的論點都給予了不少啟發（271-78）。

關於耶穌的弟弟，一些天主教（與一些新教）神學家認為，希臘文 adelphos（兄弟）可以指「堂表兄弟」或「繼父與前妻或繼母與前夫生的兄弟」。儘管如此，在整部《新約》中，adelphos 這個字指的都不是這兩者（adelphos 在《新約》中出現了三百四十次）。《馬可福音》第六章第十七節使用 adelphos 這個字來表示「同父異母的兄弟」，而其中指的是腓力與希律．安提帕的關係，但即使是這種用法指的也是「狹義的兄弟」關係。

關於耶穌的家人，有個有趣的旁注。他們都是依照《聖經》裡偉大的英雄與族長的名字命名。耶穌這個名字是約書亞的簡稱，約書亞是偉大的以色列戰士，他在迦南地區進行種族屠殺，將土地上的一切盡行殺滅，以供以色列人居住。耶穌的母親名叫米利暗，米利暗是摩西的姊姊。耶穌的父親約瑟，這是約伯兒子的名字，又稱為以色列。耶穌的弟弟雅各、約瑟、西門與猶大，全根據《聖經》英雄命名。顯然這種用偉大族長的名字命名的做法在馬加比叛亂後成為慣例，這也顯示了一種覺醒的民族認同，而這個傾向在加利利尤盛。

《馬太福音》中提到耶穌是童女所生，這件事早已被以賽亞預言，然而這種說法並無根據，學者幾乎一致將《以賽亞書》第七章第十四節翻譯成「必有年輕女子（alma）懷孕生子」，而非「必有童女懷孕生子」。這裡毫無疑問，alma 是希伯來文年輕女子的意思，而不是童貞女。

關於耶穌是不是私生子這個極具爭議的問題，見 Jane Schaberg, *The Illegitimacy of Jesus* (San Francisco: Harper and Row, 1978)。夏貝格認為馬利亞很可能遭到強姦，但我們不知道她的根據何在。

凱爾蘇斯講的潘特拉士兵的故事，是來自於他在西元二世紀寫的論文《論真實》，這篇論文已經亡佚。我們能知道這篇論文的部分內容，是因為俄利根在西元三世紀中葉曾對凱爾蘇斯的說法作出回應，他的作品名稱就叫《反凱爾蘇斯》。

必須指出的是，馬太與路加都重述了《馬可福音》第六章第三節裡「馬利亞的兒子」這段文字，但他們兩人都修正了馬可的說法，而稱耶穌為「木匠的兒子」（馬太福音 13:55）與「約瑟的兒子」（路加福音 4:22）。對《馬可福音》的各種解讀，使「木匠的兒子」硬是插入了原來的經文之中，但一般都同意這是後人所添加的。《馬可福音》第六章第三節無疑地稱耶穌是「馬利亞的兒子」。耶穌不可能因為父親約瑟去世已久遭人遺忘，而被稱為「馬利亞的兒子」。但約翰．邁爾指出，在《希

與《哈該書》的預言提到神諭的內容，耶和華要所羅巴伯恢復以色列的王制與聖殿（哈該書2:20-23；撒迦利亞4:6-10）。羅伯茲相信，這些與恢復國王與聖殿有關的預言（如撒迦利亞6:9-15），只針對所羅巴伯的行動，這些預言以樂觀的心態面對後流亡時代的悲慘處境。羅伯茲也追溯後期民眾對彌賽亞的期望，發現其根源就在這個時期，而其內容包括了在約書亞的率領下恢復祭司階級（撒迦利亞3:1-10）。羅伯茲研究這些彌賽亞引證經文，他深信救贖的彌賽亞觀念在《希伯來聖經》並不明顯，這個觀念的擡頭主要跟日後猶太末世論的發展有關，而後由法利賽人採納接受，時間或許是西元前二世紀或一世紀。之後，救贖的彌賽亞觀念便成了「猶太教的常規」。

第四章　第四哲學

有些學者認為tekton指的不只是「木匠」，而涵蓋所有與建築業相關的工匠。《聖經》中只有《馬可福音》第六章第三節說耶穌是tekton，另一方面，《馬太福音》第十三章第五十五節則說耶穌的父親是tekton。考慮當時的限制，這段經文可能是用來顯示耶穌也是tekton（雖然馬太福音這段文字並未說出耶穌父親的名字）。有些學者認為耶穌時代的工匠與按日計酬的勞工在加利利的社會階序中應該類似於下層中產階級，但這個觀點已遭到駁斥，見Ramsay MacMullen in *Roman Social Relations: 50 B.C. to A.D. 384* (New Haven: Yale University Press, 1974)。

關於耶穌使用的語言以及西元一世紀巴勒斯坦通用的語言，已有許多研究，但成果最豐碩的莫過於約瑟夫・費茨邁爾（Joseph Fitzmyer）。見 “Did Jesus Speak Greek?” *Biblical Archaeology Review* 18.5 (September/October 1992):58-63; and “The Languages of Palestine in the First Century A.D.,” in *The Language of the New Testament*, ed. Stanley E. Porter (Sheffield, UK: Sheffield Academic Press, 1991), 126-62。其他關於耶穌使用的語言的出色研究，包括James Barr, “Which Language Did Jesus Speak? Some Remarks of a Semitist,” *Bulletin of the John Rylands Library* 53.1 (Autumn 1970): 14-15; and Michael O. Wise, “Languages of Palestine,” in *Dictionary of Jesus and the Gospels*, ed. Joel B. Green and Scot McKnight (Downers Grove, Ill.: InterVarsity Press, 1992), 434-44。

約翰・邁爾對於路加描述耶穌站在猶太會堂閱讀以賽亞的卷軸做了有趣的評論：「路加認為耶穌閱讀以賽亞的卷軸具有歷史的可靠性，甚至認為細節也是可信的，但想為路加辯護的人必須先解釋以下幾個問題：（1）耶穌如何閱讀以賽亞卷軸上的文字，這段文字是由《以賽亞書》第六十一章第一節a, b, d；第五十八章第六節d；第六十一章第二節a，而其中第六十一章第一節c與第二節d是脫漏的；

已被霍斯特（P. W. van der Horst）反駁，P. W. van der Horst, "Can a Book End with ΓAP? A Note on Mark XVI. 8," *Journal of Theological Studies* 23 (1972): 121-24。霍斯特指出許多上古作品的確以這種方式結尾（例如普羅提諾的第三十二篇論文）。無論如何，凡是讀過《馬可福音》原文版本（也就是希臘文版本）的人，都能感受到後面八節跟前面的文章風格簡直判若兩人。

有預言宣稱，「當彌賽亞來時，沒有人知道來自何方」，關於這種預言，見《以諾一書》48:6與《以斯拉四書》13:51-52。對所謂彌賽亞「引證經文」的完整分析，見J. J. M. Roberts, "The Old Testament's Contribution to Messianic Expectations," *The Messiah*, 39-51。根據羅伯茲（J. J. M. Roberts）的說法，這些文本分成五個範疇。第一種是「事後預言」（prophecies ex eventu）的經文。羅伯茲以巴蘭在《民數記》第二十四章第十七節的預言（「有星要出於雅各」）為例，這個預言描述的是過去王制時代（這裡的預言是祝賀以色列王大衛擊敗摩押人與以東人，如第十七節b與第十八節所示）發生的事件，卻用來預言未來將有神聖的王者興起。羅伯茲認為，這種未來詮釋忽視了預言原初的設定。第二種預言，場景是受膏國王的登基大典。例如，《詩篇》第二章（「你是我的兒子，我今日生你」）與《以賽亞書》第九章第六節（「因有一嬰孩為我們而生……他名稱為奇妙策士、全能的神、永在的父、和平的君」）很可能是為了滿足特定宗教與政治目的的場合而撰寫的。這些預言的政治意味十分濃厚，因為它們不僅宣稱國王的權威，也將國王的權力直接與上帝連繫。而這些預言也把國王照顧臣民的責任，與上帝的誡命連結起來。服侍上帝的國王，必須顯示上帝的公義。即使如此，這些經文的說法本身也是一種強大的工具，可以充當國王的宣傳。第三種彌賽亞「引證經文」的確提到未來統治者，想從救贖的角度詮釋《希伯來聖經》彌賽亞的人，最常引用這類經文（彌迦書5:1-5；撒迦利亞9:1-10）。這些經文提到大衛理想的具體實現，以「隱喻」（而非有形）的方式暗示大衛子孫將成為國王，他將使以色列王制恢復昔日的光榮。但對羅伯茲來說，承諾未來將出現國王（例如彌迦承諾未來會有國王從伯利恆的寒微中興起）「隱含著對當今坐在大衛寶座上的人的嚴厲批判，意思是說他不適合繼承大衛的位子。」這種批評在整個預言中呼之欲出（見以賽亞書1:21-26，11:1-9，32:1-8）。第四種彌賽亞引證經文同樣也是預言未來將有國王興起。羅伯茲用同樣的方式探討第四種預言。這類預言主要出自《耶利米書》與《以西結書》。羅伯茲認為這類預言主要出現在猶太王國末年，此時出現了恢復大衛王朝的呼聲，主要是為了回應民眾與日俱增的關切，他們希望以色列未來能重建神權政治。最後一類是後流亡時期的預言。羅伯茲認為，猶太人結束流亡返回故鄉之後，他們面對的是被毀的聖殿，遭到貶抑的祭司階級，而且沒有大衛血統的國王。《撒迦利亞》

435-63。霍斯利這三篇論文，對於我研究耶穌時代的彌賽亞觀念有很大的影響。我也推薦 *The Anchor Bible Dictionary*, ed. D. N. Freedman et al. (New York: Doubleday, 1992) 的相關條目；與 *The Encyclopedia of the Jewish Religion*, ed. J. Werblowsky et al. (New York: Holt, Rinehart and Winston, 1966)。

從各方面來看，庫姆蘭社群確實等待著兩種彌賽亞。社群法令9:12提到「先知與亞倫和以色列彌賽亞」的到來。顯然，這裡區分出國王彌賽亞與祭司彌賽亞兩種傳統。這種觀念在會眾規則中獲得更進一步的發展。在會眾規則這一卷裡，描述了一場在「末日」舉行的筵席，以色列的彌賽亞坐在副座，會眾的祭司則坐在主位。雖然文中並未用「彌賽亞」來指稱這名祭司，但從他坐的主位可以看出他在末日的力量。這些敘述使學者認定，庫姆蘭社群認為祭司彌賽亞的地位高於國王彌賽亞。見 James Charlesworth, "From Jewish Messianology to Christian Christology; Some Caveats and Perspectives," *Judaisms and Their Messiahs at the Turn of the Christian Era*, ed. Jacob Neusner et al. (Cambridge: Cambridge University Press, 1987), 225-64。

必須一提的是，在《希伯來聖經》中，從未明白提到彌賽亞是大衛的後裔，也就是說，從未明言彌賽亞是「大衛之子」。但是，彌賽亞的意象，以及一般咸信彌賽亞的主要任務是重建大衛的王國，這些都使得彌賽亞的使命與大衛的子孫永遠地連結在一起。之所以如此，主要是因為所謂的大衛誓約，也就是先知拿單所說的：「你的家和你的國，必在我面前永遠堅立，你的國位也必堅定，直到永遠」（撒母耳記下7:16）。

耶穌是大衛王的後裔一直不斷被人提起，不只是福音書，也包括保羅書信。保羅不只一次提到耶穌「是從大衛後裔生的」（羅馬書1:3-4；提摩太後書2:8）。至於這是不是事實，我們不得而知。許多人宣稱自己是以色列最偉大國王的子孫（大衛生存的年代與拿撒勒人耶穌相隔約一千年），但坦白說，這些人既不能證明也無法否證。但明顯的是，對早期基督教社群來說，耶穌與大衛的連結極其重要，因為這有助於證明這名身分卑下的農民的確是彌賽亞。

馬可的原始文本結束於第十六章第八節，同章第九節到第二十節是後人增添，這已經是多數人認同的見解。根據諾曼・培林（Norman Perrin）的說法：「現代學者幾乎一致同意，馬可福音書第十六章第九節到第二十節的絕大多數譯文，都是根據其他福音書的內容仿作的，古基督教社群的文書在傳抄時將這些內容混入了原始文本之中。Perrin, *The Resurrection According to Matthew, Mark, and Luke* (Philadelphia: Fortress Press: 1977), 16。然而，仍有一些學者質疑這種假定，他們認為一本書不可能以希臘文作結，如《馬可福音》第十六章第八節那樣。這個觀點

穌的加利利偏鄉生活見Scott Korb, *Life in Year One: What the World Was Like in First-Century Palestine* (New York: Riverhead, 2011)。

儘管福音書提到耶穌曾在家鄉的猶太會堂傳道，但至今尚未挖掘出考古證據證明當地的確有小規模建築充當宗教崇拜之用（記住，耶穌時代的「猶太會堂」可以簡單到只是一間房間，裡面放著摩西五經的卷軸）。我們也應該記住，在福音書寫作的時代，耶路撒冷聖殿已經毀滅，猶太人唯一能聚會的地方是猶太會堂。因此，在福音書中，耶穌造訪每一座城鎮時，總是在當地的猶太會堂傳道，其道理就在這裡。

在拿撒勒，我們找不到碑文顯示當地居民的識字率特別高。學者估計，耶穌時代的猶太農民，約百分之九十五到九十七沒有讀寫能力。關於這一點，見Crossan, *Historical Jesus*, 24-26。

關於耶穌的出生地拿撒勒，見John P. Meier, *A Marginal Jew*, vol. 1, 277-78; E. P. Sanders, *The Historical Figure of Jesus* (New York: Penguin, 1993); and John Dominic Crossan, *Jesus: A Revolutionary Biography* (New York: HarperOne, 1995), 18-23。

耶穌時代更多關於彌賽亞的看法，見Gershom Scholem, *The Messianic Idea in Judaism* (New York: Schocken Books, 1971), 1-36。休倫（Scholem）大致說明了早期猶太教兩個特定的彌賽亞潮流：回復與烏托邦。回復的彌賽亞主義想回歸到光榮過去的理想狀態；換言之，回復的彌賽亞主義認為現在的改善可以直接連結到過去的光榮。然而，雖然回復的彌賽亞主義從過去追尋自己的希望，它還是與更好的未來有直接的連結，也就是在往過去追尋的同時，卻能創造出「至今尚未存在的事物狀態」。與回復的彌賽亞主義相對的，是烏托邦彌賽亞主義。烏托邦彌賽亞主義帶有更濃厚的天啟性質，認為彌賽亞的來臨將帶來翻天覆地的改變：也就是說，現在的世界將會消滅，而彌賽亞的時代將會開啟。回復的彌賽亞主義可以在以大衛王作為理想君主典範的國王傳統中得見——這種彌賽亞主義希望能在眼前這個時代建立王國——反觀烏托邦彌賽亞主義則與庫姆蘭《死海古卷》裡的祭司人物有關。當然，這兩種彌賽亞主義並非各自獨立。相反地，幾乎在每個彌賽亞團體裡都能或多或少看見這兩種彌賽亞主義的某些形式。事實上，正是這兩種彌賽亞潮流之間的張力，使猶太教的彌賽亞產生各種不同的性格。更多關於猶太彌賽亞主義的介紹，見理查・霍斯利的研究，包括“Messianic Figures and Movements in First-Century Palestine,” *The Messiah*, ed. James H. Charlesworth (Minneapolis: Fortress Press, 1992), 295；“Popular Messianic Movements Around the Time of Jesus,” *Catholic Biblical Quarterly* 46 (1984): 447-95；and “‘Like One of the Prophets of Old’ : Two Types of Popular Prophets at the Time of Jesus,” *Catholic Biblical Quarterly* 47 (1985):

世」的期待。無論如何，霍斯利與韓森坦承，「強盜與彌賽亞運動有許多核心條件是相同的。事實上，如果猶太人沒有所謂人民國王與人民『受膏者』的歷史原型傳統，那麼討論強盜與彌賽亞運動的差異並無太大意義。」*Bandits, Prophets, and Messiahs*, 88-93。

關於凱撒是神子，見Adela Yarbro Collins, "Mark and His Readers: The Son of God Among Greeks and Romans," *Harvard Theological Review* 93.2 (2000):85-100。兩名狂熱的拉比塞佛雷斯之子猶大與瑪加魯斯之子馬提亞發起暴亂，攻擊聖殿，試圖摧毀希律安放在聖殿大門上方的鷹飾。這兩名拉比與他們的學生被希律的手下逮捕，並且被拷打至死。

關於西元一世紀猶太教呈現的複雜宗派主義，清楚的整理見Jeff S. Anderson具說服力的分析 *The Internal Diversification of Second Temple Judaism* (Lanham, Md: University Press of America, 2002)。

約瑟夫斯說，佩里亞的西門自稱是「國王」，霍斯利與韓森推論西門屬於「人民彌賽亞運動」的一部分，這場運動在希律死後爆發。見*Bandits, Prophets, and Messiahs*, 93。同樣地，我想沒有理由認為猶太農民有能力區別「彌賽亞」與「國王」的不同，這兩種頭銜並非來自於《聖經》，而絕大多數的猶太人既未接觸《聖經》，也無法閱讀《聖經》，他們多半仰賴民間傳說或猶太歷史上彌賽亞運動的故事來理解眼前的現象；此外，他們也仰賴神諭、民間繪畫、寓言與口述傳統。當然，有些學者進一步認為，「國王」並不是指彌賽亞。換言之，如克雷格・伊凡斯（Craig Evans）所言，他們在「政治的王位主張者與彌賽亞的王位主張者」之間作出區別。主張此說的有M. De Jong, *Christology in Context: The Earliest Christian Response to Jesus* (Philadelphia: Westminster Press, 1988)。但伊凡斯另外提出的論點也不容否認，他認為，在研究西元一世紀巴勒斯坦的王位追求者時，「不能忽略猶太人主張自己是以色列國王的背後，其實或多或少帶有彌賽亞的色彩。」我同意他的看法。見Craig Evans, *Jesus and His Contemporaries* (Leiden, Netherlands: Brill, 1995), 55。

第三章　你們知道我從哪裡來

關於古拿撒勒的人口，見*Anchor Bible Dictionary* (New York: Doubleday, 1992)相關條目。也可見E. Meyers and J. Strange, *Archaeology, the Rabbis, and Early Christianity* (Nashville: Abingdon, 1981) and John Dominic Crossan, *The Historical Jesus: The Life of a Mediterranean Jewish Peasant* (New York: HaperCollins, 1992), 18。學者對於耶穌時代拿撒勒的人口說法不一，有人認為少於數百人，有人認為多達數千人。我的本能告訴我應該保持中庸；因此我估計大約在一百戶人家左右。更多關於耶

North, and Simon Price, *Religions of Rome: A Sourcebook*, 2 vols, (Cambridge: Cambridge University Press, 1998)。

「盡行殺滅」(希伯來文是herem)的行為——上帝命令殺光「凡有氣息的」——是《聖經》中反覆出現的主題，這點在我的作品*How to Win a Cosmic War* (New York: Random House, 2009)，頁66-69中做了說明。這是「為了確保儀式純潔而進行的種族淨化」，這句話引自優秀的《聖經》學者John Collins, "The Zeal of Phinehas: The Bible and the Legitimation of Violence," *Journal of Biblical Literature* 122.1 (2003): 7。

羅馬對猶太農民課徵的稅捐與採取的措施，詳見Lester L. Grabbe, *Judaism from Cyrus to Hadrian*, 2 vols. (Minneapolis: Fortress Press, 1992), 334-37；也可見Horsley and Hanson, *Bandits, Prophets, Messiahs*, 48-87。Grabbe指出，有些學者懷疑猶太人是否真的必須繳納貢金給羅馬，但對於猶太人是否被迫資助羅馬內戰(龐培與凱撒之間的戰鬥)，學者普遍採肯定的態度。關於大量城市化與農村人口移入城市的過程，見Jonathan Reed, "Instability in Jesus' Galilee: A Demographic Perspective," *Journal of Biblical Literature* (2010) 129.2: 343-65。

第二章　猶太人的王

《希伯來聖經》用「彌賽亞」來稱呼掃羅王(撒母耳記上12:5)、大衛王(撒母耳記下23:1)、所羅門王(列王記上1:39)與祭司亞倫及其諸子(出埃及記29:1-9)，此外還有先知以賽亞(以賽亞書61:1)與以利沙(列王記上19:15-16)。不過也有例外，例如《以賽亞書》45:1，波斯王古列雖然不知道猶太人的上帝(45:4)，卻也被稱為彌賽亞。總計，希伯來《聖經》提到「彌賽亞」的次數有三十九次，具體地指稱受膏的人或東西，例如掃羅的盾牌(撒母耳記下1:21)或帳幕(民數記7:1)。然而，這些彌賽亞沒有任何一個指的是未來的救贖者，也就是說，上帝將會膏此人，令他重建大衛的王國與恢復以色列的光榮與強大。這種彌賽亞觀點到了耶穌時代似乎已經根深柢固，但它實際形成的時間應該是巴比倫俘囚的騷亂時期，也就是西元前六世紀。

雖然一般很少有人反對加利利的強盜集團代表了天啟、末世論與千禧年這三種運動，但理查・霍斯利與約翰・韓森(John Hanson)認為，這三種運動應分屬三種不同的範疇，因此他們拒絕為強盜集團貼上「彌賽亞」運動的標籤。換言之，這兩位作者認為「彌賽亞」與「末世論」不能劃上等號。然而，如我在本節所討論的，我們沒有理由相信猶太農民有能力做出這樣的區別，他們無法理解彌賽亞主義的真正含意，因此對他們來說，這些「特定範疇」全都可以籠統地歸類為「末

Community as Temple," in *Hellenica et Jedaica: Hommage à Valentin Nikiprowetzky*, ed. A. Caquot (Leuben-Paris: Éditions Peeters, 1986), 165-89。

約瑟夫斯在《猶太戰爭》中為整個祭司貴族階級取了一個著名的別稱，「奢侈品喜愛者」，不過批評這個階級的不光是他而已。在《死海古卷》中也對祭司貴族有類似的批評，他們被稱為「光滑事物的追求者」與「花言巧語的尋求者」。

著名的《阿里斯提亞書信》(*Letter of Aristeas*) 有一段關於大祭司的精采描述，這部作品寫於西元前二世紀，譯文收入James H. Charlesworth, ed., *The Old Testament Pseudepigrapha* (New York: Doubleday, 1985) 第二冊，頁7-34。以下是其中一段摘錄：「我們感到震驚，我們看見以利沙進行宗教儀式，他的服裝儀節，他莊嚴的外表，這一切全顯露在他的祭袍之上，而且還裝飾了許多寶石。他的外衣垂掛了金鈴，外衣下擺垂到了腳邊，發出悅耳的旋律。金鈴兩旁雕飾了石榴樹，上面開滿了顏色鮮艷的花朵。他束了一條美麗的腰帶，那是用最多彩的絲線織成的。他胸前戴了神諭，上面有十二顆石頭，樣式各自不同，鑲在神諭上，與黃金一起固定起來，上面還刻了各支派領袖的姓名，依據他們原初的派別，每顆石頭散發著獨特而難以形容的色澤。他頭上戴著三重冕，前額當中纏著獨特的頭巾，王室的冠冕散發著光采，金板上以神聖文字刻寫上帝之名……以利沙的確有資格穿上這身服裝舉行儀式。他們的外表讓心靈產生了敬畏與混淆，使人覺得自己遇見了一個來自不同世界的人。我深信，任何參與我描述的這個場合的人，將會感到吃驚與難以形容的疑惑，而且只要一想到神聖與每個儀式的細節結合在一起，我的內心就產生深刻的情感。」

第一章　角落的一個小洞

羅馬對於被征服者的治理政策，特別是羅馬人與耶路撒冷大祭司及祭司貴族的關係，相關的入門書見Martin Goodman, *The Ruling Class of Judea* (New York: Cambridge University Press, 1987)；也可見Richard A. Horsley, "High Priest and the Politics of Roman Palestine," *Journal for the Study of Judaism* 17.1 (1986): 23-55。Goodman' s *Rome and Jerusalem: The Clash of Ancient Civilizations* (London: Penguin, 2007) 提供了不可或缺的討論，提到羅馬對猶太人抱持極其寬容的態度，同時也提到羅馬對於猶太例外論的看法。本書裡出現的西塞羅、塔西佗與塞內卡引文全轉引自Goodman的作品（頁390-391）。羅馬對猶太人的態度，進一步的討論見Eric S. Gruen, "Roman Perspectives on the Jews in the Age of the Great Revolt," in *The First Jewish Revolt*, ed. Andrea M. Berlin and J. Andrew Overman (New York: Routledge, 2002), 27-42。關於羅馬的宗教儀式與崇拜，更多的資訊見Mary Beard, John

聖殿遺址。此外，有幾本書特別有助於重建古猶太聖殿的形貌，包括Martin Jaffee, *Early Judaism* (Bethesda: University Press of Maryland, 2006)，尤其是172-88頁；Joan Comay, *The Temple of Jerusalem* (London: Weidenfeld and Nicolson, 1975) ; and John Day, ed., *Temple and Worship in Biblical Israel* (New York: T & T Clark, 2005)。

當摩西與以色列人穿過沙漠尋找故鄉時，上帝指示摩西，聖殿裡四個拐角的祭壇是何形制：「你要用皂莢木作壇，這壇要四方的，長五肘，寬五肘，高三肘。要在壇的四拐角上作四個角，與壇接連一塊，用銅把壇包裹。要作盆，收去壇上的灰，又作鏟子、盤子、肉鍤子、火鼎，壇上一切的器具，都用銅作。要為壇作一個銅網，在網的四角上，作一個銅環。把網安在壇四面的圍腰板底下，使網從下達到壇的半腰。又要用皂莢木為壇作杠，用銅包裹。這杠要穿在壇兩旁的環子內，用以擡壇。要用板作壇，壇是空的，都照著在山上指示你的樣式作」(出埃及記27:18)。

聖殿是上帝神聖臨在的唯一來源，這是什麼意思？考慮以下說法：撒瑪利亞人否認耶路撒冷聖殿具有首要地位，也不認為耶路撒冷聖殿是唯一的崇拜地。撒瑪利亞人在基利心山崇拜上帝。雖然這在本質上只是反映了兩個民族在宗教上的差異，但也因為這樣的原因，一般並不把撒瑪利亞人當成猶太人。猶太人還有其他獻祭的地方(例如赫里奧波利斯)，但這些地方只是耶路撒冷聖殿的備用品，它們無法取代耶路撒冷聖殿。

關於猶太這個「聖殿國家」，更多的資訊見H. D. Mantel in "The High Priesthood and the Sanhedrin in the Time of the Second Temple," *The Herodian Period*, ed. M. Avi-Yonah and Z. Baras, *The World History of the Jewish People* 1.7 (Jerusalem: New Brunswick, 1975), 264-81。關於約瑟夫斯認為耶路撒冷實行神權政治的引文，轉引自*Against Apion,* 2.164-66。認為耶路撒冷聖殿是銀行的說法，更多的資訊見Neill Q. Hamilton, "Temple Cleansing and Temple Bank," *Journal of Biblical Literature* 83.4 (1964): 365-72。關於聖殿收入的簡明分析，見Magen Broshi, "The Role of the Temple in the Herodian Economy," *Jewish Studies* 38 (1987):31-37。

庫姆蘭社群否認耶路撒冷聖殿的權威，因為他們認為聖殿已經落入腐敗祭司的手中。反之，庫姆蘭認為自己暫時取代了聖殿的地位，他們把自己的社群稱為「人的聖殿」或miqdash adam。有些學者認為這是庫姆蘭人特別重視儀式潔淨的原因；庫姆蘭人認為他們的祈禱與潔淨儀式要比耶路撒冷的儀式與獻祭更為有用，後者已經遭聖殿祭司玷汙。關於庫姆蘭「人的聖殿」一詞的詳細討論，見G. Brooke, *Exegesis at Qumran: 4QFlorilegium in its Jewish Context* (Sheffield, U. K.: Sheffield Academic Press, 1985), 184-93; D. Dimant, "4QFlorilegium and the Idea of the

不認為這個理論能有效解釋我們所知的這四部正典福音書如何產生。舉例來說，J. Magne, *From Christianity to Gnosis and from Gnosis to Christianity* (Atlanta: Scholars Press, 1993) 就認為雙源理論過於簡化，無法適當地解決對觀福音書之間的複雜差異。

除了殘忍的猶太祭司阿納努斯的故事，在約瑟夫斯的《猶太古史》中還有一段話提到拿撒勒人耶穌。這就是第十八卷第三章所謂的「約瑟夫斯的證言」（Testimonium Flavianum）。約瑟夫斯似乎重複了福音書的敘述慣例。但這段文字本身受到後世基督徒的竄改，因此其真實性值得懷疑。學者試圖從中篩選出具歷史性的隻字片語，卻徒勞無功。此外，第二段文字的重要性在於它提到耶穌釘十字架。

以羅馬人來說，釘十字架起源於對奴隸反叛的恫嚇，最早或許可以追溯到西元前二〇〇年。到了耶穌的時代，釘十字架成為「激起叛亂」（叛國或煽動民眾）最主要的懲罰，耶穌被指控的就是這項罪名。見Hubert Cancick et al., eds., *Brill's New Pauly Encyclopedia of the Ancient World: Antiquity* (Leiden, Netherlands: Brill, 2005), 60 and 966。釘十字架只適用於非羅馬公民。然而，羅馬公民也可以釘十字架，前提是他們的罪名已經大到足以讓他們喪失公民身分。

《馬可福音》並未提到耶穌復活的事，因為學者普遍認為《馬可福音》的原始版本只到第十六章第八節。關於這方面的討論，見第三章的注釋。

西元三一三年，君士坦丁皇帝頒布米蘭敕令，開啟了羅馬帝國寬容基督教的時代。之前被國家充公的基督徒財產，現在又還給基督徒，而基督徒也可以自由進行崇拜，不用擔心遭國家報復。雖然米蘭敕令為基督教成為帝國官方宗教鋪路，但君士坦丁並未往前更進一步。背教者尤利安（Julian the Apostate，死於西元三六三年）是羅馬帝國最後一任非基督徒皇帝，他雖然沒有廢除米蘭敕令，卻試圖讓帝國重新回到異教，除了重申異教的體制，反對基督教外，他也大力整肅政府當中的基督教領袖。一直要到西元三八〇年，也就是皇帝狄奧多西主政時期，基督教才成為羅馬帝國的官方宗教。

本書在導論末尾用很短的篇幅概述耶穌的生平與傳教活動，這段簡短的介紹反映了目前絕大多數學者的主流觀點，我們有信心說，這在一定程度上可以代表歷史耶穌的樣貌。更多的討論見Charles H. Talbert, ed., *Reimarus: Fragments* (Chico, Calif.: Scholars Press, 1985) and James K. Beilby and Paul Rhodes Eddy, ed., *The Historical Jesus: Five Views* (Downers Grove, Ill.: InterVarsity Press, 2009)。

第一部　序言　不同於以往的獻祭

關於耶路撒冷聖殿與獻祭的描述，我除了引用各種史料外，也曾經多次造訪

注釋

導論

約翰・邁爾（John P. Meier）的史詩級作品，*A Marginal Jew: Rethinking the Historical Jesus*, vols. I-IV (New Haven: Yale University Press, 1991-2009)，對我幫助甚多。我在聖塔克拉拉大學研讀《聖經》時首次結識邁爾神父，他對歷史耶穌的決定性研究——當時他的作品寫到第一冊——在我的心靈播下種子，因而孕生了本書。邁爾神父的作品回答了一個問題，那就是對於一個徹底改變人類歷史的人物，我們對他的歷史資訊的掌握為何少得可憐。邁爾神父的假說——我們對於耶穌所知甚少，是因為在當時的人眼中，耶穌這輩子其實只不過是加利利偏遠地區的一個猶太農夫——構成了本書的理論基礎。

當然，我進一步認為，我們對於歷史耶穌所知甚少有部分原因在於耶穌的彌賽亞使命在西元一世紀的巴勒斯坦並不罕見——儘管日後他的彌賽亞使命成了深富歷史意義的事件。因此，我引用了凱爾蘇斯的話，「我是上帝，或上帝的僕人，或聖靈……」，見Rudolf Otto的經典研究，*The Kingdom of God and the Son of Man* (Boston: Starr King Press, 1957), 13。

我要簡單說明一下本書經常使用的一個詞：「西元一世紀的巴勒斯坦」。巴勒斯坦是羅馬時代一個非正式的地區稱呼，在耶穌時代，它所涵蓋的地區包括今日的以色列、巴勒斯坦、約旦、敘利亞與黎巴嫩。西元二世紀中葉，羅馬人鎮壓科克巴的叛亂之後，才將這個地區正式定名為敘利亞巴勒斯坦。儘管如此，「西元一世紀的巴勒斯坦」在耶穌時代的學術討論上已成了常用的詞彙，因此我覺得在本書沒有理由不用這個詞。

更多關於與耶穌同時期的其他彌賽亞，也就是所謂的假彌賽亞，見理查・霍斯利（Richard A. Horsley）的作品，特別是 "Popular Messianic Movements Around the Time of Jesus," *Catholic Biblical Quarterly* 46 (1984):409-32; "Popular Prophetic Movements at the Time of Jesus: Their Principal Features and Social Origins," *Journal for the Study of the New Testament* 26 (1986): 3-27; and with John S. Hanson, *Bandits, Prophets, and Messiahs* (Minneapolis: Winston Press, 1985), 135-189。讀者會注意到，我很仰賴霍斯利教授的作品，那是因為他是目前研究西元一世紀啟示論最重要的思想家。

雖然所謂的雙源理論幾乎已經廣受學者認可，但還是有一些《聖經》理論家

Research 10.2 (2000): 261– 309.
Zeitlin, Solomon. "Masada and the Sicarii." *Jewish Quarterly Review* 55.4 (1965): 299–317.
———. "Zealots and Sicarii." *Journal of Biblical Literature* 81 (1962): 395– 98.

字典及百科全書

Analytic Greek New Testament. Grand Rapids, Mich.: Baker Book House, 1981.

Cancick, Hubert, et al., eds. *Brill's New Pauly Encyclopedia of the Ancient World: Antiquity*. Leiden, Netherlands: Brill, 2005.

Freedman, D. N., et al., eds. *The Anchor Bible Dictionary*. New York: Doubleday, 1992.

———, et al. *Eerdmans Dictionary of the Bible*. Cambridge: Eerdmans, 2000.

Green, Joel B., and Scot McKnight, eds. *Dictionary of Jesus and the Gospels*. Downers Grove, Ill.: InterVarsity Press, 1992.

Interpreter's Dictionary of the Bible. Nashville: Abingdon Press, 1976.

Louw, Johannes P., and Eugene A. Nida, eds. *Greek-English Lexicon of the New Testament*. Grand Rapids, Mich.: United Bible Societies, 1988.

Richardson, Ernest Cushing, ed. *A Select Library of the Nicene and Post-Nicene Fathers of the Christian Church*, vol. 3. Edinburgh: T&T Clark, 1892.

Schneemelker, Wilhelm, ed. *New Testament Apocrypha*, vol. 2. London: Cambridge University Press, 1991.

Stern, Ephraim, ed. *The New Encyclopedia of Archaeological Excavations in the Holy Land*. New York: Simon and Schuster; Jerusalem: Israel Exploration Society, 1993.

Thayer's Greek-English Lexicon of the New Testament. Ann Arbor: University of Michigan Press, 1996.

Werblowsky, J., et al., eds. *The Encyclopedia of the Jewish Religion*. New York: Holt, Rinehart and Winston, 1966.

———. "Popular Prophetic Movements at the Time of Jesus: Their Principal Features and Social Origins." *Journal for the Study of the New Testament* 26 (1986): 3–27.

———. "The Zealots: Their Origin, Relationship and Importance in the Jewish Revolt." *Novum Testamentum* 28 (1986): 159–92.

Kennard, J. "Judas the Galilean and His Clan." *Jewish Quarterly Review* 36 (1946): 281–86.

Liver, J. "The Half-Shekel Offering in Biblical and Post-Biblical Literature." *Harvard Theological Review* 56.3 (1963): 173–98.

Meyers, Eric M., Ehud Netzer, and Carol L. Meyers. "Ornament of All Galilee." *Biblical Archeologist* 49.1 (1986): 4–19.

Rappaport, Uriel. "John of Gischala: From Galilee to Jerusalem." *Journal of Jewish Studies* 33 (1982): 479–93.

Reed, Jonathan. "Instability in Jesus' Galilee: A Demographic Perspective." *Journal of Biblical Literature* 129.2 (2010): 343–65.

Remus, Harold. "Does Terminology Distinguish Early Christian from Pagan Miracles?" *Journal of Biblical Literature* 101.4 (1982): 531–51.

Robinson, B. P. "Peter and His Successors: Tradition and Redaction in Matthew 16:17–19." *Journal for the Study of the New Testament* 21 (1984) 85– 104.

Roth, Cecil. "The Cleansing of the Temple and Zechariah XIV.21." *Novum Testamentum* 4 (1960): 174– 81.

Smith, Morton. "The Origin and History of Transfiguration Story." *Union Seminary Quarterly Review* 36 (1980): 39– 44.

———. "The Zealots and the Sicarii." *Harvard Theological Review* 64 (1971): 1–19.

Suter, David. "Weighed in the Balance: The Similitudes of Enoch in Recent Discussion." *Religious Studies Review* 7 (1981): 217–21.

Tomasino, A. J. "Oracles of Insurrection: The Prophetic Catalyst of the Great Revolt." *Journal of Jewish Studies* 59 (2008): 86–111.

van der Horst, P. W. "Can a Book End with ΓAP? A Note on Mark XVI.8." *Journal of Theological Studies* 23 (1972): 121–24.

Vermes, Geza. "Hanina ben Dosa: A Controversial Galilean Saint from the First Century of the Christian Era." *Journal of Jewish Studies* 23 (1972): 28–50.

———. "The Son of Man Debate." *Journal for the Study of the New Testament* 1(1978): 19–32.

Webb, Robert L. "Jesus' Baptism: Its Historicity and Implications." *Bulletin for Biblical*

Journal of Biblical Literature 112/3 (1993): 459–77.

Evans, Craig. "Jesus and Predictions of the Destruction of the Herodian Temple in the Pseudepigrapha, Qumran Scrolls, and Related Texts." *Journal for the Study of the Pseudepigrapha* 10 (1992): 89–147.

Fitzmyer, Joseph. "Did Jesus Speak Greek?" *Biblical Archaeology Review* 18/5(September/October 1992): 58–63.

Fuks, G. "Again on the Episode of the Gilded Roman Shields at Jerusalem." *Harvard Theological Review* 75 (1982): 503–7.

Glasson, Thomas Francis. "Reply to Caiaphas (Mark 14:62)." *New Testament Studies* 7 (1960): 88–93.

Golb, Norman. "The Problem of Origin and Identification of the Dead Sea Scrolls." *Proceedings of the American Philosophical Society* 124 (1980): 1–24.

Green, William Scott. "Palestinian Holy Men: Charismatic Leadership and Rabbinic Tradition." *ANRW* 19.2 (1979): 619–47.

Hamilton, Neill Q. "Temple Cleansing and Temple Bank." *Journal of Biblical Literature* 83.4 (1964): 365–72.

Hewitt, J. W. "The Use of Nails in the Crucifixion." *Harvard Theological Review* 25 (1932): 29–45.

Hindly, J. C. "Towards a Date for the Similitudes of Enoch: A Historical Approach." *New Testament Studies* 14 (1967– 68): 551–65.

Hollenbach, P. W. "The Conversion of Jesus: From Jesus the Baptizer to Jesus the Healer." *ANRW* 2.25.1 (1982): 198–200.

———. "Social Aspects of John the Baptizer' s Preaching Mission in the Context of Palestinian Judaism." *ANRW* 2.19.1 (1979): 852–53.

Horsley, Richard A. "High Priests and the Politics of Roman Palestine." *Journal for the Study of Judaism* 17.1 (1986): 23–55.

———. "Josephus and the Bandits." *Journal for the Study of Judaism* 10 (1979): 37–63.

———. "'Like One of the Prophets of Old' : Two Types of Popular Prophets at the Time of Jesus." *Catholic Biblical Quarterly* 47 (1985): 435–63.

———. "Menahem in Jerusalem: A Brief Messianic Episode Among the Sicarii—Not 'Zealot Messianism.'" *Novum Testamentum* 27.4 (1985): 334–48.

———. "Popular Messianic Movements Around the Time of Jesus." *Catholic Biblical Quarterly* 46 (1984): 409–32.

Wright, N. T. *The Resurrection of the Son of God.* Minneapolis: Fortress Press, 2003.
Wroe, Ann. *Pontius Pilate.* New York: Random House, 1999.
Zeitlin, Solomon. *Who Crucified Jesus?* New York: Bloch, 1964.

文章

Applebaum, Shimon. "The Zealots: The Case for Revaluation." *Journal of Roman Studies* 61 (1971): 155–70.

Barnett, P. W. "The Jewish Sign Prophets." *New Testament Studies* 27 (1980): 679–97.

Barr, James. "Which Language Did Jesus Speak? Some Remarks of a Semitist." *Bulletin of the John Rylands Library* 53/1 (Autumn 1970): 14–15.

Beavis, Mary Ann L. "The Trial Before the Sanhedrin (Mark 14:53– 65): Reader Response and Greco-Roman Readers." *Catholic Biblical Quarterly* 49 (1987): 581–96.

Bokser, Baruch M. "Wonder-Working and the Rabbinic Tradition: The Case of Hanina ben Dosa." *Journal of Jewish Studies* 16 (1985): 42–92.

Broshi, Magen. "The Role of the Temple in the Herodian Economy." *Jewish Studies* 38 (1987): 31–37.

Bruce, F. F. "Christianity Under Claudius." *Bulletin of the John Rylands Library* 44 (March 1962): 309–26.

Buchanan, George Wesley. "Mark 11:15– 19: Brigands in the Temple." *Hebrew Union College Annual* 30 (1959): 169–77.

Case, Shirley Jackson. "Jesus and Sepphoris." *Journal of Biblical Literature* 45 (1926): 14–22.

Casey, Maurice. "The Use of the Term 'Son of Man' in the Similitudes of Enoch." *Journal for the Study of Judaism* 7.1 (1976): 11–29.

Cohen, Shaye J.D. "The Rabbinic Conversion Ceremony." *Journal of Jewish Studies* 41 (1990): 177–203.

Collins, Adela Yarbro. "Mark and His Readers: The Son of God Among Greeks and Romans." *Harvard Theological Review* 93.2 (2000): 85–100.

Collins, John. "The Zeal of Phinehas: The Bible and the Legitimation of Violence." *Journal of Biblical Literature* 122.1 (2003): 3–21.

Davies, P. S. "The Meaning of Philo' s Text About the Gilded Shields." *Journal of Theological Studies* 37 (1986): 109–14.

Dunn, J.D.G. "Echoes of the Intra-Jewish Polemic in Paul' s Letter to the Galatians."

Rosenblatt, Marie-Eloise. *Paul the Accused*. Collegeville, Minn.: Liturgical Press, 1995.

Sanders, E. P. *The Historical Figure of Jesus*. New York: Penguin, 1993.

Schaberg, Jane. *The Illegitimacy of Jesus*. San Francisco: Harper and Row, 1978.

Schoeps, H. J. *Paul: The Theology of the Apostle in the Light of Jewish History*. Philadelphia: Westminster Press, 1961.

Scholem, Gershom. *The Messianic Idea in Judaism*. New York: Schocken Books, 1971.

Schurer, Emil. *A History of the Jewish People in the Time of Jesus Christ*. 3 vols. Edinburgh: T&T Clark, 1890.

Schweitzer, Albert. *The Quest of the Historical Jesus*. New York: Macmillan, 1906.

Scobie, Charles. *John the Baptist*. Minneapolis: Fortress Press, 1964.

Shanks, Hershel, ed. *Understanding the Dead Sea Scrolls*. New York: Random House, 1992.

Simon, Marcel. *St. Stephen and the Hellenists in the Primitive Church*. New York: Longmans, 1958.

Smith, Morton. *Jesus the Magician*. New York: Harper and Row, 1978.

Steinmann, Jean. *Saint John the Baptist and the Desert Tradition*. New York: Harper, 1958.

Stendahl, Krister, ed. *The Scrolls and the New Testament*. New York: Harper, 1957.

Tabor, James. *Paul and Jesus*. New York: Simon and Schuster, 2012.

Talbert, Charles H., ed. *Reimarus: Fragments*. Chico, Calif.: Scholars Press, 1985.

Taylor, Joan E. *The Immerser: John the Baptist Within Second Temple Judaism*. Grand Rapids, Mich.: Eerdmans, 1997.

Tuckett, Christopher, ed. *The Messianic Secret*. Philadelphia: Fortress Press, 1983.

van der Loos, H. *The Miracles of Jesus*. Leiden, Netherlands: Brill, 1965.

Vermes, Geza. *Jesus the Jew*. Minneapolis: Fortress Press, 1981.

———. *The Resurrection: History and Myth*. New York: Doubleday, 2008.

———. *Who's Who in the Age of Jesus*. New York: Penguin, 2006.

Webb, R. L. *John the Baptizer and Prophet: A Socio-Historical Study*. Sheffi eld, UK: Sheffield Academic Press, 1991.

Wellman, James K., Jr., ed. *Belief and Bloodshed*. Lanham, Md.: Rowman and Littlefield, 2007.

Werrett, Ian C. *Ritual Purity and the Dead Sea Scrolls*. Leiden, Netherlands: Brill, 2007.

White, L. Michael. *From Jesus to Christianity*. New York: HarperOne, 2004.

Wink, Walter. *John the Baptist in the Gospel Tradition*. Eugene, Ore.: Wipf and Stock, 2001.

Wrede, William. *The Messianic Secret*. London: Cambridge University Press, 1971.

Meshorer, Ya' akov. *Treasury of Jewish Coins from the Persian Period to Bar Kokhba*. Jerusalem and Nyack, N.Y.: Amphora Books, 2001.

Meyer, Marvin W., ed. *The Nag Hammadi Library*. New York: Harper and Row, 1977.

Meyer, R. P. *Jesus and the Twelve*. Grand Rapids, Mich.: Eerdmans, 1968.

Meyers, Eric, and J. Strange. *Archaeology, the Rabbis, and Early Christianity*. Nashville: Abingdon, 1981.

Murphy, Catherine. *John the Baptist: Prophet of Purity for a New Age*. Collegeville, Minn.: Liturgical Press, 2003.

Nau, Arlo J. *Peter in Matthew*. Collegeville, Minn.: Liturgical Press, 1992.

Neusner, Jacob, et al., eds. *Judaisms and Their Messiahs at the Turn of the Christian Era*. Cambridge: Cambridge University Press, 1987.

Oppenheimer, Aharon. *The 'Am Ha-Aretz: A Study in the Social History of the Jewish People in the Hellenistic-Roman Period*. Leiden, Netherlands: Brill, 1977.

Otto, Rudolf. *The Kingdom of God and the Son of Man*. Boston: Starr King Press, 1957.

Penella, Robert J. *The Letters of Apollonius of Tyana*. Leiden, Netherlands: Brill, 1979.

Perkins, Pheme. *Peter, Apostle for the Whole Church*. Philadelphia: Fortress Press, 2000.

Perrin, Norman. *The Kingdom of God in the Teaching of Jesus*. Philadelphia: Westminster Press, 1963.

———. *Rediscovering the Teachings of Jesus*. New York: Harper and Row, 1967.

———. *The Resurrection According to Matthew, Mark, and Luke*. Philadelphia: Fortress Press, 1977.

Phipps, William E. *The Sexuality of Jesus*. New York: Harper and Row, 1973.

———. *Was Jesus Married?* New York: Harper and Row, 1970.

Popovic, M., ed. *The Jewish Revolt Against Rome: Interdisciplinary Perspectives. Supplements to the Journal for the Study of Judaism* 154. Leiden, Netherlands: Brill, 2011.

Porter, Stanley E. *The Language of the New Testament*. Sheffield, U.K.: Sheffield Academic Press, 1991.

———, Michael A. Hayes, and David Tombs. *Resurrection*. Sheffield, U.K.: Sheffield Academic Press, 1999.

Raisanen, Heikki. *The "Messianic Secret" in Mark*. Edinburgh: T&T Clark, 1990.

Reimarus, Hermann Samuel. *The Goal of Jesus and His Disciples*. Leiden, Netherlands: Brill, 1970.

Rhoads, David. *Israel in Revolution: 6– 74 C.E.* Philadelphia: Fortress Press, 1976.

Hurst, L. D., et al., eds. *The Glory of Christ in the New Testament.* Oxford: Clarendon Press, 1987.

Jaffee, Martin. *Early Judaism.* Bethesda: University Press of Maryland, 2006.

Janowitz, Naomi. *Magic in the Roman World.* London: Routledge, 2001.

Jeffers, Ann. *Magic and Divination in Ancient Palestine and Syria.* Leiden, Netherlands: Brill, 1996.

Jeremias, Joachim. *New Testament Theology: The Proclamation of Jesus.* New York: Charles Scribner' s Sons, 1971.

Jervell, Jacob, ed. *Luke and the People of God: A New Look at Luke-Acts.* Minneapolis: Augsburg Publishing House, 1972.

Kelber, Werner. *The Kingdom in Mark.* Philadelphia: Fortress Press, 1974.

———, ed. *The Passion in Mark: Studies on Mark 14–16.* Philadelphia: Fortress Press, 1976.

Korb, Scott. *Life in Year One: What the World Was Like in First-Century Palestine.* New York: Riverhead, 2011.

Levenson, Jon Douglas. *Resurrection and the Restoration of Israel.* New Haven: Yale University Press, 2006.

Levine, Amy-Jill. *The Misunderstood Jew.* New York: HarperOne, 2006.

Levine, Lee I., ed. *The Galilee in Late Antiquity.* New York: Jewish Theological Seminary of America, 1992.

Lindars, Barnabas. *Jesus Son of Man.* London: SPCK Publishing, 1983.

Loewe, Herbert. *Render unto Caesar.* Cambridge: Cambridge University Press, 1940.

Ludemann, Gerd. *Paul: The Founder of Christianity.* New York: Prometheus Books, 2002.

———, and M. Eugene Boring. *Opposition to Paul in Jewish Christianity.* Minneapolis: Fortress Press, 1989.

Mack, Burton. *A Myth of Innocence: Mark and Christian Origins.* Philadelphia: Fortress Press, 1988.

MacMullen, Ramsay. *Roman Social Relations: 50 B.C. to A.D. 384.* New Haven: Yale University Press, 1974.

Madden, Fredric William. *History of Jewish Coinage and of Money in the Old and New Testament.* London: Bernard Quaritch, 1864.

Meier, John P. *A Marginal Jew: Rethinking the Historical Jesus.* 4 vols. New Haven: Yale University Press, 1991– 2009.

of Jesus. New York: Polebridge Press, 1993.

Gager, John. *Kingdom and Community: The Social World of the Early Christians*. Englewood Cliffs, N.J.: Prentice Hall, 1975.

Goguel, Maurice. *Birth of Christianity*. New York: Macmillan, 1954.

Golb, Norman. *Who Wrote the Dead Sea Scrolls? The Search for the Secret Qumran*. New York: Scribner, 1995.

Goodman, Martin. *Rome and Jerusalem: The Clash of Ancient Civilizations*. London: Penguin, 2007.

———. *The Ruling Class of Judea*. New York: Cambridge University Press, 1987.

Grabbe, Lester L. *Judaism from Cyrus to Hadrian*. 2 vols. Minneapolis: Fortress Press, 1992.

Groh, Dennis E., and Robert Jewett, eds. *The Living Texts: Essays in Honor of Ernest W. Saunders*. Lanham, Md.: University Press of America, 1985.

Gurtner, Daniel. *Torn Veil: Matthew's Exposition of the Death of Jesus*. Cambridge: Cambridge University Press, 2007.

Hamerton-Kelly, R. G. *Pre-Existence, Wisdom, and the Son of Man*. Cambridge: Cambridge University Press, 1973.

Harnack, Adolf. *The Mission and Expansion of Christianity in the First Three Centuries*. New York: Harper and Row, 1972.

———. *What Is Christianity?* New York: G. P. Putnam' s Sons, 1902.

Hendricks, Obery M. *The Politics of Jesus*. New York: Doubleday, 2006.

Hengel, Martin. *Between Jesus and Paul*. Eugene, Ore.: Wipf and Stock, 1983.

———. *Crucifixion in the Ancient World and the Folly of the Message of the Cross*. Philadelphia: Fortress Press, 1977.

———. *The Son of God*. Eugene, Ore.: Wipf and Stock, 1976.

———. *The Zealots*. London: T&T Clark, 2000.

Higgins, A.J.B., ed. *Studies in Memory of Thomas Walter Manson, 1893–1958*.Manchester: Manchester University Press, 1959.

Hill, Craig C. *Hellenists and Hebrews*. Minneapolis: Fortress Press, 1992.

Horsley, Richard, and John S. Hanson. *Bandits, Prophets, and Messiahs*. Minneapolis: Winston Press, 1985.

———. *Galilee: History, Politics, People*. Pennsylvania: Trinity Press International, 1995.

———. *Jesus and the Spiral of Violence: Popular Jewish Resistance in Roman Palestine*. Minneapolis: Fortress Press, 1993.

Cross, Frank Moore. *Canaanite Myth and Hebrew Epic: Essays in the History of the Religion of Israel.* Cambridge, Mass.: Harvard University Press, 1973.

Crossan, John Dominic. *The Historical Jesus: The Life of a Mediterranean Jewish Peasant.* New York: HarperCollins, 1992.

———. *Jesus: A Revolutionary Biography.* New York: HarperOne, 1995.

Cullman, Oscar. *Christology of the New Testament.* Philadelphia: Westminster Press, 1963.

———. *Peter: Disciple. Apostle. Martyr.* London: SCM Press, 1953.

———. *The State in the New Testament.* New York: Charles Scribner' s Sons, 1956.

Dahl, N. A. *Jesus the Christ: The Historical Origins of Christological Doctrine.* Minneapolis: Fortress Press, 1991.

Day, John, ed. *Temple and Worship in Biblical Israel.* New York: T&T Clark, 2005.

De Jong, M. *Christology in Context: The Earliest Christian Response to Jesus.* Philadelphia: Westminster Press, 1988.

Derrett, J.D.M. *Law in the New Testament.* Eugene, Ore.: Wipf and Stock, 2005.

Dibelius, Martin. *James.* Philadelphia: Fortress Press, 1976.

———. *Studies in the Acts of the Apostles.* New York: Charles Scribner' s Sons, 1956.

Dickie, Matthew W. *Magic and Magicians in the Greco-Roman World.* London: Routledge, 2001.

Edwards, Douglas R., and C. Thomas McCollough, eds. *Archaeology and the Galilee.* Atlanta: Scholars Press, 1997.

Edwards, George R. *Jesus and the Politics of Violence.* New York: Harper and Row, 1972.

Evans, Craig. *Jesus and His Contemporaries.* Leiden, Netherlands: Brill, 1995.

———, and J. A. Sanders. *Luke and Scripture: The Function of Sacred Tradition in Luke-Acts.* Minneapolis: Fortress Press, 1993.

Festinger, Leon. *A Theory of Cognitive Dissonance.* Stanford: Stanford University Press, 1957.

———, H. W. Riecken, and S. Schachter. *When Prophecy Fails: A Social and Psychological Study of a Modern Group That Predicted the Destruction of the World.* New York: Harper and Row, 1956.

Fitzmeyer, Joseph A. *The Gospel According to Luke I– IX.* Garden City: Doubleday, 1981.

Freyne, Sean. *Galilee, Jesus, and the Gospels.* Dublin: Gill and Macmillan, 1988.

Fridrichsen, Anton. *The Problem of Miracle in Primitive Christianity.* Minneapolis: Augsburg Publishing House, 1972.

Funk, Robert W., and Roy W. Hoover. *The Five Gospels: The Search for the Authentic Words*

2008.

Borg, Marcus J. *Jesus: A New Vision*. New York: HarperCollins, 1991.

Brandon, S.G.F. *Jesus and the Zealots*. Manchester: Manchester University Press, 1967.

Brighton, Mark Andrew. *The Sicarii in Josephus's Judean War: Rhetorical Analysis and Historical Observations*. Atlanta: Society of Biblical Scholarship, 2009.

Brooke, G. *Exegesis at Qumran: 4QFlorilegium in Its Jewish Context*. Sheffield, U.K.: Sheffield Academic Press, 1985.

Brown, Raymond. *The Death of the Messiah*. 2 vols. New York: Doubleday, 1994.

Bruce, F. F. *New Testament History*. New York: Doubleday, 1980.

Bultmann, Rudolf. *Essays: Philosophical and Theological*. New York: Macmillan, 1995.

———. *Faith and Understanding*. London: SCM Press, 1969.

———. *History of the Synoptic Tradition*. San Francisco: Harper and Row, 1968.

Burkett, Delbert. *The Son of Man Debate*. New York: Cambridge University Press, 1999.

———. *The Son of the Man in the Gospel of John*. Sheffield, U.K.: Sheffield Academic Press, 1991.

Cadbury, H. J., and K. Lake, eds. *The Beginnings of Christianity*. Vol. 1. London: Macmillan, 1933.

Casey, P. Maurice. *Son of Man: The Interpretation and Influence of Daniel 7*. London: SPCK Publishing, 1979.

Charlesworth, James H., ed. *The Messiah*. Minneapolis: Fortress Press, 1992.

———, ed. *The Old Testament Pseudepigrapha*. Garden City, N.Y.: Doubleday, 1985.

———, et al. *Resurrection: The Origin and Future of a Biblical Doctrine*. London: T&T Clark, 2006.

Chilton, Bruce D. *Judaic Approaches to the Gospels*. Atlanta: Scholars Press, 1994.

———, and Jacob Neusner, eds. *The Brother of Jesus*. Louisville: Westminster John Knox Press, 2001.

Collins, John J. *Apocalypticism in the Dead Sea Scrolls*. London: Routledge, 1997.

———, ed. *Daniel*. Minneapolis: Fortress Press, 1993.

Collins, John J., and George Nickelsburg. *Ideal Figures in Ancient Judaism: Profiles and Paradigms*. Chico, Calif.: Scholars Press, 1980.

Comay, Joan. *The Temple of Jerusalem*. London: Weidenfeld and Nicolson, 1975.

Conybeare, F. C., ed. *Philostratus: The Life of Apollonius of Tyana*. London: Heinemann, 1912.

參考書目

書籍

Anderson, Jeff S. *The Internal Diversification of Second Temple Judaism*. Lanham, Md.: University Press of America, 2002.

Aslan, Reza. *How to Win a Cosmic War: God, Globalization, and the End of the War on Terror*. New York: Random House, 2009.

Aus, Roger. *Water into Wine and the Beheading of John the Baptist*. Providence: Brown Judaic Studies, 1988.

Avi-Yonah, M., and Z. Baras, eds. *The World History of the Jewish People: The Herodian Period*. Jerusalem: New Brunswick, 1975.

Bammel, Ernst, ed. *The Trial of Jesus*. Naperville, Ill.: Alec R. Allenson, 1970.

Bammel, Ernst, and C.F.D. Moule, eds. *Jesus and the Politics of His Day*. New York: Cambridge University Press, 1984.

Batey, Richard A. *Jesus and the Forgotten City: New Light on Sepphoris and the Urban World of Jesus*. Grand Rapids, Mich.: Baker Book House, 1991.

Bauer, Walter. *Orthodoxy and Heresy in Earliest Christianity*. Miffl intown, Pa.: Sigler Press, 1971.

Beard, Mary, John North, and Simon Price. *Religions of Rome: A Sourcebook*. 2 vols. Cambridge: Cambridge University Press, 1998.

Beilby, James K., and Paul Rhodes Eddy, eds. *The Historical Jesus: Five Views*. Downers Grove, Ill.: InterVarsity Press, 2009.

Berlin, Andrea M., and J. Andrew Overman. *The First Jewish Revolt: Archaeology, History, and Ideology*. New York: Routledge, 2002.

Bernheim, Pierre-Antoine. *James, the Brother of Jesus*. London: SCM Press, 1997.

Black, Matthew. *The Book of Enoch or 1 Enoch: A New English Edition with Commentary and Textual Notes*. Leiden, Netherlands: Brill, 1985.

Blevins, James L. *The Messianic Secret in Markan Research, 1901– 1976*. Lanham, Md.: University Press of America, 1981.

Blinzler, Josef. *The Trial of Jesus*. Westminster, Md.: Newman Press, 1959.

Bohak, Gideon. *Ancient Jewish Magic: A History*. London: Cambridge University Press,

Beyond

31

世界的啟迪

革命分子耶穌：重返拿撒勒人耶穌的生平與時代

Zealot: The Life and Times of Jesus of Nazareth

作者　雷薩・阿斯蘭（Reza Aslan）
譯者　黃煜文
執行長　陳蕙慧
總編輯　張惠菁
責任編輯　謝嘉豪
行銷總監　陳雅雯
行銷企劃　尹子麟、余一霞
封面設計　楊啟巽工作室
內頁排版　宸遠彩藝

社長　郭重興
發行人　曾大福
出版　衛城出版 / 遠足文化事業股份有限公司
發行　遠足文化事業股份有限公司
地址　231 新北市新店區民權路 108-2 號 9 樓
電話　02-22181417
傳真　02-22180727
法律顧問　華洋法律事務所　蘇文生律師
印刷　通南彩色印刷有限公司
初版一刷　2014 年 05 月
二版二刷　2023 年 03 月
定價　400 元
ISBN　9786267052129（平裝）
9786267052136（EPUB）
9786267052143（PDF）

ACRO POLIS
衛城出版

Email　acropolismde@gmail.com
Facebook　www.facebook.com/acrolispublish

國家圖書館出版品預行編目(CIP)資料

革命分子耶穌：重返拿撒勒人耶穌的生平與時代/雷薩・阿斯蘭（Reza Aslan）著；黃煜文譯. -- 二版. -- 新北市：衛城出版：遠足文化事業股份有限公司發行, 2021.12
面；公分. --（Beyond）
譯自：Zealot: The Life and Times of Jesus of Nazareth
ISBN 978-626-7052-12-9（平裝）

1.耶穌（Jesus Christ）　2.基督教傳記

249.1　110019084

● 親愛的讀者你好，非常感謝你購買衛城出版品。
我們非常需要你的意見，請於回函中告訴我們你對此書的意見，
我們會針對你的意見加強改進。

若不方便郵寄回函，歡迎傳真回函給我們。傳真電話 02-2218-0727

或上網搜尋「衛城出版 FACEBOOK」
http://www.facebook.com/acropolispublish

● 讀者資料

你的性別是 □ 男性 □ 女性 □ 其他

你的職業是 ________________ 你的最高學歷是 ________________

年齡 □ 20 歲以下 □ 21-30 歲 □ 31-40 歲 □ 41-50 歲 □ 51-60 歲 □ 61 歲以上

若你願意留下 e-mail，我們將優先寄送________________衛城出版相關活動訊息與優惠活動

● 購書資料

● 請問你是從哪裡得知本書出版訊息？（可複選）
□ 實體書店 □ 網路書店 □ 報紙 □ 電視 □ 網路 □ 廣播 □ 雜誌 □ 朋友介紹
□ 參加講座活動 □ 其他 ________

● 是在哪裡購買的呢？（單選）
□ 實體連鎖書店 □ 網路書店 □ 獨立書店 □ 傳統書店 □ 團購 □ 其他 ________

● 讓你燃起購買慾的主要原因是？（可複選）
□ 對此類主題感興趣 □ 參加講座後，覺得好像不賴
□ 覺得書籍設計好美，看起來好有質感！ □ 價格優惠吸引我
□ 議題好熱，好像很多人都在看，我也想知道裡面在寫什麼 □ 其實我沒有買書啦！這是送（借）的
□ 其他 ________

● 如果你覺得這本書還不錯，那它的優點是？（可複選）
□ 內容主題具參考價值 □ 文筆流暢 □ 書籍整體設計優美 □ 價格實在 □ 其他 ________

● 如果你覺得這本書讓你好失望，請務必告訴我們它的缺點（可複選）
□ 內容與想像中不符 □ 文筆不流暢 □ 印刷品質差 □ 版面設計影響閱讀 □ 價格偏高 □ 其他 ________

● 大都經由哪些管道得到書籍出版訊息？（可複選）
□ 實體書店 □ 網路書店 □ 報紙 □ 電視 □ 網路 □ 廣播 □ 親友介紹 □ 圖書館 □ 其他 ______

● 習慣購書的地方是？（可複選）
□ 實體連鎖書店 □ 網路書店 □ 獨立書店 □ 傳統書店 □ 學校團購 □ 其他 ________

● 如果你發現書中錯字或是內文有任何需要改進之處，請不吝給我們指教，我們將於再版時更正錯誤

____
____
____
____
____

請沿虛線剪下

廣告回信
臺灣北區郵政管理局登記證
第 1 4 4 3 7 號

請直接投郵•郵資由本公司支付

23141
新北市新店區民權路108-2號9樓

衛城出版 收

● 請沿虛線對折裝訂後寄回，謝謝！

ACRO POLIS 衛城出版

Beyond

31

世界的啟迪